JN028959

性暴力被害の心理支援

齋藤 梓・岡本かおり 編著

Ψ
金剛出版

はじめに

本書は，心理臨床の現場で，性暴力の被害に遭遇した方の支援を行うことになった場合に，まず知っておくべき基礎的な知識や，心理支援の基本について記した本です。

そのため，心理学を学んでいる学生の方々や，実際に現場で心理支援に携わっている方々，そして性暴力を受けた方への支援について理解を深めたいと思っている方々に，手に取っていただきたく思っております。

第Ⅰ部では，性暴力被害および支援に関するさまざまな基礎的知識をまとめています。第Ⅱ部では，複数の架空事例をもとに，支援を行う際の基本的な事項や留意点などを記しています。

少し，本書を執筆するに至った経緯をお伝えさせてください。

筆者が犯罪被害に遭遇した方の臨床に携わり始めたのは，2005年ごろのことでした。それから15年以上が経ち，社会の性暴力被害に関する捉えかたは，徐々に変化してきています。その変化は自然に生じたものではなく，被害を受けた方々や支援者，社会に存在する性暴力やジェンダー不平等に気付いた人々が声を上げたことで，生じたものです。性暴力被害は，想像されるよりもずっと身近で生じており，その人の人生を大きく変えるほどに精神的衝撃が大きな被害であることが，認識されるようになってきました。

社会の変化に伴って，心理臨床の現場で，自分の受けた性暴力被害について打ち明ける人が増えてきたと感じています。理不尽な暴力により傷ついた人が，相談や支援の場につながることは重要なことですが，その一方で，支援現場で二次的被害を受けたと述べる方は，今なお，後を絶ちません。自分の被害を信じてもらえなかった，それは被害ではないのではと言われた，なぜもっと早く言わなかったのかと言われた，自分の状態を適切に見立ててもらえなかった，「おかしな人」

のように見られたなど，さまざまな声を耳にします。

本来ならば，適切な支援を受けて心理的状態の改善を目指していくはずの心理支援の現場で，二次的被害が発生するのはなぜでしょうか。私は，その要因の一つとして，教育機会の不足が挙げられると考えています。

公認心理師という国家資格ができたことに伴い，大学や大学院のカリキュラムの整備が行われました。学ぶべき主要な5領域の中には司法・犯罪領域があり，被害者支援もその中に入っています。しかし2022年現在，被害者への支援は大学における司法・犯罪領域の授業の中で，15回中，1回行われる程度であることが大半です。トラウマインフォームドケアも，逆境的小児期体験の影響も，犯罪や暴力のトラウマを経験した人々に対するケアも，その背景にある社会構造も，トラウマに焦点づけた心理療法の効果も，大学や大学院の授業ではしっかりと触れられることはそれほど多くありません。ましてや，学生が性暴力被害に特化した内容を学ぶ機会は，まだわずかです。このような状態で，性暴力被害という，繊細な理解と対応が必要な被害に対して，適切な介入をすることは非常に困難です。

本書は，そのような現状を補うことができればと考え，執筆に至りました。

もちろん，性暴力被害に関する心理支援は多岐にわたります。執筆者である私たちが行ってきたのは，性暴力被害の心理支援の一部です。そして性暴力被害には，心理支援だけではなく，医療や福祉，司法の支援が必要です。また，社会の理解，社会構造の変化も必要です。本書には，心理支援の基本が書かれているのみです。さらに学びたい方は，解離や複雑性PTSD（心的外傷後ストレス障害），トラウマ焦点化心理療法，Gender based Violence，貧困と性暴力，そのほか性暴力被害者支援に有用なさまざまな心理技法，司法刑事手続き，医療的ケア，福祉支援，社会学的知見など，学びを深めていただければと思っております。周辺領域については，各分野の第一線で活躍される方々に，トピックの執筆もいただきましたので，そちらもご参照ください。

性暴力は残念ながら身近な出来事であり，性暴力の被害に関する相談は，医療・教育・福祉・産業・司法犯罪のいずれの心理臨床の領域でも生じます。どうか多くの方が，性暴力の被害を受けた方への支援に関心を抱いてくださることを，切実に願っています。

最後に，ジュディス・L・ハーマンは，トラウマの中核は無力化と他者との断絶の経験であり，回復の礎となるのはエンパワメントと他者との新たな関係の構築である（『複雑性PTSD臨床実践ガイド―トラウマ焦点化治療の活用と工夫』（飛鳥井望編，日本評論社，2021）の「序章　トラウマからの回復」より），と述べています。

この書籍は支援に関する書籍ですが，支援者は，被害を受けた人から力を奪うような支援を行うのではなく，再び人生を歩んでいくことのサポートをするという姿勢を，忘れてはならないと思っています。

【本書を読むうえでの留意点】

● 読む際には

性暴力被害に関する内容を読むと，気持ちが動揺したり，苦しくなったりすることがあるかもしれません。怒りを抱いたり，本書に書かれた内容が受け入れられないと思ったりすることもあるかもしれません。どうかご自分の気持ちを大事にしていただければと思います。そして，本書は架空とはいえ，性暴力被害のさまざまな事例が描かれています。必要な場合には，手を止めて，休む時間をお取りください。本書には，二次受傷についての記述もありますので，そちらもご参照ください。

● 「被害者」という用語について

「被害者」という人はおらず，そこにいるのは，「理不尽にも被害を受けた人」だと考えています。「被害者」という言葉が，ある種，その人個人のさまざまを覆い隠し，まるで「被害者」という人がいるかのような感覚を読む人に与えるのでは，という危惧を抱いています。そこで，「被害当事者」「被害に遭った人」，どのような言い方をするか悩みましたが，「被害を受けた方」の多くに見られる傾向などを語る場合や，あるいは架空事例などで属人性をむしろ排したい場合などもあるため，本書ではさまざまな場面で「被害者」という言葉を使用しています。その点をご承知おきください。

2022年4月　齋藤 梓

目　次

＊「強制性交等罪」「強制わいせつ罪」などの刑法については，執筆時点（2022 年 4 月）のものである。

第Ⅰ部
性暴力被害者支援に必要な知識

第Ⅰ部では，性暴力被害について，二次的被害の背景に存在する社会の誤解や偏見について，心理教育について，自分自身へのケアについてなど，性暴力被害者支援に必要な基礎的知識について概観する。

（齋藤 梓）

第1章　性暴力被害とは何か

2020年，筆者らは性暴力の被害当事者の方々の目線から性暴力被害を捉えるために，「望まない性交の経験」についてインタビュー調査を実施し，結果を『性暴力被害の実際――被害はどのように起き，どう回復するか――』という書籍にまとめた（齋藤・大竹，2020）。その中で「不同意性交」の本質を「人格をもった一人の人間であるその人の意思や感情を尊重せず踏みにじる性交」だと述べた。

性暴力被害は，被害を受けた人の半数以上がPTSDを呈するという研究（Kessler et al., 1995）もあるほどに，精神的後遺症の深刻な被害である。なぜ，性暴力被害は精神的後遺症が深刻なのだろうか。被害にさらされている時間が長いこと，恥や自責感が強く生じること，社会に性暴力被害への偏見が存在しているためや「性」に関する話がタブー視されているため被害を人に相談しにくいこと，他の人に相談したときに二次的被害が生じることなど理由はさまざまあるが，人をモノ化し，尊厳を傷つける被害であるという，出来事そのものの衝撃もまた，大きな要因であろう。

本章では，性暴力被害とは何か，何を侵害する被害なのか，なぜ性暴力被害によって人は深刻な傷つきを負うのかを，境界線の侵害や性的同意の概念から考えていく。

I　性暴力被害はどのくらい起こっているのか

まず，性暴力被害は，稀なできごとなのだろうか。それとも，日常的に起きている出来事なのだろうか。

内閣府の男女間における暴力に関する調査（2020）では，無理やりに性交等（性交，肛門性交又は口腔性交）をされた経験があると回答した人は，女性6.9%，男性1.0%であった。女性が被害者の場合，加害者の性別は99%以上異性であったが，男性が被害者の場合，異性と同性がほぼ同数であった。そのうち，被害を誰かに打ち明けたり相談したりした人は，女性が37.6%，男性が29.4%で，半数以上は被害を誰にも話していないことがわかった。また，野坂ら（2004）による高校生に対する性暴力被害実態調査では，言語的性暴力被害が男性21%，女性33%，視覚的性暴力被害が男性13%，女性35%，強制的身体接触が男性14%，女性37%，レイプ未遂が男性3%，女性13%，レイプ既遂が男性1%，女性5%であった。内閣府が16歳から24歳に行った調査では，言葉的性暴力被害が17.8%，視覚的性暴力被害が7.4%，強制的身体接触が12.4%，性交を伴う性暴力被害が4.1%，情報ツールを用いた性暴力被害が9.7%で，約4人に1人が何らかの性暴力被害に遭っていると回答した（内閣府，2022）。

性暴力被害は，警察に届け出られる被害が少ないだけではなく，こうした調査においても回答しない，あるいは回答できない場合が少なからず存在すると言われる。そのため，実際には上記調査よりも多く発生していることが推測され，決して稀な被害ではないということがわかる。

また，先述した2つの調査ではセクシュアルマイノリティの被害経験について詳細は明らかになっていないが，セクシュアルマイノリティは性暴力被害に遭うリスクが高いこともわかっている。日本で行われた調査では，男性と性交渉のある男性は，21.4%が何らかの性暴力被害に遭っており，8.7%が強制的な性行為の経験があると答えている（Hidaka et al., 2014）。また2019年にライフネット生命保険の委託を受け，日高らによって行われた調査では，セクシュアルマイノリティの38.1%が何らかの性暴力被害を経験していると回答しており，「性器や胸，尻など体に触られた」が22.4%，「膣への挿入行為」が2.7%，「肛門への挿入行為」が6.6%，「口腔性交を強要された」は5.6%であったと，2021年12月現在，メディアにて報告されている。

Ⅱ　境界線について

人と接しているときに，これ以上は近づかれると嫌だなという距離はないだろうか。そして，その距離は相手との関係が近しいか否かによって変化しないだろうか。また，持ち物を勝手に触られること，使われることに対して，嫌悪感や不快感を抱くことはないだろうか。人には，人との関係において自分の安心感や安全感を維持するために，さまざまな「境界線」がある。

野坂と浅野（2016）はこの「境界線」を，「個人の安心，安全を守るために，人のからだや持ち物，気持ち，行動の周囲に引かれている目に見えない想像上の線」であると述べている。そして境界線には，自分のからだや持ち物を守る物理的境界線，こころや気持ちを守る心理的境界線，みんなが安心・安全に暮らすために社会的なルールやマナーで規定された社会的境界線があるとされる。

境界線はさまざまな場所に存在している。あまり親しくない人が近い距離に寄って来ることは，心理的境界線や物理的境界線を脅かされる経験であるかもしれない。また，自分の持ち物を勝手に触られることで，自分の物理的境界線が侵害された感覚を持つかもしれない。家族関係やセクシュアリティなど自分の踏み込まれたくない話題に踏み込まれたときには，心理的境界線が破られたように思うかもしれない。

境界線は，他人と接するとき，あるいはこの社会を生きていくときに，自分の安心感や安全感が守られるラインである。一人ひとりが境界線を大切にすることで，安心して生活していくことができる。自分の気持ちは自分のものであり，相手の気持ちは相手のものであり，境界線は人によって異なる。そのため，お互いに安心，安全に人間関係を継続していくためには，自分の境界線も，相手の境界線も大切にすることが重要である。たとえば，友人関係などにおいて，安心できる物理的距離感がお互いに異なっていたとする。そのようなときには，自分にとって安心できる距離，相手にとって安心できる距離を話し合い，お互いの安心を脅かさない距離感，境界線のおき方を模索する場合もあるだろう。

よく，「自分がされて嫌なことは人にしてはいけない」と子どもに教育することがあるが，境界線の概念から考えるならば，「相手の嫌を尊重しよう」つまり，「相手の境界線をちゃんと確認しよう」「嫌なときは，自分も相手も嫌だと言っていい。それぞれの境界線を大切にしよう」となるだろう。

この境界線を同意なく無遠慮に踏み越えることは，相手の安心感や安全感を脅かす暴力的な行為である。身体的な暴力は，身体の境界線の侵害であり，相手の生命や身体を物理的に脅かす暴力である。物理的に脅かさずとも，心理的に脅かすならば，相手に精神的苦痛を与える暴力である。そして性暴力は，心理的，物理的境界線を侵害する行為であり，「暴力」である。

Ⅲ　境界線を侵害する行為

挿入を伴う行為であっても，挿入を伴わない行為であっても，どちらにしても，性的接触は，心理的，物理的境界線を越える行為である。

そうしたさまざまな形の性的接触がその人にとって「暴力」となり得るかどうかは，その人が，境界線を越えることに同意しているか否かによって変わる。自分が同意したうえでの性交は安らぎや充足感をもたらすセックスとなるかもしれないが，同意していない性交は深刻な精神的後遺症を与える「暴力」となる。

もちろん，言葉による性暴力も心理的安全性を脅かす。さらに，たとえば盗撮される，同意なく撮影される，体液を付けられる，匂いをかがれる，性器を露出される，性器の画像を送られる，性器の画像を送るよう脅されるなどのさまざまな形の性暴力が存在するが，いずれも，心理的あるいは物理的境界線を侵害する，安心感や安全感を脅かす行為である。特に近年，オンライン上の性的暴力も大きな問題となっている。

Ⅳ　性的同意について

いつ，どこで，誰と，どんな性的行為を行うか，いつ，どこで，誰に自分の性的な姿態を見られるかは，その人が自由に決めてよい。性的行為は，心身の境界線を侵害する行為であるがゆえに，その境界線をどこに置くか，何に同意するかは，尊重され，大切にされるべき事柄であろう。

その性的同意（Sexual consent）が歪められたり，強制されたりしたものでないかどうか，非強制性，対等性，非継続性，そして意識レベルの状態の4点から考える必要がある。

非強制性

非強制性とは，Noと言える環境が整っているかどうかである。たとえば，SNSで出会った人に車に乗せられて，全く知らない人気のない場所に連れていかれたとき，迫られた性的行為にNoと言って相手の機嫌を損ねたならば，人気のないその場所に置いていかれるかもしれない。あるいは，Noと言うと不機嫌になったり暴力を振るったりする相手には，Noと言うことはできない。自分が

Noと言うことで自分や周囲に不利益が生じる場合には，そこに，Yesと言うことへの強制力が働いている。強制力には，物理的暴力だけではなく，言語的な強制や，場の空気，人間関係なども含まれる。相手が何度も断っているのに説得を続けること，無視すること，別れると脅すことなども言語的強制である。また，特に人間関係において「和を乱してはいけない」という感覚の強い状況では，強制力は容易に働く。

対等性

対等性とは，社会的地位や力関係に左右されない対等な関係かどうか，ということである。社会的地位の上下があるならば，そこに強制力が働いている可能性は非常に高い。対等性のない関係は強制力の存在する関係であるともいえる。特に日本では，「上の人に逆らってはいけない」という規範意識が働く可能性もある。相手の社会的地位が上の場合には，性的行為を迫られたとき，自分が生き残るために加害者の意に背くことができない状況もある。そのような状況では，それは望んだ性的行為，同意のある性的行為とはいえない。性的行為に同意したのではなく，物理的社会的に生き残るために従わされたに過ぎない。そして社会的地位の上下は，雇用者と被雇用者といったわかりやすい関係だけではなく，一見対等に見える関係，友人関係や恋人，パートナー関係でも生じる。クラスの中心人物は，対等に見えても力関係は上であろう。子どもたちにとって，クラスでの力関係は，自分が生活の大半を過ごす場所での命運を決める関係となり得る。恋人やパートナー関係においても，ドメスティックバイオレンス（DV）やモラルハラスメントによって，支配－従属という関係ができあがっている場合もあり，それは対等性のある関係とはいえない。さらに年齢差がある場合も，対等であるとはいえない。特に子どもと大人では，発達の度合いも異なり，社会経験も異なる。そもそもの大人と子どもという力関係の差に加えて，理解力や思考力，物事に対応する力の差，人間関係やお金など使うことのできる資源の差があり，対等な同意は成り立たない。もちろん，相手の身体障害・精神障害・発達障害・知的障害の特性を利用して性的行為を強要した場合も，そこには対等性がなく，同意が成り立たない。

非継続性

非継続性とは，一つの行為への同意は，他の行為への同意を意味しない，つまり同意とは継続しているものではなく一つひとつの行為に対して行われるものだ，ということである。一緒にお酒を飲みに行くことは性交への同意ではなく，相手の家に行くことも，キスをすることも，性交への同意ではない。お祭りなど人の多い場所で身体を触られたという人に，「人の多い場所に行ったのだから触られてもよかったということでしょう」という言葉がかけられることもあるが，人の多い場所に行くことは，身体を触られることに同意する行動ではない。そして，性行為に同意することは，器具を使う，首を絞めながら行う，手足を拘束するといったそのほかの行為への同意とは異なる。非継続性の概念から考えるならば，そうした行為にはまた別途，相手の意思を確認することが重要であろう。

意識レベルの状態

意識レベルの状態とは，眠っているときや，薬やお酒で正常な判断ができないときには，そもそも同意を判断できる状態にはないということである。もちろん，アルコールの酩酊状態にはさまざまな程度があり一概にはいえないが，少なくとも判断ができないほどの酩酊状態，あるいは身体に力が入らない酩酊状態に乗じての性行為は，やはり同意のない性行為といえるだろう。

なお，一見同意があるように見えるが，同意がない場合も多く存在する。たとえば，性虐待を受けて育った人は，性虐待の加害者や他の相手から性行為を迫られたときに解離をしたり，「もうどうでもよい」「また同じことが起きるのか」と諦めの気持ちが湧いてくる場合がある。それは，その人々が，性虐待という環境の中で生き抜くために身につけざるを得なかった状態であり，同意があるわけではない。あるいは，いつ性虐待が起きるかと怯えているよりは，自分から誘って「今日の分」を終わりにしてしまったほうがよいと思い，自分から進んで行為に応じているように見える場合もある。しかしそこには同意は存在しない。後に詳細を述べるが，性的てなずけ（性的グルーミング）（30頁参照）という手段により，子どもたちが「恋愛だ」と思わされている場合もあり，そうした場合にも，同意が存在しているとはいえない。性的同意を考えるときには，その状況や関係性，それ以前の出来事を慎重に検討する必要がある。

こうした内容を踏まえると，性的同意とは難しく，なかなか成立しないものに思えるかもしれない。齋藤と大竹（2020）では，「同意のある性交」とはどのよ

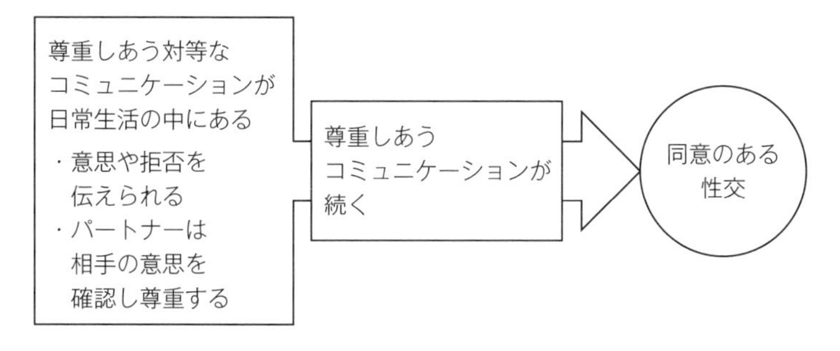

図1　同意のある性交のプロセス（齋藤・大竹，2020）

うなものかを，性暴力被害当事者のインタビューから明らかにした（図1）。そこでは，「同意のある性交」は「日常生活の中でパートナーとお互いを尊重しあう対等なコミュニケーションがある」「拒否を伝えてもその意思を尊重されると認識できている」場合に成立していた。つまり「性交以外のそれまでのやり取りの中で，拒否を含めて意思を尊重される関係性が築かれたうえで行われる性交」であった。

性的行為について同意の有無を考えると，なぜか難しい気持ちになるかもしれない。しかし日常的に，たとえば今日の夕ご飯は何を食べよう，今日はどこに出かけようなど，多くのシチュエーションで，お互いに相手の意向を確認することはしているだろう。そして，相手が食べたくないものを無理に食べさせることや，相手が行きたくないと言っている場所に連れていくことはしないだろう。相手が眠っているあいだに，ものを食べさせることもない。性的同意とは難しいことではなく，そうした日常的な，お互いの意思の尊重の延長線上にあるものだと考えられる。お互いの境界線，意思や感情，意向を確認し，尊重しあうことが，性的行為において重要となる。

V　改めて，性暴力被害とは

さて，本章のはじめに，「不同意性交」の本質について「人格をもった一人の人間であるその人の意思や感情を尊重せず踏みにじる性交」と記した。また，人をモノ化し，尊厳を傷つける被害だとも述べた。

安心感のある安全な性的行為と性暴力とを分けるものは，そこに同意があるかどうかであり，性暴力は，性的同意のない性的行為である。同意を得るとは，相手の意思や感情を尊重すること，相手の境界線を尊重することに他ならない。性暴力は，本来ならば人として大切にするはずの意思や感情を蔑ろにし，心身の境界線を許可なく踏み越える行為である。人として扱われず，性的なモノとして扱われる，それは，人の尊厳を著しく傷つける。

「電車で痴漢に遭った」という子どもに対し，「だから露出の多い恰好はやめなさいと言ったでしょう」と述べる人がいる。寝ているあいだに，恋人やパートナーが勝手に性的な接触をしてきたことに深刻に傷ついている人に，「好きあっている人同士が一緒に寝ているのだから」と言う人がいる。取引先から誘われて行ったお酒の席の後で性交されたことに，「あなたも利益を得たのだから」と言う人がいる。家族仲が険悪で家にいられず，泊めてくれる家を探した子どもが，泊めてくれた家の人に性交されたことに，「性交と引き換えに泊ったんでしょう」と言う人がいる。

電車で痴漢に遭うことは，不快な行為であると同時に，知らない人に心身の境界線を破られ性的なモノとして扱われる行為であり，「自分は他人に性的に触られてしまう存在だ」「自分の意思は尊重されないのだ」という認識を与える行為でもある。寝ているあいだの接触は，同意も不同意も示すことができない。関係性にもよるかもしれないが，人格のある存在としてではなく，性的に利用された経験ともなり得る。お酒の席に行くことは性交への同意ではなく，逆らったら不利益が生じる場面では強制力が存在し同意が成立しない。家に泊めてもらうことは性交への同意ではなく，それしか方法がないと思っている中で，そこしか居場所がないと思っている中での性交の要求には，やはり強制力が働く。あるいは，性交することが，人とつながりを感じる，自分が認められる唯一の手段であると感じている子どももいる。しかしそもそも，子どもと大人では対等性がなく，家にいられない子どもに必要なことは，本来は，心身の安全を脅かされずに居ることのできる場所であり，大人による保護であり，福祉であろう。

性暴力被害とは何か，ということを考えるときに，境界線や性的同意の話を理解していないと，行われた行為が性暴力か否かを支援者，心理職が見落とす危険性がある。また，被害を受けた人が何に傷ついているのか，その理解が難しくなる可能性がある。

性暴力被害とは何か，何を侵害する被害なのか，なぜ性暴力被害によって人は深刻な傷つきを追うのか，性暴力被害者支援に関わる，対人支援や心理臨床に関わる一人ひとりが，考え続ける必要があるだろう。

性暴力被害が，「意思や感情を尊重されない」「尊厳を傷つける」被害だということがわかると，性暴力の被害を受けた人の支援において，意思を尊重すること，自己統制感を回復すること，エンパワメントを心掛けることがどれほど大切なことかがわかる。

引用文献

Hidaka Y, Operario D, Tsuji H et al（2014）Prevalence of sexual victimization and correlates of forced sex in japanese men who have sex with men. PLoS ONE 9（5）: e95675. https://doi.org/10. 1371/journal.pone.0095675
Kessler RC et al（1995）Posttraumatic stress disorder in the national comorbidity survey. Archives of General Psychiatry, 52（12）: 1048-1060.
内閣府男女共同参画局（2020）男女間の暴力に関する調査.
内閣府男女共同参画局（2022）令和３年度若年層に対する性暴力の予防啓発相談事業　若年層の性暴力被害の実態に関するオンラインアンケート及びヒアリング結果.
野坂祐子（2004）高校生の性暴力被害実態調査　委託調査報告書．財団法人女性のためのアジア平和国民基金.
野坂祐子・浅野恭子（2016）マイ・ステップ―性被害を受けた子どもと支援者のための心理教育. 誠信書房.
齋藤梓・大竹裕子（2020）性暴力被害の実際―被害はどのように起き，どう回復するか．金剛出版.

（齋藤 梓）

トピック❶

性暴力被害者のための
ワンストップ支援センターの役割

［性暴力被害者支援センター・ふくおか　臨床心理士・公認心理師］浦　尚子

1. ワンストップ支援センターとは

性暴力被害者のためのワンストップ支援センターは，被害直後からの相談を受け，医療的支援，法的支援，心理的支援等を1カ所で提供することを目的としている。警察で事件化された「性犯罪」だけでなく，同意のない性的行為である「性暴力」被害の相談を受けている。内閣府の方針により各県に1カ所以上設置され[注1)]，ほとんどのセンターは行政から委託金や補助金を受けて運営されている。自治体によって予算や運営主体が異なることから，開設時間や支援内容，公費支出の範囲等に違いがあるが，2021年に夜間休日コールセンターが設置され，全国どこにいても緊急時に対応できる体制が整備されつつある。

2. 相談の方法

ワンストップ支援センターでは，電話やメール，面談で相談を受け，本人の希望に応じて医療機関の受診や警察等への同行支援を行うという流れが一般的だ。性別・年齢を問わず，匿名でも相談できる。本人だけでなく，周囲の人（家族，友人，支援者等）からの相談も受ける。被害直後だけでなく，経年後の相談にも対応する窓口もある。全国共通短縮ダイヤルが設置され，「# 8891（はやくワンストップ）」にかけると最寄りのセンターにつながる。チャット（外国語含む）やメールで相談できるSNS相談「Cure　Time（キュアタイム）」からもセンターを紹介している。

3. ワンストップ支援センターの役割

被害後，早期に医療機関を受診して手当を受けたり，警察に相談して安全を確保することは被害からの回復にとても役に立つ。とはいえ，「人が怖い」といったトラウマ反応を抱えた被害当事者が一人でいろいろな機関を訪ねて自分の被害について説明し，必要な手続きをするのは実際には大きな困難が伴う。そもそも，どこに何を相談したらどうなるかといった見通しを持ちにくいし，混乱した気持ちのまま何を優先するかを決めなければならないこと自体が当事者にとってはさらなる負担となる。

勇気を出して一人で病院を受診したら「ちゃんと避妊して自分を大事にしなさい」

注1）最寄りのワンストップ支援センターについては下記サイトからご確認ください。
https://www.gender.go.jp/policy/no_violence/seibouryoku/consult.html

「早く忘れた方がいい」と言われたり，警察で「証拠がない」「何で大声を出さなかったの」と言われたりして心が折れたという当事者の声をよく聞く。

ワンストップ支援センターでは，本人の話をていねいに聴いて，必要な情報を伝え，何を優先するかを一緒に整理しながら本人の気持ちを尊重した支援を行う。何度も被害内容を話さなければならないといった被害当事者の負担を少しでも減らすように，専門の研修を受けた相談員，医療機関，弁護士等の多機関・多職種が連携してサポートしている。

4. ワンストップ支援センターでできること

ワンストップ支援センターでは，外傷の手当，被害後 72 時間以内に服用することで妊娠を防ぐ効果のある緊急避妊薬の処方，性感染症や妊娠への対応などの身体のケアが受けられる。あとで警察に届ける時のための証拠保全（加害者 DNA の採取，睡眠薬等をのまされた可能性がある場合の尿・血液採取）が可能なセンターもある。また多くのセンターでは心療内科や精神科の紹介，カウンセリングなどの心のケアを提供している。

司法機関（警察・検察・裁判所）に相談員が同行してアドボケイトを行うセンターも増えてきた。提携弁護士が法テラス等を利用して刑事手続きや謝罪・誓約書・損害賠償請求などの民事手続きをサポートするセンターもある。司法手続きは，急かされたり待たされたりと被害当事者のペースでは進まない上に，加害者の身勝手な主張や態度を見聞きするなどして，PTSD 症状悪化の契機となることも多い。被害当事者の意向を反映させつつ手続きを乗り超えるためには，司法機関，弁護士，センター等が連携してサポート体制を組むことが必要だ。

5. 性暴力のトラウマに向き合うために

性暴力によるトラウマの影響は非常に深刻なので，被害からの回復には多くのリソースが社会に必要だ。しかし，現状では医療機関や支援機関等の社会資源が不足しており，被害当事者がひとりぼっちに追いやられてしまうし，支援者もバーンアウトしてしまう。

性暴力のトラウマに向き合うためには，当事者だけでなく支援者も孤立しないよう多機関や多職種が壁を越えて連携しチームで対応していくことが不可欠だ。今後，こうした多職種連携チームの一員として，多くの心理職の方に性暴力被害者支援に関わっていただけたら，と切に願う。被害当事者をひとりぼっちにさせる社会を変えていくために。

第2章　被害に直面した時の心理および被害の生じるプロセス

性暴力被害に直面した時，被害を受けた人はどのような心理状態になるのだろうか。そしてどのような行動をとるのだろうか。

Ullman（2007）は，性暴力被害に遭遇した際に，物理的な反撃，叫ぶこと，逃げ出すことを行う女性は20％から25％であったと述べている。また，レイプクライシスセンターを訪れた女性を対象とした調査では，被害中の行動として，無抵抗（動かず静かにしていた）であった人が14％，言語的抵抗（懇願，嘆願，泣く，説得，叫ぶ）を行った人が53％，身体的抵抗（蹴る，殴る，武器を使う）を行った人が33％であった（Atkeson et al., 1989）。日本では，内山（2000）の調査で，被害中何もできなかった女性が25.5％，やめてくれと加害者に頼んだ女性が51.5％であったことが明らかになっている。Carrら（2014）は，被害中，81％が積極的な抵抗をしていない時期があり，57％は被害全体を通して積極的な抵抗を全くしていなかったと述べている。上記の調査は女性を対象としているが，男性を対象とした研究においても，被害中に抵抗することができた人が27％であり，被害を受けた人の半数以上は抵抗できなかったという結果が得られている（Walker et al., 2005）。

先行研究によってパーセンテージはさまざまであるものの，性別にかかわらず，被害を受けた多くの人が積極的抵抗をしていないことがわかる。こうして数字で示された場合，読み手が想像する被害は，見知らぬ人からの突然の性暴力被害かもしれない。しかし実際には，性暴力は関係性の中で行われる被害や性虐待など，顔見知りから行われる被害のほうが多い。また，身体的な暴力や脅迫が伴っていないことも多い。それはこうした研究でも同様である。

本章では，被害に直面したとき，あるいは継続した被害のプロセスの中で，被害を受けている人に生じる心理について，さまざまな臨床的知見や研究によって示されていることを述べる。ただし言うまでもなく，性暴力被害は多様であり，一つとして同じ被害があるわけではない。また，性暴力被害に遭遇した人の心の状態は大変複雑で，そのすべてを網羅的に説明することは困難である。したがって，本章で述べる内容は，性暴力被害の一部であることを理解いただきたい。また，本書の説明は端的なものであるため，より理解を進めたい場合には，引用・参照されている資料に限らず，幅広くさまざまな文献を読んでいただきたく思う。

初めにFreeze反応（凍結反応，すくみ反応，フリーズ），およびFight-Flight反応（逃走―闘争反応），Tonic immobility（強直性不動反応）について述べ，その後，FawnやFriendなど近年着目されている反応について述べる。その後，性虐待や親密な関係内，家族内での性暴力，上下関係がある中で生じる性暴力など，継続的な被害の場合に見られることの多い被害者の心理について述べる。また，関係性による抑圧であるエントラップメント，子どもの性暴力の典型的な手口であるグルーミングについて述べ，飲酒や薬物の使用，障害の利用，差別の利用についても触れる。

Ⅰ　Freeze，Fight-Flight，Tonic immobility

人は予期しない恐怖に晒されると，身体が凍り付いたように動かなくなり（Freeze），その後，（Fight-Flight）闘うかあるいは逃げるかを瞬時に（無意識のうちに）判断する。衝撃的なできごと，予期しない出来事に晒されたとき，頭が真っ白になることはよくあることだろう。たとえば，寝ているときに兄や姉が布団に入ってきて，突然身体を触り始めるといったことが，きょうだい間の性暴力ではよく語られる。身体を触られた瞬間，何が起きたかわからず，思考が停止し身体が動かなくなることは想像に難くない。このFreeze，凍り付き反応等について，本論では恐怖反応として述べるが，さまざまな説明の理論があり，近年特に注目を集めているものはポリヴェーガル理論である。ポリヴェーガル理論では，最初に友好的に接することを試み，その後逃走―闘争を試み，その後Freezeが起こるとされる。ポリヴェーガル理論に関する詳細は，書籍を参照いただきたい（ポージェス，2018：花丘，2021）。いずれの理論においても，被害に直面した時，凍り付くような反応を示すことは自然なことである。

恐怖反応の理論では，Freeze後，この状況から生き延びるためには，何とか抵抗し，闘って場をしのぐことができるのか，あるいは逃げられるのかを判断する。このことについて，インタビュー調査に協力くださった性暴力被害当事者の方が「目の前に選択すべきカードが並んだ感じがした」と表現したことがあった（齋藤・大竹，2020）。どのカードを選べば安全が確保されるかはわからず，考えるための時間はごくわずかしかない。そのような状態で冷静に判断することは非常に困難である。また，先述したきょうだい間での性暴力では，そもそも混乱していて，逃げる，闘う，抵抗するという発想自体が浮かばないかもしれない。

もしも，抵抗という言葉が浮かんだとしても，行動することは容易ではない。抵抗することは実際可能だろうか，抵抗したら怪我をするかもしれない，もっとひどい目に遭うかもしれないなどが頭をめぐる。そもそも，相手は自分が力でかないそうな相手ではないかもしれない。では逃げることは可能だろうか，逃げ場はない，ここで逃げても追ってこられるかもしれない，あるいは関係性のある相手，たとえば職場の上司ならば，今逃げられたとしても，逃げ切ることはできないし，逃げることで職場にいられなくなるなど状況が悪化するかもしれない。こうしたことを，意識的に考えることもあれば，無意識に判断している場合もある。

闘っても勝てず，逃げることも難しい状況では，心のシャッターを下ろして解離することで，心を守る場合もある。解離とは，意識を切り離して感情を感じないようにすること，夢の中にいるかのようにボウっとした状態になることなどで，苦しくつらい状況をしのごうとする，自分の心を守る機能の一つである。幽体離脱のように，被害に遭っている自分を横から見ていたという人もいれば，出来事の記憶がないという人もいる。このような性暴力被害の最中の解離は周トラウマ期解離として研究されてきたが，被害中に身体が動かなくなるという現象について，近年，Tonic immobility という概念でも研究が行われている（Marx et al., 2008）。Tonic immobility とは，いわゆる「擬死状態」であり，動物の世界で，被食者が捕食者の脅威にさらされたときに示す不動状態（死んだふり状態）からきた考え方である。闘うことも逃げることもできない中では，抵抗しない，動かない状態でいることが生存率を上げる可能性があると脳が判断する。

Tonic immobility は，安全に逃げられない状況下で，恐怖を感じている場合に出現する，不随意的・反射的行動である。Tonic immobility 中も意識は働いており，今何が起きているかはわかっているが，身体が動かない，声が出ない，身体が冷たくなる，震えるという状態が生じる。Tonic immobility について，Galliano ら（1993）の調査では，35 名中 37％が被害のあいだ全く動けなかったと回答している。他の調査でも，子ども期の性虐待被害者の 52％が Tonic immobility の反応を経験していることがわかっている（Heidt et al., 2005）。Möoller ら（2017）

がレイプ被害女性のための救急クリニックを訪れた女性298名に調査を実施したところ，被害中，明らかなTonic immobilityを示している者が70％，重度のTonic immobilityを示している者が48％であった。Tonic immobilityが生じるかどうかは，加害者との関係は影響せず，影響していたのは，過去に性被害歴があるかどうか，他のトラウマ体験があるかどうか，精神科治療歴があるかどうか，そして被害の程度がどのようか（身体的暴力を伴う被害か）であった。Tonic immobilityは恐怖に対する反応であるため，身体的暴力がある場合，恐怖が強くなりTonic immobilityが強くなることは自明である。被害時に飲酒している場合，意識がもうろうとしているためか，感情が鈍磨しているためか，Tonic immobilityの発生が抑えられる。しかしもちろん，飲酒はそもそも脳機能を抑制し，身体的抵抗をしにくくさせる。また，身体的暴力がなくとも，人は抵抗することが困難である。それはTonic immobilityとは別の機制で説明される。

Ⅱ　Flop，Friend，Fawn

近年，Freeze，Fight-Flightに加えて，FlopおよびFawn，Friend反応の存在も指摘されるようになった（あるいはFriend, submit）反応の存在も指摘されるようになった。筆者の知る限り，現時点では実証的研究が多数行われているわけではない。しかし臨床的には，よく見られる反応である。

FlopはTonic immobilityあるいは解離の状態とも類似している，あるいは同じものであると考えられ，身体の力が抜け無抵抗な状態である。Fawnは，加害者に友好を示し従順に接することで，安全を確保しようとする反応である。従順に接する以上に，加害者に迎合するような反応を示すことも珍しくない。たとえば性虐待など，本来自分を保護し守ってくれるはずの存在が自分に危害を加えている場合，その状況で生き延びるためには，加害者に従順にしてなるべく怒らせないようにするか，加害者に迎合しているかのように振る舞うことが，暴力のリスクを下げてくれるかもしれない。また，会社の上司，大学の先輩などもともと関係があった場合，あるいは親密なパートナーからの暴力の場合には，望まない性的行為のあとに，被害を受けた人が，加害をした相手に対して優しい言葉をかけたり，親しみを感じさせるメッセージをメールなどで送ることもある。あるいは，突然見知らぬ人からの被害であっても，相手の機嫌を損ねないよう，友好的に接することもある。こうした反応は，Friendと呼ばれる。加害者に友好を示

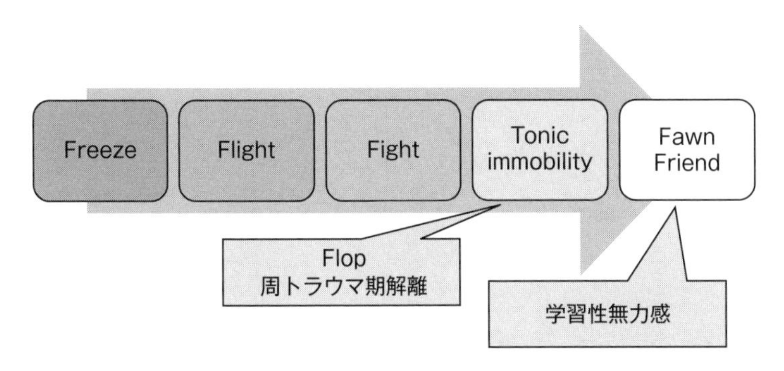

図1　性暴力にさらされたときの反応（齋藤作成）

すことで，それ以上の暴力の発生を防ごう，自分の安全を確保しようとする，ごく自然な行動である。

図1では，簡易的に，性暴力にさらされたときの反応としてよくあげられるものをまとめた。性暴力の被害に遭ったとき，Freeze が起き，闘うか逃げるかという判断に迫られ，どちらも難しい場合には身体が動かない状態になる。そしてさらに，解離が継続したり，生き延びるために相手に従ったり，友好的に振る舞わざるをえなかったり，無気力な状態になっていく。

Ⅲ　継続的な被害における被害者の心理

ドメスティック・バイオレンス（DV），Intimate Partner Violence（IPV）や性虐待，あるいは顔見知りの関係における被害，継続的な被害においては，より複雑な心理状態がみられる。

被害時に何の抵抗もせず，一見すると行為を受け入れている様子や，積極的に行為に応じているかのように見える様子から，「被害を受け入れている」「同意している」と誤解される場合がある。しかし継続的な被害においては，抵抗をしてもどうにもならない状況，逃げ出せない状況に置かれる。そして，「自分は加害者に対して何をしても無駄なのだ」と学習性無力感が生じる。そうなると，逃げ出そうと考えることすらできず，その状況でどのように生き延びていくかを考えることになる。あるいは，次の日もその次の日も，その加害者のもとでしか生活できないのであれば「心を閉じてじっとしていることが，もっとも安全が守られる」かもしれない。性行為に応じた方が加害者の機嫌がよく，自分や家族の生命の安全が守られるかもしれない。

パートナー間の暴力では，それまでの身体的暴力や心理的暴力によって，同意のない性交も，避妊をしない性交も，「従うしかない」「従うことが良いことだ」と思い込まされている場合もある。長時間にわたって責められ続け，被害を受けている側が「応じたほうが楽になる」と考えてしまう状況に追い詰められることもある。そうした結果，望まない妊娠や中絶などが発生する場合もある。

性虐待では，我慢していれば，加害をしていない親が苦しまなくて済むと思ったため，あるいは虐待がばれて家族がバラバラになることを防ぐために，被害を受けている子どもが加害者に協力する（ばれないように静かにするなど）こともある。また，前述したように，いつ虐待が始まるか分からない状況では落ち着いていられないために，子どもの方から加害者を誘うような行動をとる場合もある。Summit（1983）は性的虐待順応症候群（Sexual abuse accommodation syndrome）として，性虐待を受けている子どもたちに見られる反応を①秘密，②無力感，③エントラップメントと順応，④遅れた矛盾した不確かな開示，⑤撤回というカテゴリでまとめた。性虐待を受けている子どもは，加害者からこのことを秘密にするように言われ，自分でも人に言ってはいけないと思うようになる。自分ではこの状況をどうにもすることはできないと無力感を抱くようになり，この状況を受け入れることで家族の関係が守られるのだとその状況に順応しようとする。しかしそれは非常に難しく，精神的に不安定になり，やっとの思いで開示したとしても，他者には信じてもらえず，無力感が強まり開示を撤回する。そうした動きがみられる場合がある。信じている保護者からの虐待では，子どもが加害をしている親に愛着を抱くこともちろんある。性虐待に直面した子どもの心理，性虐待におけるダイナミクスは，多様で複雑である。

また，継続的な被害では，最初の被害がその後の被害への抵抗を抑圧することはよく見られる。「もう，一度応じてしまったから仕方ない」「被害だと言っても誰も信じてくれないに違いない」「一度性交が行われたことを，この人が誰かほかの人に言うかもしれない」，さまざまな思いから，被害者は被害について人に相談することも，抵抗することも，拒否を示すことも困難な状況に追い込まれていく。

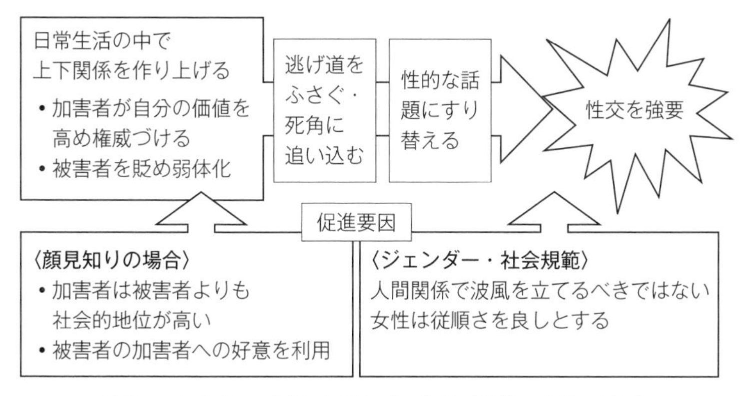

図2　エントラップメント型のプロセス（齋藤・大竹，2020）

Ⅳ　エントラップメント――関係性による抑圧

これまで述べてきた被害者の心理的反応の他にも，齋藤と大竹（2020）は，性暴力被害当事者の語りから，加害者が力関係を利用して，抵抗したり拒否したりできない状況に被害者を追い込んでいくエントラップメントというプロセスがあることを示した（齋藤・大竹，2020）（図2）。

加害者と被害者にもともと力関係がなかった場合，顔見知りではなかった場合でも，加害者は被害者に対し，自分を権威づけ，被害者を貶める言動をとり，被害者が抵抗できない関係性を作り出す。たとえば，一見対等に見える友人関係や恋愛関係の場合でも，加害者が被害者をバカにした言動を繰り返し，自分のほうが偉いのだ，自分に従うことが良いことだと言い続けたならば，そこに力関係が作り出される。そうして被害者は，加害者からの性的行為の強要に対し，抵抗するという発想さえも抑圧された状態になる。また，SNSで知り合って初めて会った相手であっても，加害者が強圧的な言動を取ることで被害者が委縮し，追い詰められ，従わざるを得ない状況になる場合もある。

加害者が被害者より社会的立場が上だった場合，エントラップメントは一層容易に起きる。加害者が周囲から信頼される影響力の強い立場だった場合，被害者にとって，拒否すること，抵抗することは自分の人生を破壊しかねないことにもなる。このような場合，加害者から脅しなどがなかったとしても，被害者は加害者に逆らうことができない。また，加害者は被害者の信頼や好意を利用している場合もある。被害者が加害者を，上司として，あるいは教員として信頼しており，好意を抱いていた場合，拒否することはさらに難しくなる。しかし言うまでもなく，信頼や好意は，性交に同意していることとは同義ではない。

力関係を作り出し，あるいは力関係を利用して性暴力を行う加害者たちは，なんでもない会話の中で，あるいは日常的な状況で，突然性的な言葉や行動を差しはさむことがある。そして被害者が戸惑って対処しあぐねているあいだに物理的・心理的死角に連れ込み，性暴力を行う。性暴力は，なんでもない日常の中でも，学校にいるときでも，業務中でも，至るときに発生する可能性がある。

Ⅴ　性的てなずけ（性的グルーミング）

子どもの性暴力において，もっとも典型的な手段は性的てなずけ（性的グルーミング）である。

Craven ら（2006）は性的てなずけ（性的グルーミング）について，加害者の行動を3段階で説明している。第一段階は Self-Grooming である。これは，加害者が，自分の行動や認知を正当化していく過程である。加害者は，自分が子どもを性的に虐待するのではなく，子どもが自分を誘惑したと信じるなど，自分が子どもを性的に虐待したいという動機から目を背ける。次の段階は Grooming the environment and significant others，つまり環境や重要な他者に働きかけていくという段階である。加害者は被害者に近づくために，環境や被害者の親や教師など重要な他者を手なづけていく。社会に溶け込み，子どもたちと出会う可能性のある場所に身を置き，信頼される地位を確立する。最後が Grooming the child，子どもを性的てなずけ（性的グルーミング）する段階である。これは一般的に認識されている性的てなずけ（性的グルーミング）であり，徐々に子どもに近づき，子どもの信頼を得て，境界線を侵害し始める。身体接触を増やして被害者との関係を徐々に性的にしていく身体的性的てなずけ（性的グルーミング）と，被害者を孤立させ，味方になり，依存させ，二人だけの秘密を作っていくといった心理的性的てなずけ（性的グルーミング）がある。

性的てなずけ（性的グルーミング）は，たとえば犬の散歩中に出会った人と徐々に会話をするようになっていき，犬と遊ぶために家に誘われるなどの全く知らない人から行われる場合もあるが，親やきょうだい，教師などすでに知っている相手から行われることが多い。子どもたちは相手を信頼しており，自分が特別扱いされることを嬉しく感じる。相手を信頼しているからこそ，徐々に身体を触られたり，性的な接触を求められたときに，相手が自分に行うことを悪いことだと思いたくない，抵抗や拒否をして相手に嫌われたくない，自分を理解してくれる相手を失いたくないという気持ちが働き，加害者に逆らうことができなくなる。

近年では，SNSなどでのオンライン性的てなずけ（性的グルーミング）も知られるようになった。加害者は優しく悩みの相談に乗ったり，子どもの好きなものに関心を示したり，世間話をして，子どもとの距離を縮める。さらに子どもを褒め，子どもの愛情や関心，信頼を得る。子どもたちは他者から関心を寄せられること，自分の悩みをわかってくれる人がいることを嬉しく思い，相手に嫌われたくないと思うようになる。加害者は子どもを依存させ，性的な話題を投げかけたり，好意を寄せていることを示したりし，子ども自身の性的な画像を送らせたり，自分の性的な画像を送ったりする。二人きりで会おうと言ったり，子どもの家出をそそのかしたりして，実際に会い，性的な行為に及んでいく。風俗等に勧誘する手段として性的てなずけ（性的グルーミング）が使用されることもある。

性的てなずけ（性的グルーミング）の難しい点は，子どもたちが，それを性暴力であるとは気づきにくく，ときには，積極的に被害を隠そうとする点である。子どもたちは，「これは恋愛だ」と思わされている場合もあり，また，加害者から口止めされて被害を人に相談しない場合もある。しかし，そもそも大人と子どもでは対等ではなく，信頼していた相手から性的に見られることは子どもたちの心を傷つけ，対等な関係性に関する感覚や自尊心を失わせる。対等な同意のない性的行為によって子どもたちは自覚なく傷つき，その後，自傷行為や摂食障害，性問題行動といった深刻な精神的後遺症を示すことも多い。

Ⅵ　飲酒や薬物の使用

性暴力被害は，飲酒や薬物が使用されて行われることも多い。齋藤と大竹（2020）の調査では，41件の望まない性交の経験のうち，飲酒・薬物使用を伴うものは6件（14.6％）であった。内閣府男女共同参画局の調査（2020）では，無理やりの性交の被害を経験した142名中，「飲酒や薬物等により意識がなかった・もうろうとしていた」と回答した人は9.9％（女性10.4％，男性5.9％）であった。

もちろん，飲酒をしていたからといってすべてが望まない性交になるわけではない。しかし，言うまでもなく，飲酒や薬物の影響が強い状態，意識がない，あるいはもうろうとしていれば，そもそも同意は存在しない。また酩酊して，判断力が落ちている，身体の状態として抵抗ができないなどの状態で，逃げられないように追い込んだり，相手の不意を突いて驚愕したところに乗じたりしたならば，それは望まない性交となり得る。そしてこの飲酒や薬物の使用については，性暴力に至る以前に，お酒の席に同席せざるを得ない状況，お酒を飲まざるを得ない状況を作り出されている場合もあり，飲酒や薬物を摂取する段階で，エントラップメントともいうべき，加害者が力関係を利用して，被害者が摂取を断りにくい状況を作り出すプロセスがみられることがある。

Ⅶ　障害の利用

さらに，障害を利用されての被害も多く発生している。

岩田と中野（2019）が発達障害の人々32名を対象に行った調査では，性暴力被害を一度でも受けたことがあると回答した者は71.9％であった。また，岩田（2018）は諸外国の障害者へのDVなどの暴力についてレビューを行っており，その中で，障害者（身体障害者・知的障害者・精神障害者）は，男女ともに健常者の男女に比べて性暴力被害を経験した割合が高く，特に障害女性では健常女性の2～3倍性暴力被害を受けていること，加害者は男性健常者である介護者などによるものが多いことを明らかにした。

障害といっても，身体障害・知的障害・精神障害・発達障害などさまざまあり，特性もさまざまである。加害者はその特性を利用したり，支援者の立場を利用したりし，加害に及んでいる。

たとえば，身体介助が必要な障害児者は入浴介助の場からは逃げることができない。支援を必要とする場面では声をかけてくれた人を信じざるを得ないし，頼らざるを得ない状況があるだろう。地域に支援施設が一つしかない場合，その支援施設の職員からの性暴力に抵抗することは，支援を受けられなくなることを意味すると感じるかもしれない。何らかの身体介助を受けている最中であったならば，今，抵抗して放置されたら，命が危ないと感じ，従わざるを得ないかもしれない。また，他人の言動の裏を読むことが難しい，他者の要求を断ることが難しいという特性を利用され，被害に遭う場合もある。騙されて密室に連れていかれることや，性行為を行わなくてはいけないのだと思わされる場合もある。加害者は，知的な障害があることを知りながら，騙して性的搾取を行うこともある。

Ⅷ　差別の利用

性暴力の発生，そして被害を受けた人が拒否を伝えられなくなることの要因として，差別や貧困といった社会構造の存在も大きい。加害をしている側は，自分が差別構造を利用している，差別をしているという意識はないかもしれない。しかし，加害をする側は社会的にマジョリティに属している場合が多く，被害を受ける側はマイノリティに属している場合が多い。

たとえば，先述したエントラップメントにおいても，「女性は従順なことが良い」などのジェンダー規範が，エントラップメントをより容易にする。「女性は愛想よくいなければならない」という暗黙の圧力が強い地域では，飲み会の席などで身体を触られても，抵抗することは難しい。妻は夫に従うものだという風潮があるならば，夫からの同意のない性交を拒否することはできないだろう。外国籍の女性が軽んじられ，性的に利用されることもある。

セクシュアルマイノリティの人々が性暴力の被害に遭うときにも，背景に差別やヘイトが存在していることがある。アメリカでは，バイセクシュアル女性が性暴力被害に遭うことが多いが，それはバイセクシュアルフォビアや女性嫌悪の影響があるといわれている（Canan et al., 2021）。日本においても，「男性的ではない」という理由から男児・男性が性的にいじめられることがあったり，レズビアンの女性が「男性の良さを知らないからだ」と被害に遭ったり，アセクシュアルの人に「一度してみればわかる」と性交を強要したりすることがある。ヘイトクライムとしての性暴力の存在を考えることが重要である。

Ⅸ　加害者による「加害の正当化」

子どもが被害に遭った場合，自分の身に行われていることが何かがわからず，自分が被害に遭っているという認識が持てない。一方，大人であっても，特に顔見知りからの性暴力の場合，被害者はその出来事に対し，被害だと認識できない場合がある。これは，日本において性的同意や暴力，対等な関係に関する教育が不足しているため，あるいは性暴力が「見知らぬ人から突然襲われる」イメージがあるため，自分の身に起きたことを被害だと思うことができない状態である。この状態であっても，同意のない性的行為は，精神状態に大きな影響を与える。

あるいは，被害者の側が，被害だと思いたくないと感じる場合もある。たとえば，学校の教員から学生への性暴力の場合，被害だと思ってしまったならば，学生はショックの強さから，もうその大学にいられなくなってしまうかもしれない。自分の人生を継続させるためにも，「これは被害ではないと思いたい」と否認の機制が働くことがある。

一方，加害者は性暴力を正当化することがあり，被害者は，被害認識の持ちづらさや今後の人生のために，その正当化を一度は受け入れざるを得ない場合もある（金田，2020）。「恋愛だったんだ」「指導の一環だった」「あなたがもっと成長するためだった」など，加害者は自分の暴力を正当化しようとする。第三者として出来事を聞くと明らかに性暴力であったものが，まるで恋愛だったかのように，あるいは同意のある性交渉であったかのように，加害者から語られる。しかしそれは，被害者にさまざまな精神的後遺症が現れること，加害者の言動に一貫性がなくなること，友人などからそれは暴力だという指摘があることなどで，正当化が剥がれ落ちていく。継続した，繰り返し行われる性暴力被害において，暴力や脅迫がないかのように見える場合がある。しかしよく話を聞いていくと，最初の出来事が強制的な性交であり，被害を受けた人は被害が継続しているあいだ，ずっと苦しい思いをしていたと語られることが多い。

引用文献

Atkeson BM, Calhoun KS & Morris（1989）Victim resistance to rape : The relationship of previous victimization, demographics, and situational factors. Archives of Sexual Behavior, 18 ; 497-507.

Canan SN, Jozkowski KN, Wiersma-Mosley JD et al（2021）Differences in lesbian, bisexual, and heterosexual women's experiences of sexual assault and rape in a national U.S. Sample. Journal of Interpersonal Violence, 36（19-20）; 9100-9120. doi:10.1177/0886260519863725. Epub 2019 Jul 26. PMID:31347442.

Carr M, Thomas AJ, Atwood D, et al（2014）Debunking three rape myths. Journal of Forensic Nursing, 10 ; 217-225.

Craven S, Brown S & Gilchrist E（2006）Sexual grooming of children: Review of literature and theoretical considerations. Journal of Sexual Aggression, 12（3）; 287-299.

Galliano G, Noble LM, Travis LA et al（1993）Victim reactions during rape/sexual assault : A preliminary study of the immobility response and its correlates. Journal of Interpersonal Violence, 8（1）; 109-114.（https://doi.org/10.1177/088626093008001008）

花丘ちぐさ（2021）第２章ポリヴェーガル理論とは何か．（花丘ちぐさ編著）なぜ私は凍りついたのか―ポリヴェーガル理論で読み解く性暴力と癒し．春秋社．

Heidt JM, Heidt JM, Marx BP et al（2005）Tonic immobility and childhood sexual abuse : A preliminary report evaluating the sequela of rape-induced paralysis. Behaviour Research and Therapy, 43（9）; 1157-1171.

岩田千亜紀（2018）障害者への DV などの暴力についての国際的な動向と課題―文献レビュー. 東洋大学社会学部紀要 , 55（1）; 43-55.

岩田千亜紀・中野宏美（2019）発達障害者への性暴力の実態に関する調査. 東洋大学社会学部紀要, 56（2）; 23-37

金田智之（2020）第４章　地位・関係性を利用した性暴力―社会的抗拒不能.（齋藤梓・大竹裕子編著）性暴力被害の性暴力被害の実際―被害はどのように起き，どう回復するのか．金剛出版.

Marx BP, Forsyth JP, Gallup GG et al（2008）Tonic immobility as an evolved predator defense : Implications for sexual assault survivors. Clinical Psychology Science and Practice, 15 ; 74-90.

Möller A, Söndergaard HP & Helström L（2017）Tonic immobility during sexual assault- a common reaction predicting post-traumatic stress disorder and severe depression. Acta Obstetricia et Gynecologica Scandinavica, 96（8）; 932–938.

内閣府男女共同参画局（2020）男女間の暴力に関する調査．内閣府.

齋藤梓・大竹裕子編著（2020）性暴力被害の実際―被害はどのように起き，どう回復するのか. 金剛出版.

ステファン・W・ポージェス（花丘ちぐさ訳（2018）ポリヴェーガル理論入門―心身に変革をおこす「安全」と「絆」．春秋社）

Summit RC（1983）The child sexual abuse accommodation syndrome. Child Abuse & Neglect, 7（2）; 177-193.（https://doi.org/10.1016/0145-2134（83）90070-4）

内山絢子（2000）性犯罪被害の実態（1）―性犯罪被害調査をもとにして．警察學論集, 53（3）; 76-98.

Ullman SE（2007）A 10-year update of "review and critique of empirical studies of rape avoidance". Criminal Justice and Behavior, 34（3）; 411-428.

Walker J, Archer J & Davies M（2005）Effects of male rape on psychological functioning.（男性レイプが心理的機能に及ぼす影響）．British Journal of Clinical Psychology, 44（3）; 445-451.（https://doi.org/10.1348/014466505X52750）

（齋藤 梓）

トピック❷

障がいのある性暴力被害者への支援

［NPO 法人しあわせなみだ 理事長］中野宏美

1.「障がいのある性暴力被害者」とは

私は，性暴力撲滅に向けた啓発活動を手掛ける，NPO 法人しあわせなみだ（ウェブサイト http://shiawasenamida.org/）の理事長を務めている。これまで，性暴力被害者らが暮らす施設での事業等を実施してきたが，現在最も力を入れているのが，「障がい児者への性暴力」撲滅に向けた啓発活動である。活動を通じて考えてきた「障がいのある性暴力被害者への支援」について，共有したい。

性暴力被害者に「障がいがある」理由を 2 つ挙げる。まず，「性暴力をきっかけに，障がいが生じる」場合である。PTSD やうつの他，被害による心理的負荷の軽減を目的とした，アルコールや薬物への依存，排泄や妊娠・出産への影響等が想定される。もう 1 つは「加害者が障がいにつけ込む」場合である。この場合，本人は，性暴力を経験する以前から，何らかの障がいを有している。本コラムでは，主に後者を取り上げる。

2. 加害者は障がいにつけ込む

なぜ加害者は「障がいがあること」に「つけ込む」のか。ここでは 2 つの要因を挙げる。

1 つ目は，障がいそのものが持つ「特性」である。「見えにくい」「聞こえにくい」「動きにくい」「物事の理解に時間がかかる」といった，本来であれば合理的配慮が求められる特性は，加害者から見れば，「犯行がばれにくく，逃げやすい」要因となる。

2 つ目は，障がい児者ならではの「信じるチカラ」である。障がいのある人は，初対面の人に，初めて行く場所への誘導や，排泄介助，入浴介助等，「生きていくために不可欠な行為」を委ねる日常を生きている。他人を信じなければ，支援を獲得できない環境は，加害者から見れば，「信頼されやすく，騙しやすい」要因となる。

その結果，障がいは，性暴力を経験するリスクを高める可能性があることが，明らかになりつつある（岩田 , 2018）。

3.「邪魔者」「みそっかす」「お姫様」扱い

障がいのある人への対応で，困惑する理由の一つが，私たちの言動に対する，「過度の自己否定」や「安易な諦め」，もしくは「極端な持論」といった「想定外の反応」である。背景には，これまでの人生における，「障がいがあるがゆえの経験」がある。

1 つ目は「邪魔者」である。特に知的障がいや発達障がいといった，見た目ではわかりづらい障がいの場合，親や先生から「育てにくい」「扱いにくい」と思われ，存在を否定されがちになる。褒められる経験が少なく，疎外感を感じ，自分に自信を持つことが難しくなる。成人後も，「どうせ障がいのある人でしょう」と，発言を重視してもらえないだけでなく，そもそも参加の機会を得られないこともある。

2つ目は「みそっかす」である。「半人前」等の意味を持ち，たとえば，子どもの集団遊びの中で，他より年少の子どもがいた場合，その子どもだけに当てはまるルールが作られることがある。障がいのある人の場合，成人後もこうしたルールが適用されることは，珍しくない。このため，「部屋の片づけ」や「会合の幹事」といった「誰もが嫌がる作業」が免除されがちになり，年相応の社会経験に乏しい傾向が見られる。

3つ目は「お姫様」扱いである。特に親が，子どもに障がいがあることへ，強い罪悪感を持っている場合，子どもの意向を必要以上に尊重し，本来許されない行為であっても，「障がいがあるから」と甘やかし，周囲に理解を求める（謝罪にまわる）ことがある。こうした環境の中で，「自分の言うことはすべて正しい」「障がいに理解のないあなたが悪い」「周囲は自分のために動くのが当然だ」といった「強い他責性」が育まれる。

4. 「孤独」に想いをはせ「対等」な関係を築く

自己肯定感の低さや，簡単に見切り放棄する態度，一見過激と思える主張の根底にあるのは，こうした「障がいがあるがゆえの経験」によって培われる「疎外感」である。私たち健常者は，「マジョリティ」という「特権」に乗じて，障がいのある人を，まるで「なき者とする」かのような，さまざまな仕組みを構築し，障がい児者への「社会的孤立」を生み出してきたのである（松岡，2019）。

障がいのある性暴力被害者との関係構築に困難を感じた時こそ，「人」として扱われてこなかった過去が，他者とのつながりへのハードルとなっていることに気付き，対等に向き合おうとする姿勢が求められている。

心理職の皆さんが，障がいの有無にとらわれない性暴力被害者支援を実現することで，被害後の人生を歩み出す障がい児者の「アライ（ally，当事者ではないが応援・支持する）」となることを，期待している。

[参考文献]

岩田千亜紀（2018）障害者へのDVなどの暴力についての国際的な動向と課題：文献レビュー．東洋大学社会学部紀要，51（1）；43-55.（https://tinyurl.com/4b26cxwe）

松岡克尚（2019）障害者の社会的孤立と地域福祉的支援の方向性．関西学院大学『人間福祉学研究』，12（1）；43-56.（https://tinyurl.com/sfhksxf6）

第３章　性暴力被害が被害者に与える影響

ここまで，性暴力について，そして性暴力が発生した時の被害者の心理などを概観してきた。では，性暴力被害は，被害を受けた人にどのような影響を与えるのであろうか。本章では，性暴力被害が与える影響について，トラウマ反応，PTSD やうつ病等，継続的な被害の影響，人生への影響の４つの視点からみていく。

性暴力被害は被害を受けた人に深刻な精神的影響をもたらす。それは，性暴力被害が，人の尊厳を侵害する，トラウマ（心の傷）となり得る出来事であるからである。性暴力被害は，親密な相手からの被害，裏切りが伴う被害であることも多い。また，そこには人を人として扱わない，性的なモノとして扱うという故意や悪意が存在している。そして，のちに説明するが，社会には性暴力に対するさまざまな先入観や偏見が存在し，それによって，被害を受けた人は，被害そのものによってだけではなく，二重三重に傷つくことになる。

Ⅰ　トラウマ反応

人は衝撃的な出来事を経験すると，多かれ少なかれ，トラウマへの心身の反応，トラウマ反応を示す。トラウマ反応は，衝撃的な出来事を経験した後で生じる，心身の反応である。多くの場合，トラウマ反応は出来事から１～２カ月で落ち着いていく。

しかし性暴力被害など衝撃の大きな出来事の場合，落ち着いていかず，何十年も心身への影響が継続したり，PTSD などに移行していく場合もある。また，継続的な性暴力被害では，そもそも出来事に終わりがないため，トラウマ反応について期間の区切りがつかない。被害中，ずっとトラウマ反応がみられる場合もあれば，性暴力が継続しているあいだは大きなトラウマ反応が示されず，安全が確保された後にさまざまな反応が生じることも珍しくない。

トラウマ体験後の心身の反応は，身体的反応，心理的反応，生活・行動の変化，認知の問題にわけてまとめる。

身体的反応

身体的反応として，よく生じるのは不眠である。衝撃的な出来事によって交感神経が活発になり，ぐっすりと眠ってしまうと，再びやってくる危険に対処できないかもしれないことから，身体が深く眠らないようにしている場合もある。眠ると被害のことを夢に見るので怖くて眠ることができない，眠ろうとして目を閉じるとフラッシュバックが始まってしまい眠ることができないといった場合もある。被害が夜に起きた場合，夜になると恐怖が強くなり眠れなくなるということもある。そして明け方になって明るくなると，ようやく少しホッとして眠れるようになる，と語る人も少なくない。

また，食欲不振になることもあれば，たくさん食べてしまう場合，あるいは過食や拒食といった摂食障害様の状態となる場合もある。動悸や手足の震え，発汗，発熱といった状態や，腹痛や頭痛が現れることも多い。突発性難聴のように耳の聞こえに影響が出る場合もある。出来事を思い出す状況などで過呼吸を起こすこともある。さらに，被害中，加害者に触られた部分，拘束された部分が痒い，痛いといった身体感覚のフラッシュバックに伴う訴えがみられることもあり，これは，被害当事者に「その場所を触られた」という記憶がなくとも生じる。

子どもの場合には，子ども特有の表現で身体的反応が語られることがある。「息が詰まった感じがする（息苦しさ）」「胸がドンドンする（動悸）」など，子どものさまざまな表現をキャッチすることは重要である。子どもは言葉で気持ちを語ることが難しい分，身体的反応によってトラウマ反応を示すことも多い。

心理的反応

心理的反応としては，PTSD と同様の，侵入症状，回避症状，過覚醒といった状態がみられる。事件のことが思い出したくないのに思い出される，事件に関する悪夢を見る，まるでその時に戻ってしまったかのような感覚に陥るといったことも生じる。この突然の想起は，何かきっかけがあっての場合もあれば，何のきっかけもなく突然始まる場合もあり，強い苦痛をもたらす。

また，出来事を想起させる事物や場所，人などを避けることもある。加害者に似ていると感じられた芸能人を避けるためにテレビを見ることができない，被害前に立ち寄ったコンビニに立ち寄ることができない，後ろに人が立たれることが怖いので電車に乗ることができないなど，さまざまなものが避ける対象となる。危険だと感じるものを避けることは当然のことであり，また，避けることで日常の恐怖感をコントロールし，生活を送ることができているという側面もある。しかし長期的に見ると，今は安全であるはずのものを避け続けることは，日常生活に支障を及ぼす。あるいは，一見，物理的には回避していないように見えても，感情を感じないようにするなど，感情的に回避している場合もある。そして被害について想起すること，考えることを回避するため，日常生活を予定で埋め尽くすこともある。なお，継続的な被害の最中では，回避をしていると生活が送れないため，解離の機制が働き回避をせずに生活している場合もみられる。この場合，被害が終わって安全が確保された後に回避の状態が現れる。

解離は，性暴力被害ではよくみられる現象である。性虐待など継続的な性暴力から心を守るための解離性同一性障害といった状態から，現実とのあいだに幕ができたような感じ，夢を見ているように現実感がないといったような現実感の喪失や離人感，さまざまなレベルでの解離がみられる。そして感情にシャッターが下りるかのように，感情が麻痺した感覚を抱く人もいる。心理面接の際に，たんたんと被害や被害後の反応を語る場合もあるが，それは被害に恐怖を感じていないということではない。むしろ，恐怖が強く，感情に触れられない状態だと推測する必要がある。感情の麻痺が続いているほうが，周囲からの支援が得られず，自分自身でも記憶や感情を閉じ込めてしまうため，その後の精神的回復が難しい場合が多い。こうした解離や感情麻痺といった状態も，強い恐怖から心を守る反応の一つである。

また，心理的反応では，集中力の低下やイライラ，過度の警戒や緊張といった過覚醒の状態もみられる場合がある。人の身体の中に，危険を知らせる火災報知機のようなセンサーがあるとする。性暴力被害は，生命や身体の安全，安心が著しく脅かされる出来事であり，そうした出来事の後には，その身体の中のセンサーが過敏になってしまう。マッチの火を吹き消した後に立ち上る，一筋の煙にさえ反応してしまう火災報知機のように，警戒が過剰になる。つまり，危険に備えるために神経が過敏になり，些細な刺激にも強い情緒的反応を示し，疲弊していく。

そのほかにも，情緒不安定や意欲低下，抑うつ，希死念慮など，さまざまな心理的反応がみられる。「死にたい」「消えたい」気持ちがずっと続くことも少なくない。

なお，子どもの場合，心理的反応は，情緒不安定やハイテンションといった行動で見られる場合も多い。子どもたちは自分の心に起きている変化を言葉にできず，たとえばフラッシュバックが起きているにもかかわらず，それを言葉で説明できなかったりする。そのため「もやもや」や「よくわからないけれどイライラする」といった表現で語られることがある。

男児，女児に限らず，同性が加害者だった場合には，自分自身のジェンダーやセクシュアリティの混乱が生じる場合もある。「自分は同性愛者ではないか」と思ってしまうことがあったり，成長して同性を好きになった時に，「これは被害の影響ではないか」と思ってしまうこともある。

生活・行動の変化

性暴力被害の後のトラウマ反応の一貫として，生活や行動上の変化もさまざま生じる。誰にも会いたくないという思いの結果，あるいは身体がだるかったり，外に出ることが怖くなったりした結果，仕事や学校に行きたくなくなり家にこもることもある。ただただダルいために，あるいは自分はもう人とは違う存在になってしまったという感覚があるがゆえに，人に会えなくなったり，会いたくなくなったりもする。気持ちをわかってもらえるのではないかと期待した家族や友達に失望し，イライラして，喧嘩が増えることもある。あるいは，外の世界から遮断されるため，いやな記憶を思い出さないために，ゲームやスマートフォン，インターネットに没頭することもよく見られる。アルコールや薬物に依存する場合もある。このように，生活・行動上の変化もさまざま生じる。

そのほか性暴力被害では，自分で自分を傷つける自傷行為が生じる場合や，他者を性的に害する，あるいは自分自身を性的なリスクにさらす性問題行動が生じる場合，逆に性的な行為一切に対して忌避的になる場合もある。被害者の中には，「あの出来事を上書きしたいので，いろいろな人とセックスをする。セックスするたびに，自分自身の価値が下がっていく気がする」と述べる者もおり，性暴力被害に遭った者の，その後の性的行動には，複雑な心情が潜んでいる場合が多い。

子どもは，社会生活・行動上の変化として，夜尿や夜驚を示す場合もある。また，一人で過ごせなくなり，誰かと一緒に寝てもらいたくなるといったことも生じる。恐怖や不安を言葉で表現し抱えることが難しく，癇癪を起こしたり，一見すると乱暴で反抗的な様子が見られる場合も多い。はたから見ると，怠惰で，いつもスマートフォンをいじっており，成績も下がり，といったように，周囲の大人からは問題だとみなされてしまうこともある。しかしその背景には，被害後のトラウマ反応による心身の疲労によるだるさ，一人で眠ることへの恐怖による睡眠不足，何かに没頭していることで記憶の想起を防ぐ代わりに，勉強などに集中することはできないという回避と過覚醒反応など，さまざまなトラウマ反応が潜んでいる。

こうした，自傷行為や性問題行動など「一見問題に見える行動」は，生き延びる手段やSOSであることを忘れてはならない。フラッシュバックから逃れるためにインターネットに没頭しているかもしれない，現実があまりに苦しく感情がコントロールできないために自分を傷つけているのかもしれない，理不尽に奪われた主体性を取り戻したいという思いから性的問題行動を繰り返しているのかもしれない。そうした，行動の背景にあるものを考えることも重要である。

認知の問題

性暴力被害は，人に害される出来事である。そのため，世界や人，自分に対する物の見方，つまり認知が変化する。この認知の変化は，トラウマ反応の遷延化にも影響を及ぼす重要なトラウマ反応であるが，その一方で，被害者も周囲の人々も，それが「トラウマ反応」つまり「心の傷つきによる変化であり，その人自身が変わってしまったわけではない」ことに気が付きにくいという側面がある。

認知の変化の代表的な内容は，世界に対する安全感の喪失（「世界は危険だ」），自分への信頼の喪失（「自分は弱い」「自分の判断が間違っていた」），他者への信頼の喪失（「他人は信用できない」「他人は助けてくれない」），過度の自責感（「自分が悪い」「出来事の責任は自分にある」），汚れ感（「自分は汚い，汚れてしまった，汚れた自分は人に愛される資格はない」）などである。

Ⅱ　PTSD・うつ病・自殺企図

トラウマ反応は，通常出来事の後，１～２カ月で落ち着いていくが，性暴力被害の場合には精神的影響が深刻であり，その後PTSDやうつ病，依存症などに移行すること，自殺企図や自殺既遂が発生することも多い。

Kesslerら（1995）の全米調査の解析結果によると，挿入を伴う性暴力被害（レイプ被害）の場合，その後，生涯のうちでPTSDの診断基準を満たす時期があった人（PTSD生涯有病率）は男性65％，女性45.9％であった。なお，挿入を伴わない身体を触るなどのわいせつ被害の場合には，男女合わせて19.35％であった。同じ調査で，暴行傷害が11.55％，事故が7.55％，災害が4.55％のPTSD生涯有病率であったことを考えると，性暴力被害がいかに深刻な影響をもたらすかがわかる。

調査手法がKesslerら（1995）の調査とは異なるが，日本においてもさまざまなトラウマ体験とPTSDの生涯有病率との関係について調査が行われている（川上・他，2011）。その結果からは，強姦された経験があると回答した人は0.7％で，PTSDの生涯有病率は10.9％であった。性的に暴行された経験があると回答した人は1.7％，PTSDの生涯有病率は6.0％であった。アメリカの調査よりもPTSDの生涯有病率は低いが，そのほかの体験のPTSD生涯有病率について，子どもの時に養育者に殴られたが5.7％，配偶者や恋人に殴られたが5.4％，ストーカーにつけられたが15.9％，自動車事故が1.6％，災害が0.6％といった結果であったことから，性暴力被害が深刻であるという結果に変わりはないといえるだろう。ただし，内閣府の調査では「無理やりの性交」を経験したと回答した人は男女合わせて4.1％であり，川上ら（2011）の0.7％と異なる。性暴力被害は，人に経験を述べることが大変難しく，公にならない数，暗数が多い被害として知られている。そのため，性暴力被害に関する調査は，その尋ね方によって出現率等，結果が変わってしまうことを考慮する必要がある。

そのほか，全米女性調査の結果からは，レイプ被害者のうつ病発症率は30％であり，犯罪被害者ではない場合の10％の発症率より高いことが明らかになっている（Kilpatrick et al., 1992）。同じ調査では，アルコール関連問題は非被害者の13.4倍発生しやすい，薬物関連問題は26倍発生しやすいこともわかっている。また，自殺企図については，Tomasulaら（2012）の主に未成年の若者を対象とした研究において，自己報告の自殺企図が性暴力被害を経験した女性では経験していない女性の4.71倍高く，男性では9.76倍高かった。医学的に深刻な自殺企図についても，女性は1.47倍，男性は4.97倍高かった。性暴力被害は，死に至るリスクの高い暴力であることが，こうした調査からうかがえる。

なお，性暴力被害に関する調査は女性を対象としたものが多いが，Tomasulara（2012）のように男性も対象に含めた調査，あるいは男性の性暴力被害の影響を調査した研究もある。それらの研究からは，男性が被害者の場合，加害者が被害者に射精や勃起をさせることが多く，それによって被害者はさらに自責感が高まり，被害を人に相談できなくなることがわかっている（Groth et al., 1980）。また，男性は強いものだという認識があるために自己イメージが著しく損なわれ，怒りの感情を抱いたり，アルコール等に依存する者も多い。不安や抑うつ，侵入的想起，回避，解離，非機能的な性的行動，自尊心の傷つき等がみられる場合もあり（Elliott et al., 2004），性暴力被害は，性別を問わず深刻な影響を与える。

Ⅲ　継続的な被害による影響

これまでも述べてきたが，継続的な被害では，単回性の被害とは異なる精神的影響が表れる。

Herman（1992）は身体的虐待や性虐待，DV，難民など長時間あるいは繰り返された，逃れることが難しい出来事に晒されたときに現れる心身の状態について，複雑性外傷後ストレス障害と名付けた。それは非公式な診断として使用されてきたが，ICD-11では正式に，複雑性PTSDの診断基準が採用された。複雑性PTSDでは，再体験，回避，驚異の感覚（過覚醒）に加えて，感情制御困難や否定的自己概念，対人関係障害といった自己組織化の障害がみられる。この自己組織化の障害は，社会生活に大きな支障を生じさせ，生きていくことを困難にすることも多い。

さらに，性暴力の加害者が信頼していた相手であった場合には，性暴力は裏切りのトラウマ（betrayal trauma）ともなり得る。児童の性虐待は，もとより愛着形成に影響を及ぼす。成人していたとしても，信頼していた相手からの裏切りは，社会や他者に対する信頼感を根底から覆す出来事になる。

そして性虐待においては，トラウマ的性化行動（Traumatic sexualization）が現れる場合もある。これは，依存的に性的行動をする，過剰に忌避する，性問題行動を起こすなど不適切な性的行動を示す，自分のセクシュアリティに関する概念が混乱する，などの行動や状態であり，性虐待により，子どもの性的感情や性的態度が不適切に，機能不全な形で形成されることにより，現れるものである（Finkelhor et al., 1985）。また，強い無力感や自責感，自分が悪い存在になったかのような感覚なども生じる。

性虐待は逆境的小児期体験（Adverse childhood experiences : ACEs）の一つでもある。詳細はアメリカCenters for Disease Control and Prevention（CDC）のAdverse childhood experiencesのWEBサイト等を参照していただきたいが，子どもの頃の，暴力に晒された，安全・安心ではない環境，逆境的小児期体験によって，神経発達が阻害され，心身にさまざまな障害が現れ，疾病や社会的困難を引き起こし，早世へとつながることがわかっている。

また，継続的な被害においては，PTSD の診断基準を満たさない状態であったり，PTSD の症状が存在しているが見えにくくなっていることがある。しかしそれは，被害の影響が軽いということでは，決してない。たとえば兄弟姉妹からの性暴力であったならば，被害の影響を自覚することは，家で生活することを困難にする。子どもがいる状態でパートナーから性暴力を受けていたならば，被害の影響を自覚することで，子どもにとっての「家族」を継続できなくなるかもしれない。長い間被害に遭っているならば，その状態を自分はどうにもできないという無力感から，被害に遭いながら生き延びるために，一見すると現実生活で何の問題も無いように振る舞うかもしれない。あるいは，解離しており記憶や感情が失われている状態や，長年，被害を想起させるものを情緒的に回避し続けた結果，再体験症状がわかりにくい状態になっているなどの場合もある。また，フラッシュバックなどはなくとも，次節の人生への影響がでていることもある。

Ⅳ　人生への影響

これまで，さまざまな側面から性暴力被害の影響について述べてきた。当然のことではあるが，人によって状態の現れ方は異なる。被害直後はあまり反応が出ず，加害者が逮捕されてから，あるいは性虐待などで加害者と物理的に離れてから，さまざまな状態が現れる場合も多い。そして性暴力被害では解離もよく見られる。それは，ぼんやりとした離人感というものから，解離性健忘や解離性同一性障害，あるいは解離性遁走まで程度はさまざまであるが，被害を受けた多くの人が何らかの解離の状態を呈していることは多く，性暴力被害が，心が対応することが難しいほど深刻なできごとであることがわかる。

また，性暴力被害は，長く人生に影響を与え続けることも珍しくない。性暴力が発生し，被害を受けた当事者は，自分がモノ扱いされたような，意思を無視されたような状態になり，自尊心が低下していく。その結果，自殺や自傷といった行動，あるいは，自分には価値がないと思い混乱した性的関係を繰り返すなどの状態も現れる。

上記に示した性虐待のみならず，性暴力の被害を受けた後，混乱した性的関係や望まない性交を繰り返す被害者は多い。その背景には，先述した自尊心の低下や，あるいは，被害を被害だと思いたくないために行為を繰り返すという心情，他者を性的に支配することで奪われた主体性を取り戻したいという心情，自分にされたことを上書きしたいという気持ちなど，さまざまな複雑な感情が存在する。しかしそうした望まない性交，混乱した性的関係を繰り返す中で，本当に親密な関係を築けなくなる，あるいは再び性暴力の被害に遭うということも生じ，人生に与える影響は深刻である。

引用・参考文献

Centers for Disease Control and Prevention（CDC）Adverse childhood experiences.（https://www.cdc.gov/violenceprevention/aces/index.html）

Elliott DM, Mok DS, Briere J（2004）Adult sexual assault : Prevalence, symptomatology, and sex differences in the general population. J Trauma Stress, 17（3）; 203-11. doi:10.1023/B:JOTS.0000029263.11104.23.　PMID:15253092.

Finkelhor D & Browne A（1985）The traumatic impact of child sexual abuse : A Conceptualization. American Journal of Orthopsychiatry, 55 ; 530-541.（https://doi.org/10.1111/j.1939-0025.1985.tb02703.x）

Groth AN & Burgess AW（1980）Male rape : Offenders and victims. The American Journal of Psychiatry, 137（7）; 806-810.（https://doi.org/10.1176/ajp.137.7.806）

Herman JL（1992）Complex PTSD : A syndrome in survivors of prolonged and repeated trauma. J Traum. Stress, 5 ; 377-391.（https://doi.org/10.1002/jts.2490050305）

川上憲人・土屋政雄（2011）トラウマティックイベントと心的外傷後ストレス障害のリスク.（研究代表者 金吉晴）厚生労働科学研究費補助金　障害者対策総合研究事業（精神障害分野）　大規模災害や犯罪被害者等による精神科疾患の実態把握と介入手法の開発に関する研究. pp15-28.　国立精神・神経医療研究センター 精神保健研究所 成人精神保健研究部.

Kessler RC, Sonnega A, Bromet E, et al（1995）Posttraumatic stress disorder in the National Comorbidity Survey. Arch Gen Psychiatry, 52（12）; 1048-60. doi:10.1001/archpsyc.1995.03950240066012.PMID:7492257.

Kilpatrick, D, Edmunds C & Seymour A（1992）Rape in America : A report to the nation. National Victim Center, Arlington.

Tomasula JL, Anderson LM, Littleton HL et al.（2012）The association between sexual assault and suicidal activity in a national sample. School Psychology Quarterly, 27（2）; 109-119. https://doi.org/10.1037/a0029162

（齋藤 梓）

トピック❸

知っておきたい法的知識
——性犯罪の罪と刑罰の概観——

［倫（りん）総合法律事務所　弁護士］宮川倫子

性暴力の中には，レイプ，わいせつ，ちかんなどいろいろある。法律面では，どの罪に該当するかによって，その後の手続きが変わってくる。たとえば，「ちかん」なら，一般的には罰金ですぐに終わると思うかもしれない。しかし，胸や性器等に接触した場合などは強制わいせつ罪になりえ，正式裁判が開かれる。けがを負った場合には強制わいせつ致傷罪となり裁判員裁判になる。

1．強制性交（いわゆるレイプ）と強制わいせつ罪

刑法に規定されている強制性交等罪は，刑法改正前は強姦罪といわれていたもので，13 歳以上の者に対し暴行脅迫を手段とするレイプで，性器性交だけでなく肛門・口腔性交も含み，5 年以上 20 年以下の懲役が科される。性交に至らずわいせつ止まりの場合は，強制わいせつ罪となり，6 月以上 10 年以下の懲役である。暴行脅迫ではなく薬物やアルコール等による心神喪失や抵抗不能を利用した場合も同じである（準強制性交・準強制わいせつという）。

監護者（親など）である立場を利用して 18 歳未満の者に性交やわいせつをした場合も強制性交や強制わいせつと同じ罪になる。

強制性交も強制わいせつも 13 歳未満は暴行脅迫なしで罪が成立する。

2．強制性交・強制わいせつの致死傷罪

強制性交や強制わいせつにより，死亡またはけがをした場合は，強制性交等致死傷罪で無期懲役または 6 年以上 20 年以下の懲役，強制わいせつ致死傷罪で無期または 3 年以上 20 年以下の懲役となる。性交やわいせつが未遂で致死傷になった場合も含まれるため，法定刑の幅が広くなっている。

3．致死傷罪は裁判員裁判になる

レイプされてけがをしているかは大変重要なポイントとなる。なぜなら，罪名が変わるとともに，致傷がつくと，犯人が認めていても裁判員裁判になるからである。致傷がつかない場合は，どんなに件数が多くても裁判員裁判ではなく，裁判官のみの裁判となる。よって，亡くなった事案はもちろん，けがをしていて致傷となっている場合は（なお，少しのけがでは致傷罪にならないこともある），犯人が否認しているなら裁判員の前で証言する可能性があること，裁判を始める前に争点整理が行われるので裁判開始までに長くかかるかもしれないことを念頭に置く必要がある。

4．ちかんは迷惑防止条例（地方自治体により異なる）

ちかん被害は多いが，「ちかん罪」というものは刑法にない。ちかんは，都道府県の

迷惑防止条例により処罰される。つまり，都道府県により若干の違いがある。東京では，いわゆるちかんは6カ月以下の懲役か50万円以下の罰金である。初犯ではたいてい罰金であり，正式な裁判ではなく略式裁判で終わるので，示談のタイミングを逃さないように注意が必要である。

5. わからないときは誰に・何を聞いたらよいか

被害者が最初に関わるのは警察官であるが，実際の裁判を担当するのは検察官である。

捜査段階では警察の担当者に聞いてもよいが，犯人が起訴されたあと，裁判が始まってからは検察官に聞くのがよい。確認すべきは，罪名・犯人が認めているか・裁判がどれくらいかかるか等である。被害者が聞けば，検察官は丁寧に対応している。被害者が自分で対応するのが難しければ被害者弁護士に依頼することもできる。

犯人が認めているなら被害者が裁判に証人として出廷することはない。しかし，認めていないなら，一から証言しなければならない。心理職のサポートも必要になってくる。また，争点整理に時間がかかることもあり，裁判が長期化することもある。いずれにせよ裁判は，被害者に相当程度の負担を与えるが，正確な情報があれば（仮に，大体の目安程度の情報であっても），わからないことによる不安は取り除けるはずである。

検察は法務省の管轄なので，法務省のホームページに被害者向けの解説が掲載されている（法務省「犯罪被害者の方々へ」https://www.moj.go.jp/keiji1/keiji_keiji11.html）。

6. 性被害を打ち明けられたら

性被害にあったことは誰しも言いたくないことである。被害にあったことを打ち明けられたらそれは信頼されているからである。犯罪被害は，いつ，どこで，だれから，どんなことをされたか等詳しく事実認定をしていく作業が必要になる。証拠も必要である。もちろんご本人の意向を確認しつつ，警察に被害申告するサポートをしていただきたい。たとえば事実を整理してメモを作成するように指導する，一緒に警察に行くなどでも大変価値のあるサポートである。

7. さいごに

被害者のほとんどが，被害にあったことを恥ずかしいと思い，知られたくない，関わりたくないと言う。しかしそれと同じくらい，実は悔しく，怒り，犯人をやっつけてほしいとも思っている。それは人間の自然な感情である。

被害者と一緒に，または代わりに闘ってくれる一人の専門家として，心理職は尊い仕事である。犯罪被害者支援は，地味で根気のいることであり，私もくじけそうになることもあるが，人は必ず回復すると信じている。皆さんの支援は被害者の尊厳を回復するために不可欠であることを忘れないでほしい。

注） 罪名は執筆時（2021年8月31日）のものであり，2023年7月13日から性犯罪の規定を見直す改正刑法が施行されている。詳細は，法務省「性犯罪関係の法改正等　Q & A」（https://www.moj.go.jp/keiji1/keiji12_00200.html）参照。

トピック❹

刑事手続きにおける弁護士の支援

[桜みらい法律事務所　弁護士] 上谷さくら

心理職の方と被害者の弁護士との連携は，被害回復のため，刑事手続きのあらゆる場面で不可欠である。

1. 性被害の可能性がある場合

性被害に遭い，刑事事件として立件するには，証拠の保存が必須である。証拠の散逸や記憶の減退を防ぐため，対象者が性被害に遭ったことが伺われたら，できるだけ早く警察に被害申告したい。ただし，性被害の捜査にはさまざまな苦痛が伴い，法律の説明も必要であるから，警察に行く前に弁護士につないでほしい。

2. 捜査について

性被害の被害者に対する捜査は，主に２つ。「事情聴取」と「被害の再現」である。事情聴取では，初対面の警察官に被害の詳細を話す。性被害なので，性的な部位や性的行動を言葉にしなければならず，それ自体が多大な苦痛を伴う。そして，被害の再現というのは，被害者に見立てた人形を使って体位などを再現するものである。「どちらの胸を触られたのか」「犯人は右手と左手のどちらで触ったか」等の細かいことまで聞かれ，それを被害者役の人形と，犯人役の警察官で実演する。被害を知っているのは被害者だけなので，被害者がその場で逐一説明するが，まさに「被害の再体験」にほかならず，被害者は一様に「辛い」と訴える。

これらの捜査は，事前に内容を説明してあれば，被害者の負担はかなり軽減されるはずである。だから，捜査前に弁護士と心理職が連絡を取り合って，被害者のために何をすべきか，すり合わせておきたい。

また，性被害なので「女性警察官に対応してほしい」という被害者は多く，警察も機械的に女性警察官を担当にすることが増えている。しかし，女性警察官だから被害者に寄り添えるとは限らない。「女性の警察官が対応してくれるなら安心」等と安易に言わないようにしたい。

3. 不起訴になる場合

辛い捜査に耐えても，性犯罪は成立要件が厳しいため，不起訴が多いのが特徴である。通常，密室で行われるので客観証拠が得られにくいうえ，性行為自体は日常的行為なので，加害者の「合意」という弁解を乗り越えられないからだ。中には，捜査関係者の性被害に対する偏見で不起訴になった，と疑いたくなる理不尽なケースもある。

起訴か不起訴かを決めるのは検察官だから，被害者の弁護士は，検察官から処分の見通しを聞き出すことが極めて重要である。不起訴の可能性が高い場合，被害者にどのように説明するか，精神的ショックをいかに和らげるか，心理職の方と情報共有が必要である。

4．示談について

起訴できる場合でも，被害者が示談を望むケースがある。裁判が怖くなったり，事件化より金銭的補償を望む事情があったり，理由はさまざまである。弁護士は，起訴と示談のそれぞれのメリットとデメリットを説明するが，最終的に決断するのは被害者。そして，被害者が決めた結論を全力で支える必要がある。性被害の場合，示談をすると「美人局」「お金に負けた」などの誹謗中傷を受けたり，「お金をもらったら買春ではないか」と被害者自身が悩んだりする。弁護士は，加害者に被害弁償させることも十分な罰であること，被害者が被害弁償を受け取るのは当然の権利であることを説明する。

示談で最も問題なのが，加害者側が示談書に「宥恕（ゆうじょ）（法律用語で許すこと）」文言を求めてくることだ。性被害の場合，お金を積まれても「許す」ことはほぼない。その気持ちにフタをして宥恕文言を入れてしまうと，一生後悔することになりかねない。加害者側は，宥恕文言を入れないなら金額を下げるなどと交渉してくる場合が多いが，それに怯まずに金額を勝ち取るのが被害者の弁護士の役目。示談のメリットも大きいので，心理職の方には被害者へのフォローをお願いしたい。

5．刑事裁判について

加害者が起訴されて裁判になると，被害者は被害者参加や心情の意見陳述など，さまざまな権利を行使できる。これらはあくまで「権利」であって，行使するかどうかは自由。検察官や弁護士と十分な打ち合わせをしたい。被害者の弁護士の中には，「意見陳述は傷つくのでしない方がいい」「被告人を責めるのはよくない」等と，被害者の権利行使に消極的な人もいる。それは，弁護士が被疑者・被告人の権利保護ばかりに力を入れてきた歴史があり，被害者の心情や被害回復に無知なためである。しかし，公判で十分に権利行使できなかった後悔が，被害回復を阻害することは多い。被害者の希望に沿わない活動しかしてくれない場合，弁護士はいつでも変えられることを知っていてほしい。

否認事件の場合，被害者は証人として証言することになる。証言は「被害の再体験」であり，加害者側から詰問されるため，警察官に話をする以上に，法廷での証言は苦痛であり，被害直後の精神状態に引き戻されることが多い。そのため，心理職の方は証人尋問のスケジュールに合わせ，綿密に計画を立ててケアしてほしい。

6．公判後

裁判が終わっても，被告人がどの刑務所にいるのか，いつ頃出所するのか等を被害者が知ることはとても重要である。被害者等通知制度を利用し，公判後も不安の尽きない被害者のフォローが必要である。

第4章　性暴力被害における二次的被害

性暴力被害について考えるうえで，二次的被害や，その背景にあるレイプ神話を欠かすことはできない。支援の現場で二次的被害を起こさないためにも，本章では二次的被害とレイプ神話について述べていく。

I　二次的被害

二次的被害（secondary victimization）とは，もとは，警察や検察，裁判所とのやり取りにおいて被害者が非難されること，被害を軽視されることなど，主に刑事手続きにおける精神的被害を指していた。現在でも，学術領域の研究では，二次的被害は刑事手続きにおける精神的被害を対象としていることが多い。

しかし一般的な文脈では，刑事手続きのみならず，医療機関や支援機関，家族や友人，マスコミ，近隣の人など，周囲の対応によって引き起こされる被害者の精神的苦痛全般を指すものとして扱われている。特に近年，性暴力被害に遭ったことを開示した被害者に対し，SNS上で，被害者を非難する，被害を疑う，加害者を擁護するなどの言動が多く見られ，問題になっている。二次的被害は，セカンドレイプ，二次被害，あるいは被害に焦点を当てるのではなく，被害者を二次的に傷つけている加害に焦点を当てるべきだという考えから二次加害といった言い方をされる場合もある。

二次的被害はさまざまあるが，主に，「被害者非難」「被害軽視」「被害を疑う」「加害者擁護」の4つの内容が見られる。

「被害者非難」は，たとえば，「なぜ逃げなかったのか」「なぜもっと早く言わなかったのか」「なぜついていってしまったのか」「自業自得だ」など，被害者にも非があったと被害者を責める言動である。当然ではあるが，同意なく境界線を越えることは暴力であり，暴力は，暴力を行った側に責任がある。また，これまで述べてきたとおり，加害者は巧妙であり，被害に直面した際に，被害者が逃げることや抵抗することは非常に困難である。しかし，社会の，性暴力に対する誤った認識が被害者にも内在化され，被害者が自分を責めることも多い。また，自責感は，トラウマ反応の一つとしても生じる。そのため，被害者非難は，被害者の自責感を強め，被害者をさらに深刻に傷つけることになる。

「被害軽視」は，「早く忘れたほうがいい」「ただのセックスだと思って」「たいしたことない」「神様は乗り越えられない試練は与えない」「命が助かってよかった」「もっと大変な人がいるんだから」など，被害の影響を軽視する発言である。被害を受けた人は，被害により深刻な傷つきを負う。忘れられるものならば忘れたいと思い，被害の影響は大したことないのだと思いたい気持ちにもなる。しかし現実には，性暴力被害による影響は深刻であり，死んだほうがマシだ，消えてしまいたいという気持ちさえ生じる場合がある。「被害軽視」は，被害者を励まそうと思って発せられることもあるが，被害者にとって，自分のつらさを理解されていないという経験になる。

「被害を疑う」は，文字通り，本当に被害者なのかと疑う言動である。「被害を受けた人が笑顔を浮かべるわけがない（から，あなたは被害者ではない）」「同意のうえでの性交だったのだろう」など，出来事自体を否定する言葉や，出来事があったことは把握していても，それは被害ではない，と被害を否認するような言動でもある。被害後の被害者の様子は多様であり，普通に働き続けている人，学校に通い続けている人も多い。しかしそれは，被害がなかったということとイコールではなく，外から見えないからと言って，その人がそれまでと同じように働いているからと言って，その人が傷ついていないというわけではない。

ときには，加害者を擁護する言説が見られることもある。もちろんそれも，被害者を深く傷つける。

こうした二次的被害の言動の背景には，たとえば，話を聞いたその人自身が，過去に性被害に遭い，「大したことない」「こんなの普通だ」と思うことで生き抜いてきたという場合もある。しかしそのように生き抜いてこざるを得なかったのもまた，社会に存在する，性暴力被害に対する誤った理解の影響が大きい。

Ⅱ　レイプ神話

レイプ神話（rape myths）とは，レイプに対する誤った社会通念，社会の中に存在する誤解や偏見を指す。性暴力を否認し，被害を軽視する内容や，被害者に責任を帰す内容，加害行為を正当化する内容など，レイプ神話に含められるものはさまざま存在している。それはたとえば，以下のような内容である。

1. 抵抗すればレイプは防ぐことができる
→これまで述べてきたとおり，被害者にとって抵抗することは非常に困難である。また，加害者は巧妙に，被害者を抵抗できないようにする。
2. 二人きりでお酒を飲んだならば，それは性的同意があるということだ
→二人きりでお酒を飲むことは，性的同意とは異なる。性的同意は非継続的であり，密室に二人でいることも，食事を一緒にすることも，性的に同意していることを意味しない。
3. 繁華街を一人で歩いていたら／露出の多い服を着ているならば，レイプされても仕方ない
→人には，安全に生活する権利がある。繁華街を一人で歩くことも，露出の多い服を着ていることも，性的な同意を意味しない。
4. レイプは見知らぬ人から行われる
→必ずしもそうではなく，性暴力の加害者の多くは見知った人である。
5. 女性は乱暴に扱われたがっている
→同意のうえで強引にすることと，同意なく乱暴にすることは全く異なる。
6. レイプはただのセックスだ
→レイプ，性暴力は深刻な精神的後遺症をもたらす暴力である。
7. 性的快感を感じたならば，それはレイプではない
→身体の生理的な反応と，性行為に同意していることは異なることでる。
8. 男性はセックスなしではいられないからレイプは仕方がない
→レイプ，性暴力は性欲のために衝動的に行われるものではなく，その本質は相手への支配欲，征服欲である。男性も女性も，いつでも行為を止めることができる。
9. ほとんどの人はレイプを警察に届け出る
→内閣府（2020）の調査では「無理やりの性交等」を経験した人の中で警察に相談・連絡した人は，男性0%，女性6.4%であった。ほとんどの人は警察に届け出ていない。
10. 女性は注意を引くために虚偽のレイプの報告をする

→警察に虚偽に申告される可能性は，他のさまざまな被害と同程度で，稀であるといわれる。

11. 女性が被害者の場合には，加害者は男性である

→女性が被害者の場合には，加害者が男性であることが多いが，女性が加害者の場合もある。

こうしたレイプ神話は，今なお社会に残っており，二次的被害を引き起こしたり，被害者が被害を人に相談できない理由の一つになったりしている。また，被害者の中に内在化されたレイプ神話が，被害者の自責を引き起こす要因ともなり得る。

上記は主に女性が被害者であることが想定されるレイプ神話であるが，男性のレイプ神話も存在する（Chapleau et al., 2008 ; Struckman-Johnson, 1992 ; Turchik & Edwards, 2012 ; Stermac et al., 2004）。

1. 男性が性的被害に遭うはずがない

→これまで述べてきたとおり，男性も性的被害に遭遇している。

2. もし被害に遭ったとしても抵抗して防げるはずだ

→男性も被害に直面した際，抵抗することが難しい状態になることは，女性と変わらない。また，抵抗したとしても，レイプが防げるとは限らない。

3. 女性が性的な加害行為をするはずがない

→内閣府（2020）の調査における，無理やりの性交等を経験した男性の回答結果では，加害者の性別は男性と女性が半数ずつであった。女性が被害者の場合，男性が加害者であることが多いが，男性が被害者の場合，必ずしもそうとは限らない。

4. 被害者は同性愛者だ

→加害者にとって，被害者が異性愛者か，同性愛者か，両性愛者か，アセクシュアルなど他者に対して性的欲求を抱かないか，セクシュアリティは関係がない。

5. 男性が性的に機能していたということは性的に興奮していたはずで，レイプではない

→身体の生理的な反応と，感情や性的興奮とは異なるものである。加害者は被害者を支配するため，あるいは被害申告しにくくさせるため，射精や勃

起を促すことがよく見られる。

6. 男性は女性よりも性的暴行の影響を受けにくい

→性暴力被害は性別を問わず深刻な影響を与える。

男性の被害は，女性の被害以上に，社会の中で「なかったこと」にされてきた。そのため，男性のレイプ神話の内容もまた，社会の中で未だ根強く存在している。しかし実際には，男性や男児の性暴力被害も多く発生しており，その影響は重大なものである。支援者が，性暴力は性を問わず発生し，男性や男児も被害に遭うのだという認識を持っていることが重要である。

こうした社会の中での誤った認識は，ゲイ，レズビアン，バイセクシュアル，トランスジェンダー，アセクシュアルなど，被害者のジェンダーやセクシュアリティが社会的にマイノリティの位置にある場合，さらに根深くなる。「相談の電話をかけても被害者だと思ってもらえなかった，男性の相談は受けていないと言われた，トランスジェンダーの相談はここでは難しいと言われた，そもそもセクシュアルマイノリティに関する知識が相手にないためにわかってもらえず，被害内容を説明するだけでも長い時間を要した，女性同士の被害だから軽く見られた，自分にとって性の対象となることがどれほど苦痛かわかってもらえなかった」など，被害者非難や被害軽視がさまざま生じ，適切な理解ある相談という，基本的なことさえ叶わなかったという言葉も，未だ多く聞く。

これまで上げてきたレイプ神話の例の中にも含まれているが，セクシュアルマイノリティをめぐる，性暴力被害に関する誤った認識も存在する。たとえば米国リッチモンド大学のWEBサイト[注)]にはレイプ神話に関するページがあり，その中に「レズビアン，ゲイ，バイセクシュアル，またはトランスジェンダーの人々は，そのライフスタイルのためにレイプされても仕方ない」というレイプ神話が載っており，それに対して，「レイプされて仕方ない人は誰もいない。これは，LGBTQ＋の個人に対するヘイトクライムとしてレイプを犯した加害者が使用する言い訳だ」と明記されている。ほかにも，同性愛男性（ゲイ）やバイセクシュアル男性は異性愛の男性よりも性暴力に遭った際に被害者に責任があると非難されやすい，同性愛女性（レズビアン）同士の性暴力は過小評価されやすい，バイセクシュアル女性が被害者の場合にも被害は過小評価されやすい，などの傾向も

注）https://prevent.richmond.edu/prevention/education/rape-myths.html（2022年6月30日現在）

見られ，セクシュアルマイノリティの人の性暴力被害について，誤った認識が存在している現状がある。

被害者非難には，正しく生活をしていれば正しい結果が得られるはずだ，世界は公正である，という公正世界信念が関わっているといわれる。世界は公正であるはずだから，性暴力の被害に遭った人は，被害者が何か悪いことをしたに違いない，という考えである。何も悪いことをしていないのに，突然，理不尽に暴力に晒されるかもしれないという認識は，人に強い恐怖をもたらすだろう。そのため，世界は公正であると信じることは，自分自身の心を守る手段でもある。しかし，それによってもたらされる二次的被害は，被害者にとって，大きな傷つきとなる。二次的被害を受けた被害者は，二度と，誰かに助けを求めなくなるかもしれない。

さらに，こうしたさまざまなレイプ神話の背景には，ジェンダーやセクシュアリティを取り巻く規範が存在している。たとえば，男性は強引なほうがよい，男性は強い存在だ，女性は従順で貞淑な存在だ，女性は性的に活発ではない，といった考えは，「レイプは大したことではない（なぜならば，男性が強引であることは普通のことだから）」「レイプの際に人は抵抗するはずだ（貞淑な女性ならば性的なことには強く抵抗するだろう）」「露出の多い服を着ているならば，レイプされても仕方ない（女性は貞淑であるべきなので，貞淑ではない女性は被害に遭っても仕方がない）」「男性が性的被害に遭うはずがない（男性は強い存在なのだから）」「女性が性的加害をするはずがない（女性は性的に活発ではないのだから）」などの誤った認識を強くする。また，伝統的性役割感が強い場合，性暴力被害者に対して否定的な見方が強く，性暴力被害の影響を低く見積もるという研究結果もある（Simonson & Subich, 1999）。

そして，男性のレイプ神話を強く信じている人は同性愛嫌悪の態度を持っているという指摘もある（Davies et al., 2012）。さらに，バイセクシュアルの女性が被害に遭いやすいのは，背景に「バイセクシュアルの女性は性に乱れている」などのステレオタイプやバイフォビアがあるとも言われる（Canan et al., 2021）。また，マイノリティへの差別意識が強い者は，マイノリティが暴力被害に遭うことを仕方ないと思う傾向がみられる。このように，差別や偏見によって，性暴力被害に対する誤った認識が強められることがわかっている。

Ⅲ　二次的被害を起こさないために

ここまで，典型的な二次的被害，そしてその背景にあるレイプ神話について概観した。では，二次的被害を起こさないためにはどうしたらいいだろうか。それは，筆者もずっと，考え続けていることである。

支援の現場で二次的被害が起きるのは，支援に携わっている側が，出来事を被害だと認識できないとき，被害者にも責任があると思っているとき，被害者の状態を理解していないとき，被害の影響を軽視しているとき，被害者の意思を尊重していないときなどが想定される。

性暴力被害者支援において，被害を受けた人に「あなたは悪くない」と伝えることが重要である，と言われることが多い。二次的被害を与えない，被害者を責めない，被害を過小評価しない，被害者を信じるということは，非常に重要なことである。だが，出来事を被害だと認識できなければ，そして被害者にも責任があると思っているのならば，「あなたは悪くない」という言葉はうわべだけになり，ただでさえ自分を責めている被害者には届かない。もしも被害者にも責任があるかもしれない，という気持ちが湧いたならば，それは本当だろうか，なぜそう思うのだろうか，と自分に問うことが必要だろう。そして，性的同意や境界線の概念，被害が起きるプロセスや被害に直面した際の心理について，学びなおし，考え直すことが必要だろう。

二次的被害の背景にレイプ神話があり，レイプ神話の背景にジェンダー観が存在している。そのため，二次的被害を防ぐためには，自分の中の性やジェンダーに対する考え方，偏見や差別，支援に影響する過去の被害などについて考えること，適切な知識を得ることが大切だと考えられる。

「性」や「セックス」「性暴力」「セクシュアリティ」「ジェンダー」，こうしたことに対する，自分の考え方はどのようだろうか。自分は，過去，性暴力の被害を受けてはこなかっただろうか。あるいは，誰かを傷つけた経験はないだろうか。自分の中に，未解決の性暴力を取り巻く問題はないだろうか。性暴力の内容をちゃんと聴く準備はあるだろうか。未解決の問題は誰にでもある可能性があり，性やジェンダーに関する考え方もさまざまである。しかし，自覚して，考えることは重要である。

支援の場においては支援者－被支援者という関係が生まれる。自分の中に自覚されていない未解決の問題や価値観があると，自覚なく相手を非難する結果になったり，自分の傷つきから相手を安易に慰めたくなったり，なんでもしてあげたいと被支援者の力を奪ってしまうことになりかねない。自分の考え，自分の傷つきについて向き合っていくことが，性暴力被害者支援の場では必要となる。

そして，自分の考え方が誤った知識や差別あるいは偏見から来ているならば，適切な知識を得るために，さまざまな書籍や論文を読むことが必要である。今はまだ海外で行われた英語の文献が多いが，男性の被害，レズビアンの被害，トランスジェンダーの被害，さまざまな性暴力被害について，実際にはどのようであるか描いた論文もたくさんある。性やジェンダー，セクシュアリティについて学ぶ文献もたくさんある。筆者も，日々，新しい書籍や論文を読み，自分の知識や価値観をアップデートするように努めている。

また，被害を受けた人の状態を理解していないとき，被害者の意思を尊重していないときにも，二次的被害が発生する。被害を受けた人がニコニコと笑っている様子を見て被害の影響を過小に評価する，攻撃的になっている様子や性問題行動を示している様子を見て人格の問題であると捉える，そうして背後にあるトラウマ反応を見誤った結果，被害を受けた人を傷つける言動を取ってしまう場合がある。また，上述したように無自覚の自分の傷つきから，相手を過剰に守りたいと思い，その人のいない場所でさまざまなことを決めてしまう場合がある。

性暴力被害について適切な知識を有していたならば，ニコニコと笑っているのは，被害の影響を受け止めきれていないのでは，あまりにショックが強く解離が起きているのでは，と考えるかもしれない。攻撃的になっているのは過覚醒の反応であり，性問題行動は性暴力被害後の反応や複雑な感情から起きていると考えるかもしれない。性暴力被害が，意思や感情を無視されることの傷つきであると知っていれば，被害者の意思を尊重することの重要性に思い至るだろう。

性暴力被害の実態，トラウマの反応，被害がもたらすさまざまな感情や影響について知ることは，適切な対応をするための大切な一歩である。

近年，トラウマインフォームドケア（Trauma Informed Care : TIC）の重要性が広まっている。野坂（2019）は，TIC をトラウマに対するケア全体の基盤になるものと述べている。TIC は，トラウマについて一般的な理解を有し，トラウマがもたらす影響を知ったうえで関わることを指す。トラウマ臨床に携わる専門職がトラウマに特化したケア（Trauma-Specific Care）を身に着けることも大切だが，そうしたケアの前提には，支援者や社会全体がトラウマについて適切な知識を持ち，被害を受けた人はもちろん，誰にとっても安全で安心できる社会であることが必要である。性暴力被害の臨床でも当然のことながら，性暴力被害について，トラウマについて適切な知識を有していること，そして支援者と被害者双方の安全と安心を考えられることが重要であろう。

引用文献

Canan SN, Jozkowski KN, Wiersma-Mosley JD et al（2021）Differences in lesbian, bisexual, and heterosexual women's experiences of sexual assault and rape in a national U.S. Sample. Journal of Interpersonal Violence, 36（19-20）; 9100-9120. doi:10.1177/0886260519863725. Epub 2019 Jul 26. PMID:31347442.

Chapleau KM, Oswald DL & Russell BL（2008）Male rape myths the role of gender, violence, and sexism. Journal of Interpersonal Violence, 23（5）; 600-615.

Davies M, Gilston J, & Rogers P（2012）Examining the relationship between male rape myth acceptance, female rape myth acceptance, victim blame, homophobia, gender roles, and ambivalent sexism. Journal of Interpersonal Violence, 27（14）; 2807-2823.

内閣府男女共同参画局（2020）男女間の暴力に関する調査.

野坂祐子（2019）トラウマインフォームドケア―“問題行動”を捉えなおす援助の視点. 日本評論社.

Simonson K & Subich LM（1999）Rape perceptions as a function of gender-role traditionality and victim-perpetrator association. Sex Roles, 40 ; 617-634.

Stermac L, Del Bove G & Addison M（2004）Stranger and acquaintance sexual assault of adult males. Journal of Interpersonal Violence, 19（8）; 901-915.

Struckman-Johnson C & Struckman-Johnson D（1992）Acceptance of male rape myths among college men and women. Sex Roles, 27 ; 85-100.

Turchik JA & Edwards KM（2012）Myths about male rape : A literature review. Psychology of Men & Masculinity, 13（2）; 211-226.

（齋藤 梓）

トピック⑤

警察における犯罪被害者等支援

［元警察庁長官官房調査官］大門雅弘

1．犯罪被害者等支援の経緯

警察庁では，平成8年2月，「被害者対策要綱」を制定し，各種支援を総合的に推進することとした。政府においては，平成16年12月に制定した「犯罪被害者等基本法」に基づき，平成17年12月に「犯罪被害者等基本計画」が策定され，以降は5年ごとに策定される計画の下で，警察における犯罪被害者等施策も大きく進展してきた。

特に，警察における性犯罪被害者支援については，犯罪被害者等基本計画及び第2次犯罪被害者等基本計画において，性犯罪被害者の緊急避妊等の費用を公費により負担する制度の創設等が図られた。

また，第3次犯罪被害者等基本計画の下では，平成30年7月までに，カウンセリング費用の公費負担制度が全国警察において整備された。

2．犯罪被害者等支援の取組

(1) 被害者の手引の作成・配布

警察では，刑事手続の概要，捜査へのご協力のお願い，犯罪被害者等が利用できる制度，各種相談機関・窓口などについて記載したパンフレット「被害者の手引」を作成し，事情聴取をした捜査員等が配布し，説明している。

(2) 被害者連絡制度

一定の事件の犯罪被害者等に対し，刑事手続，犯罪被害者等のための制度，被疑者検挙までの捜査状況，被疑者の検挙状況及び逮捕被疑者の処分状況について，事件を担当する捜査員が連絡を行う被害者連絡制度を設けている。

(3) 指定被害者支援要員制度

犯罪被害者等に対する支援活動は，事件発生直後から必要となる。そこで，専門的な犯罪被害者等支援が必要とされる事案が発生したときに，あらかじめ指定された警察職員が，犯罪被害者等支援活動を推進する「指定被害者支援要員制度」が各都道府県警察で導入されている。

(4) カウンセリング体制の整備

精神的被害を受けた犯罪被害者等に対しては，心理学的立場からの専門的なカウンセリングが必要となることがあるため，その精神的被害を軽減するため

・カウンセリングに関する専門的知識や技術を有する職員の配置
・民間の精神科医やカウンセラーとの連携
・犯罪被害者等のカウンセリング費用の公費負担制度

等により，犯罪被害者等のための相談・カウンセリング体制を整備している。

また，被害少年に対しては，専門職員（少年補導職員）が部外専門家等の助言を受けながらカウンセリングを実施している。

3. 性犯罪被害者への支援

警察では性犯罪被害者の精神的負担を軽減するとともに，被害の潜在化を防止するため次のような施策を推進している。

(1) 性犯罪被害相談電話全国共通番号「＃8103（ハートさん）」の導入

すべての都道府県警察本部において，女性警察官等による性犯罪被害相談電話の受理体制が整備されており，平成29年8月には，性犯罪被害者がより相談しやすいよう，都道府県警察の性犯罪被害相談電話につながる全国共通番号「＃8103（ハートさん）」の運用を開始し，令和元年度には24時間対応化及び無料化を行った。ダイヤルすると発信された地域を管轄する各都道府県警察の性犯罪被害相談電話につながる。

(2) 性犯罪被害者が希望する性別の捜査員による対応

警察の捜査過程において受ける精神的負担を少しでも緩和するために，性犯罪被害者が希望する性別の捜査員が対応することが重要であるため，男性・女性警察官の双方を性犯罪指定捜査員に指定している。

性犯罪指定捜査員は，被害者からの事情聴取をはじめ，証拠採取，被害者立会いの実況見分，被害者に対する刑事手続についての説明等，性犯罪被害者にかかわるさまざまな業務に従事している。

(3) 証拠採取における配慮

性犯罪被害においては，被害者の身体や衣類に犯罪の証拠が残されていることが多く，被害直後に証拠の採取や衣類の提出が必要となることがある。

しかし，被害直後のショックや羞恥心から，証拠採取等を負担に感じる被害者も少なくないことから，被害者に負担をかけずに採取を行えるように採取要領を定め，採取に必要な用具，被害者の衣類を預かる際の着替え等を整備している。

(4) 関係機関との連携強化

性犯罪捜査に当たっては，性犯罪被害者の負担軽減やその支援のため，「性犯罪・性暴力被害者のためのワンストップ支援センター」を含む犯罪被害者等の援助を行う民間の団体等とも連携をしている。

また，産婦人科医会等とのネットワークを構築し，事件発生時における迅速かつ適切な診断・治療を行うほか，証拠採取や女性医師による診断等を行うなど，連携強化に努めている。

(5) 緊急避妊等の経費負担

性犯罪被害者の緊急避妊等に要する経費（初診料，診断書料，性感染症等の検査費用，人工妊娠中絶費用等を含む）に係る公費負担制度を各都道府県警察において運用し，性犯罪被害者の負担の軽減を図っている。

第5章　心理教育

I　なぜ，心理教育が必要か

性暴力・性犯罪の心理支援において心理教育は欠かせない。筆者らが被害者支援に関する研修を行うと，「大切なのはわかったが心理教育の対象は？」「うつ症状で来院していたクライエントが，過去の性被害を語り始めた。どのタイミングで心理教育を導入すればよいか」などの質問を受けることがある。私達の答えは「被害当事者と被害当事者の回復を助けてくれる人」に「被害に遭ったことがわかったその時から」となる。心理教育を早めに開始することで心理職にトラウマの理解があるとわかり，クライエントは安心するだろうし，自身の不調の原因を理解し回復の見通しが持てれば，治療やカウンセリングに安定して取り組めるだろう。

たとえば39度の高熱が出た際，理由がわからずにそのまま臥せっているのと，インフルエンザだと診断されて療養しているのでは，患者の気持ちは大きく異なる。症状の正体がわかれば，どうすればいいか（薬を飲んで水分を多めにとって休養する），いつ頃治るか（来週には治る）が予測でき，高熱が出ても不安は少ないはずだ。性暴力・性犯罪の被害に遭った場合，被害者の身に起こることは，それまで普通にできていたことができなくなり，これまで感じたことがないほどの恐怖を感じ，その恐怖は今も続いており，明るい未来が見えてこない，などである。こうなってしまったのは“あの出来事”のせいとわかっていても，自分は一体どうしてしまったのか，こんなに強い恐怖や不安に苛まれるのだとしたら，あの時，助かりたいと願わずにいっそ，死んでしまえばよかった……。そう語る被害当事者も少なくない。自分に何が起こっているのかわからず混乱し，先が見えていない状態といえる。

一方，私達はそれが性暴力の被害に遭った人に生じやすい典型的なトラウマ反

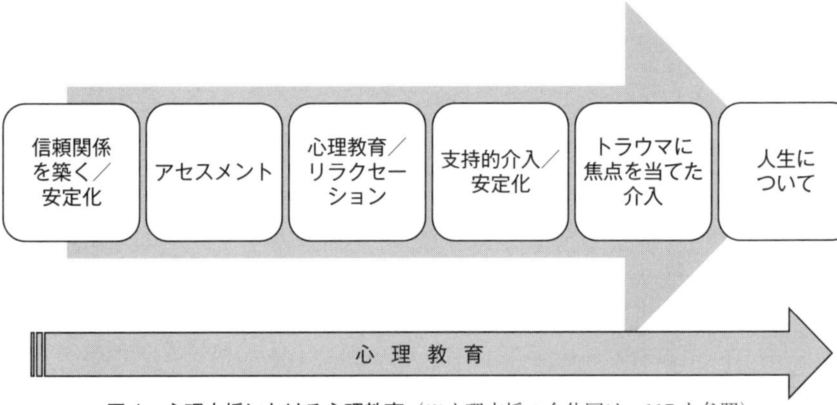

図1　心理支援における心理教育（※心理支援の全体図は p.117 を参照）

応であることを知っている。トラウマ反応が認められる場合は，呼吸法や筋弛緩法等のリラクセーションを習慣的に行い副交感神経に働きかけることで，落ち着きやコントロール感を取り戻すことができる。PTSD（心的外傷後ストレス障害）には効果の高い心理療法が確立されている。また，医療保険適用承認薬もある。心理職はこれらの基本的情報を知っており，ASD（急性ストレス障害）やPTSD に苦しむクライエントと向き合った際も，安心して自らの業務を行える。それは被害当事者にとっても同じはずである。

心理教育の実施に当たっては，被害当事者の発達や特性，出来事の内容と影響，現在のトラウマ反応の程度，司法手続きの有無，生活上の困難と周囲のサポートなどを考慮したい。その対象は，被害当事者だけでなく，パートナーや配偶者，保護者や家族，学校の教職員，勤務先の上司などが含まれる。サポーターとなる人には被害者からリーフレットなどを渡し，読んでもらうのもよい。ただし，学校や職場等を心理教育の対象にするかどうかは，周囲が被害を知ることの影響，今後の司法手続きの有無等を勘案して，被害者やご家族と話し合って決めるのがよいだろう。

このように書くと，心理教育は特別な準備をして大がかりに行うように思えるかもしれないが，図1に表したように心理教育を集中して行うセッションもあれば，折に触れて行うなど，支援の全過程を通して常に行うイメージである。被害者の状態は，心理教育をしながら，あるいは心理的支援が進む中でわかってくることも多い。IES-R（改訂出来事インパクト尺度日本語版）などの自記式質問紙を実施して，症状の有無を確認しながら行うこともある。質問紙を実施する際は，なぜこれを行うのかの説明が既に心理教育となる。

トラウマに関する一般的な反応の説明とリラクセーションは，もっともよく行われる心理教育だろう。被害当事者の中には，しっかりとしており理解しているように見えるのに，頭に入っていなかったり，聞いたことを忘れてしまう方も珍しくない。そのため，後から繰り返し読めるようにプリントやリーフレットを用意しておくとよい。また，心理教育は知識を一方的に教えるものではなく，被害者の状態や理解を確認しながら双方向のやり取りを通して行う。

Ⅱ　心理教育の留意点

子どもが被害者で，後に代表者聴取（司法面接）を控えている場合，加害者の行為について話し合ったり意見をすることは避けなくてはならない。心理職の質問や話した内容が誘導や事後情報となって，子どもの記憶が汚染されるのを防ぐためである。成人であっても，ある種の脆弱性があり，支援者の言葉に影響を受けやすい特性が認められた場合，司法手続きの進捗を勘案して心理教育の内容や時期を検討したい。どのような配慮をしたとしても，代表者聴取や事情聴取は被害者にとって大きな負担となる。それを犯人検挙や犯罪の立証のために，文字通り勇気を奮って臨むのだから，被害者の不利益になるような介入は厳に慎むべきである。

一方，第Ⅱ部の事例５や後述の事例のように，性教育や性暴力に関する一般的な心理教育を受けることで，初めて被害者性を認識し被害が告白できたり，自らのトラウマ反応や被害の影響を自覚し，回復の道を歩み始めることもある。特に子どもの場合は，性暴力だけでなく性行為に関する知識もないため，自分に何が起こったのか，一層わからない（齋藤，2020）。また，被害認識があっても家族や学校，会社等に被害に遭ったと伝えていない場合もある。目前のクライエントが司法手続きに関わっているかどうかは，被害者が話してくれなければわからないし，将来起こるかもしれない司法手続きを考慮して心理教育をしないとしたら，それもまた，クライエントにとって不利益であろう。司法手続きにおいて被害者が被る不利益と，被害者の回復を助けるために実施したい心理教育のバランスを考えた時，クライエントの状況を考慮しながらにはなるが，性暴力やトラウマに関する一般的な心理教育を双方向のやり取りを心がけながら実施し，アセスメントをしながら心理的支援を展開していく……，筆者はこれが実践的なあり方だと考える。

Ⅲ　被害者性の受け入れ

筆者らが行った，前回の調査では，被害者の年齢が幼い場合と，性暴力について持っていたイメージが自分に起きた出来事と異なる場合に，被害認識が難しくなることがわかった（齋藤，2020）。子どもであれ，大人であれ，性暴力を受けたという認識がないとしたら，その出来事から受ける影響に気付いたり対処法を話し合うことはできない。そのため，クライエントが経験した出来事が性暴力の可能性がある場合，性暴力とは何か，健康な性行為との違い（同意と不同意），トラウマ反応とその対処法，被害から回復するためにできること等を，資料を使って説明していく。

心理教育やカウンセリングを通して，自らの身に起こったことは性暴力であり，自分は被害者であったと自覚することは，ショックで辛いことであろう。転んでケガをしたとき，アスファルトで擦れた足を見るのも辛いように心の傷を自覚することも十分辛い。しかも，性暴力は他者の自己中心的な意図によって振るわれた暴力であり，被害者の意思が顧みられることはなかった。自分がモノのように扱われたと認識するのは誰にとっても苦痛でしかないだろう。

しかし，ショックを受けながらも「ずっと，自分が悪かったと責めていましたが，あれは暴力なんですね。私は悪くなかった，被害者だったとわかって納得しました」「ただのうつじゃなかった。だから，どうやってもよくならなかったんですね」と理解できたことで安堵したり，「不調の原因がわかったので，後は治療を受けるだけ」と前向きになり，トラウマ焦点化認知行動療法の実施に踏み切ることもある。被害認識を持つことによって，回復のためにできることが見えてくるのである。以下に，被害者性に気付いていなかった典型例を示す。

Ⅳ　被害認識に心理教育が必要な典型例（30代，女性）

不眠とうつ症状がありクリニックに通院中。投薬治療によって睡眠は改善されたが，何をしても楽しめない，疲れもとれず，生きていてもいいことがあると思えないということで，心理職のカウンセリングを受けることになった。何度か会って話を聞くうち，過去の「人生最大の失敗」が忘れられないと次のようなエピソードを話し始めた。

仕事上の知り合いとお酒を飲んでいたところ，いつもなら平気なのに急に意識がなくなり，目が覚めたらホテルのベッドにいた。ここはどこなんだろう，気分が悪い……と，起き上がろうとしたとき，知り合いが何か言いながらのしかかってきて，何かと思う間もなく，気づいたら性器が挿入されようとしていた。びっくりして，どかそうと頑張ったが身体がいつものように動かず，相手の力も強くて止めるのは無理だった。ベッドをドシン，ドシンと打ち付ける勢いで，その顔つきも怖く，行為が終わるのを待つしかなかった。ともかく，痛みが酷くて，早く終わってほしい，この痛みがなくなってほしい，それしか考えられなかった。正体不明になるまで深酒した自分が悪いし，恥ずかしくて辛すぎる経験だったので，誰にも話せなかったし，今も思い出さないようにしている。

このケースでは，相手は仕事上の知り合いでお酒を飲むことに同意はしたものの，性行為に同意した記憶はなかった。また，この女性が持っていた「性暴力」のイメージは，“見知らぬ人に屋外で急襲される”ものであったため，自分の身に起こった出来事は“お酒の席の大失敗”に分類され，泥酔した自分がいけないと自責感を強めていた。自分の身に起こったことがレイプであり，性暴力に遭ったために心身の不調が続いているとは思っていない。

しかし，刑法に照らすと意識のない人に性行為を強いた場合，準強制性交等罪に当たり，準強制性交等罪は5年以上の懲役刑である。この話は，仕事上で付き合いがある人とお酒を飲み，意気投合して同意の下でホテルに行って羽目を外し，性行為を楽しんだという話ではない。たとえば，このような状況で知人が意識を失った場合，あなただったらどうするだろうか。お水を飲ませて介抱したり，急性アルコール中毒を想定して救急車を呼ぶのではないか。百歩譲って，ホテルで休ませることがあるかもしれないが，その場合も行うのは介抱であって，意識のない人の身体に有無を言わせず性器を挿入したりしない。

「人生の大失敗」（実は性暴力）について話し出したとき，カウンセラーはじっくり傾聴し共感を示したとする。クライエントはカウンセラーが話をよく聴いて気持ちをわかってくれたと感じるかもしれないが，性暴力や同意・不同意に関する心理教育をしないで終了したとき，クライエントは「やはりこれは私の大失敗で，自分が悪かったのだ」と自責感を強化してしまうだろう。その結果，あそこに行くと気持ちはわかってくれるけれど，何もしてくれない……と足が遠のいてしまう可能性もある。その代わりに，性暴力に関する心理教育を行えば，クライエントが自らの身に起こったことを理解するのを助け，対処法を話し合うことができる。たとえば次のようなことである。

- 性犯罪・性暴力とは何か
- 性犯罪・性暴力の加害者は，見知らぬ人よりも知人の方が多い
- 意識のない人に性行為を強いることは準強制性交等罪にあたる
- 犯人を罰してほしい場合，警察に被害申告ができる
- 警察では性犯罪の相談窓口がある
- 性暴力の被害者のための支援団体や相談窓口
- 法テラスや弁護士による被害者相談窓口
- 性暴力に遭った人におこる反応と影響
- 性暴力はPTSDの発症率が高く，心身の不調が生じやすい
- 性暴力の被害に遭った場合，回復のためにできることがある
- PTSDと診断された場合，有効な心理療法や投薬治療がある
- 自分の状態を理解することは，回復の第一歩と言われている
- リラクセーションが対処法の一つとして役に立つ
- いくつかのリラクセーションの紹介

心理教育は支援者によって一方的に情報を提供されるものではなく双方向で行うと述べたが，それは心理教育は被害当事者のペースに合わせて行うという意味である。心理教育によってトラウマ記憶に触れ，それまで抑えられてきたトラウマ反応が顕著になることも考えられるため，最初の心理教育ではリラクセーションまでをワンセットで行いたい。被害者が受けられる制度や支援が徐々に整備されてきたが，当事者に被害認識がないとそれらのサービスが受けられない。被害者が利用できる制度やサービス，被害者支援団体についても併せて伝えたい。

Ⅴ　心理教育の内容と資料

繰り返しになるが心理教育では，被害に遭った当事者と回復をサポートしてくれる人に，性暴力とは何か，性暴力後に生じやすいトラウマ反応や被害の影響，なぜその状態が続いているのか，回復のためにできること，トラウマ反応の対処

法などの情報を共有する。支援者はこれらをわかりやすい形で提示できるように資料等を用意する。心理教育の資料は一から作る必要はなく，専門機関がホームページに公表しているものや書籍として販売されているものを利用し，被害者の年齢，発達の程度，被害内容と刑事手続きの有無，カウンセリングの可能性や周辺の関係機関等を考慮して，カスタマイズして用いるとよい。心理教育を始めた時，解離がみられた場合はグラウンディング・テクニック（「第6章」参照）を用いて，今ここの安心と安全を確認し，リラクセーションを実施するなどして終了する。

Ⅵ　心理教育に抵抗があるとき

ここまで心理教育の必要性と実施について述べてきたが，心理職が心理教育を行うことに躊躇したくなるとき，何が起こっているのか考えてみたい。性暴力を話題にする際，被害者に大きな負担がかかるのは当然だが，支援者にも負担がかかり，ある種の覚悟が求められる。性暴力の内容そのものが私たちにさまざまな感情を呼び起こさせ，同じ人間，動物として根源的な恐怖や怒りを感じさせるからかもしれない。支援者は自らの専門性を活かし，被害者の回復のために役立つという職業意識を持ってその場にいるが，時として無意識に性暴力に触れるのを避けてしまう。支援者の側に回避が起こるのである。

あるいは，性暴力の話題に触れることで，被害者を不当に傷つけてしまうのではないかと危惧する。もちろん，支援者が二次被害を与えないことは重要である。心理教育の目的は準備ができていない被害者に，あなたが経験した出来事は性暴力であると突きつけ，二次被害を負わせることではない。一方で，勇気をもって告白したのに，カウンセラーは話を聴くだけで助けにならなかった，そう語る被害当事者に会うことがある。被害当時者に有益な情報を与えないとしたら，それも結果的に二次被害を負わせたことになるのではないか。

それでは，支援者が回避をせず，二次被害を与えずに心理教育を実施するにはどうしたらよいか。私は，支持的カウンセリングの基本である傾聴，受容，共感のテクニックを駆使しつつ，一歩先に進める優れた教師のように，双方向のやり取りをすることだと思う。たとえば，「プライベートパーツという言葉を知っていますか？」「性行為の同意とは何だと思いますか？」などの質問をしながら，相手の答えにまた耳を澄まし，情報を補足したり修正したりする。クイズ形式で行うのもよい。その後でこのような説明を聞いてどう思うか，何を考えたか聞い

表1　心理教育で扱うことができるもの

項目	内容	該当ページ
性暴力とは何か	性暴力・性犯罪の発生頻度・定義と意味すること	1章 pp11・17
境界線と同意	物理的・心理的・社会的境界線	1章 pp12～14
性暴力の背景	エントラップメント，グルーミング，飲酒や薬物の使用，障害・差別の利用，加害者による正当化	2章 pp29～34
身体反応	不眠，食欲不振・過食・拒食，動悸，手足の震え，発汗，発熱，頭痛，腹痛，過呼吸，身体感覚のフラッシュバック	3章 p40
心理的反応	侵入症状，回避症状，過覚醒，解離，集中力の低下，イライラ，過度の警戒や緊張，情緒不安定，意識低下，抑うつ，希死念慮など	3章 pp40～42
行動の変化	学校や会社を休む，人と会わなくなる，ケンカが増える，ゲームやインターネットに没頭する，アルコールや薬物依存，自傷行為，性問題行動，性的行為を忌避する	3章 pp42～43
考え方の変化	世界に対する安全感の喪失，自分への信頼感の喪失，他者への信頼の喪失，過度の自責感，汚れ感，など	3章 p43
子どもに起こりやすいトラウマ反応	子ども特有の表現で身体反応が訴えられる，情緒不安定，ハイテンション，ジェンダーやセクシャリティの混乱，夜尿，夜驚，一人で過ごせなくなる，癇癪，怠惰，成績が下がる	3章 pp40～43
心的外傷後ストレス障害（PTSD）	出来事の種類，侵入症状，回避症状，過覚醒，考え方（認知）の変化	3章 pp43～45
出来事特有の特徴	継続的な被害の影響，パートナー間の暴力・性虐待の特徴	2章 pp27～28 3章 pp45～46
二次的被害	被害者非難，被害軽視，被害を疑うなど	4章 pp53～54
性的同意	非強制性，対等性，非継続性，意識レベル，同意のある性交	1章 pp14～17
被害に直面したとき	逃走－闘争反応，凍りつき，擬死状態	2章 pp23～27
リラクセーション	自律神経（交感神経・副交感神経）の働き，呼吸法，筋弛緩法，イメージ法，その他	6章 pp77～78， pp80～84
グラウンディング	解離とは，身体を使うテクニック，五感を使うテクニック	6章 pp79～80
セルフケア	睡眠・休息，バランスのよい食事等，衣食住を整える	6章 p84
支援者のストレス反応とケア	二次受傷，リラクセーションとセルフケア	6章 pp80～84 8章 pp103～111
回復のためにできること	警察，法テラス，弁護士，被害者支援団体，行政の窓口，医療機関や相談機関等	7章 pp92～98
レイプ神話	女性のレイプ神話，男性のレイプ神話，公正世界信念，伝統的な性役割	4章 pp54～58
その他	性教育，アサーショントレーニング，認知コーピング（認知の三角形）等	――

＊これらは，心理教育を行う対象者の状況に合わせて内容を取捨選択して行う。

てみる。その答えにまた耳を澄ませて，価値判断なしに受け入れ，被害者の身になって共感を示し，次のトピックに移る。キリのよいところで感想を聴くなどして，ゆっくり進める。疲れが見えるようなら続きは次に回せばよい。セッションの終了前にリラクセーションを行うことも大切である。

【参考】心理教育で扱うことができる項目

表1として，心理教育で扱うことができる項目をあげ，本書の該当ページを示した。なお，すべての項目を実施する必要はなく，被害者の状況に合わせて，その時々に取捨選択して行う。子どもに性に関する内容を伝える場合，家族や居住地域の文化や価値観を尊重し，保護者と扱う内容を打ち合わせてから行う。

引用・参考文献

R.D. フリードバーグ・B.A. フリードバーグ・R.J. フリードバーグ（長江信和・元村直靖・大野裕訳（2006）子どものための認知療法練習帳．創元社）
平木典子（2015）マンガでやさしくわかるアサーション．日本能率協会マネジメントセンター．
M・ホームズ作・キャリー・ピロー絵（飛鳥井望・亀岡智美監訳（2015）こわい目にあったアライグマくん．誠信書房）
ジェシー作・絵（飛鳥井望・亀岡智美監訳（2015）ねえ，話してみて！　誠信書房）
亀岡智美・飛鳥井望（2021）子どものトラウマとPTSDの治療―エビデンスとさまざまな現場における実践．誠信書房．
内閣府男女共同参画局HP（n.d.）性犯罪・性暴力とは．（https://www.gender.go.jp/policy/no_violence/seibouryoku/index.html）
認定NPO法人長野犯罪被害者支援センター（n.d.）For you.（青年期女子を対象にした性被害者のための小冊子）（http://nagano-vs.net/wp/wp-content/uploads/2021/11/For-you.pdf）
野坂祐子・浅野恭子（2016）マイステップ―性被害を受けた子どもと支援者のための心理教育．誠信書房．
リビ・パーマー（上田勢子訳（2015）一人でできる中高生のためのPTSD（心的外傷後ストレス障害）ワークブック―トラウマ（心的外傷）から回復できるやさしいアクティビティ39．黎明書房）
齋藤梓（2020）第7章　被害認識の難しさと自責感―わたしは被害者なの？（齋藤梓・大竹裕子編）性暴力被害の実際―被害はどのように起き，どう回復するのか．金剛出版．
白川美也子（2016）赤ずきんとオオカミのトラウマ・ケア―自分を愛する力を取り戻す〔心理教育〕の本．アスク・ヒューマン・ケア．

（岡本かおり）

トピック⑥

地方公共団体における犯罪被害者等支援
――自治体の被害者支援条例や自治体での支援――

［元警察庁長官官房参事官（犯罪被害者等施策担当）］西連寺義和

1. 地方公共団体の役割

地方公共団体は，犯罪被害者等基本法の規定により，犯罪被害者等の支援等に関し，国との適切な役割分担を踏まえて，地域の状況に応じた施策を策定・実施する責務を有するとされ，その内容は，国と同様，相談・情報提供，給付金の支給，保健医療・福祉サービスの提供，雇用・住宅の確保など多岐にわたっている。

令和３年３月，同法に基づき，犯罪被害者等のための施策に関する政府の基本的な計画である「第４次犯罪被害者等基本計画」が閣議決定され，計画期間を同年４月１日から令和８年３月31日までの５か年とする同計画がスタートした。第４次基本計画では，犯罪被害者等にとって身近な公的機関であり，各種行政サービスを提供している地方公共団体における犯罪被害者等支援が重要なポイントの一つとされ，犯罪被害者等の生活全般にわたる支援の一層の推進が図られている。

地方公共団体の支援制度の中には，性犯罪・性暴力被害者が支援の対象となるものも少なくなく，支援に当たっては，性犯罪・性暴力被害者のニーズに応じ，各種支援制度を積極的に活用することが求められる。

2. 被害者支援条例

第４次基本計画では，地方公共団体における犯罪被害者等の生活全般にわたる支援施策を推進するため，警察において，犯罪被害者等支援を目的とした条例（特化条例）の制定等のための情報提供や協力を行う施策が盛り込まれている。特化条例は，犯罪被害者等支援を目的として明確に位置付けた上で，支援のための実効性の高い事項を盛り込んでいるものが多く，各種支援施策の推進に寄与するものである。

近年，全国的に条例制定等の動きが広がっており，令和３年４月現在，特化条例の制定数は，都道府県は47団体中32，政令指定都市は20団体中8，市区町村は1,721団体中384となっている。

こうした条例制定等の動きや条例に基づく支援施策の推進状況等を踏まえつつ，地方公共団体の支援制度を活用していく必要がある。

3. 地方公共団体の主な支援制度

地方公共団体の支援では，庁内関係部局や地域の関係機関・団体において一般住民を対象に提供されている各種保健医療・福祉等の行政サービスのほか，次のような犯罪被害者等のための支援制度がある。

(1) 見舞金制度・貸付金制度

犯罪被害により困窮することが少なくない犯罪被害者等に当座必要な資金を迅速に給付・貸与するものとして，地方公共団体における見舞金制度，生活資金等の貸付金制度の導入が推進されている。

令和3年4月現在，見舞金制度を導入しているのは8都県，9政令指定都市，377市区町村であり，たとえば，故意の犯罪行為により死亡した場合に30万円，傷害を負った場合に10万円の見舞金を支給する団体や，一部では，性犯罪被害を対象とする見舞金，精神療養のための見舞金を導入している団体もある。また，同月現在，貸付金制度を導入しているのは3県，10市区町である。

これらの制度を導入している地方公共団体や制度の内容については，各地方公共団体における案内のほか，犯罪被害者白書や警察庁ウェブサイトに掲載している取組状況一覧においても確認することができる。

(2) 居住場所の確保

犯罪被害により転居や自宅以外の居住場所が必要となる犯罪被害者等の支援に資するよう，公営住宅への優先入居等の配慮が推進されている。

令和3年4月現在，47都道府県，18政令指定都市，428市区町村において，抽選によらず入居，入居要件の緩和，抽選倍率の優遇等の公営住宅への優先入居等の配慮が行われている。

(3) 日常生活支援等のさまざまな支援

他に，日常生活支援（家事，介護，一時保育，配食等），住居支援（転居，住居緊急避難，家賃等），相談支援（カウンセリング，弁護士法律相談等），裁判関係費用支援等の犯罪被害者等のための支援制度を導入している地方公共団体もある。

4. 総合的対応窓口の活用

平成31年4月までに，犯罪被害者等に適切な情報提供等を行う総合的対応窓口がすべての地方公共団体に設置された。

地方公共団体の支援内容は多岐にわたり，地域の関係機関・団体もさまざまであるところ，総合的対応窓口は，犯罪被害者等からの相談や問合せに対し，庁内関係部局の所管する各種支援制度の案内や申請補助のほか，関係機関・団体に関する情報提供や橋渡しなどを担っており，犯罪被害者等が適切に支援を受けられるよう，窓口を活用していくことが重要である。

また，第4次基本計画では，総合的対応窓口の相談窓口機能の充実を図るため，犯罪被害者等支援の分野における公認心理師，臨床心理士，社会福祉士，精神保健福祉士等の専門職の活用が推進されている。

第6章　リラクセーション法

いろいろなセッティングが上手くいき，被害当事者の方と面接することになった。予約電話では，当事者の方も具体的な話をしたいし，どうしたらいいか相談したいと言っていた。あなたは心理教育の資料を作成し，準備万端で面接時間を迎えた。ところが目の前に現れた被害者は，挨拶を交わして着席するとそれ以降は暖簾に腕押しというか，反応が伝わってこない。ここまで来たことを労い，今日の予定を説明しているにもかかわらず，まるでここにいないかのようである。眼の焦点が合っていない感じがするし，ときどき，ぼーっとしている。表情もぼんやりとして，能面を被ったようだ。こちらの話を聞いていないのか，質問を繰り返さないと答えが返ってこない。時には面接者の声が遠くから聞こえてくる，自分が見ている世界は紗がかかったようで現実感がないと教えてくれる被害者もいる。これらの反応は解離と呼ばれ，被害者にしばしば見られる反応である。

筆者の経験では，解離の反応を示す方には幼少期や児童・思春期に，不適切な養育を受けていたり，乗り越えるのが難しいトラウマを経験していることが多いように思う。彼らは過酷な経験を潜り抜ける術として解離を用いていたらしく，ストレス場面になるとそこに居ながら感覚や感情のシャッターを降ろすのである。ある被害者は，性暴力を受けていたときのことを振り返って「襲われている間，自分から抜け出て天井の隅に意識を飛ばし，そこから自分を見下ろしていた」と表現した。また，「性暴力の最中は違うことを考えるようにして，今起こっている現実に意識が向かないようにした」と語る人もいる。

解離症状のある被害者に，意識を飛ばす（意識を閉ざす）ような対処法をこれまでも用いたことがあったか聞いてみると，過去のトラウマが語られることが多い。「幼い頃，一人で留守番をすることがあって，誰も帰って来ないときは，真っ暗な中，ひたすら母を待っていた」とか「元彼にDV傾向があり，怒りが爆発したときは意識を飛ばして，ひたすら耐えていた」などである。

あるいは，事件の話に触れた途端，涙があふれて収まらず嗚咽や過呼吸となって，話が続けられない程ぐったりしてしまうこともある。性暴力の記憶が生々しく蘇り，実際に出来事が起きているかのように恐怖を感じたためと思われ，これはフラッシュバックと呼ばれる反応である。解離やフラッシュバックを起こしている間，被害当事者の現実感は希薄になり「いま，ここ」にいない。そのような経験をしている被害者は，意識あるいは無意識的に，自分はこの問題に正面切って対処する力がないと感じているのではないか。

クライエントが今ここにいないように感じられれば，支援者は困惑し，フラッシュバックを起こして激しく動揺する姿を見れば，自分が何をしてしまったのかと怖れ慄くかもしれない。実際，被害当事者が感じる恐怖は大変強いため，自分が二次被害に遭わせてしまったのではないかと，自らの加害性を疑いたくなるかもしれない。確かに不用意な言動で二次被害を与えてしまう危険性は常にあり注意を要する。しかし，このような状態にある被害者は，何かがきっかけで，あるいはきっかけなしにフラッシュバックを起こす。トラウマ記憶が蘇り，一人で嗚咽する夜もあるだろう。後ろから聞こえる足音に振り返りながら一目散に帰宅し，何度も戸締りを確認しているかもしれない。あるいは，まるで事件がなかったかのように記憶に蓋をして，思い出さないためにさまざまな工夫を施して，慢性的な疲労を抱えているかもしれない。支援者が面接室で目の当たりにしたのは，トラウマに苦しむ被害者の一部分で，面接で性暴力の話題に触れなかったとしても，被害者の苦しい状況に変わりはないのである。

被害当事者が解離したり，フラッシュバックによる動揺が確認されたとき（被害者の心が「いま，ここ」にいなくなってしまったとき），支援者がするべきことは「いま，ここ」が安全で，「ここ」でカウンセリングをすることで危険が生じることはないと実感してもらうことである。そして，解離以外の対処法や感情のコントロール法を身につけていただき，これからの心理教育やカウンセリングを落ち着いて行えるようにしたい。

「いま，ここ」に戻ってきて，「いま，ここ」の安心と安全を感じてもらうためには，筆者はグラウンディング・テクニックを用いている。グラウンディング・テクニックには何種類かあるので，被害当事者の年齢や状況によって選べるように，また支援者が使いやすいものをいくつか準備しておくとよい。ここでは面接室ですぐに使えるものをいくつか紹介する。

I　グラウンディング・テクニック

1. イントロダクション例

- 以下に，導入として使える例を示す。

「フラッシュバックはトラウマ反応の一つで，思い出したくないのに出来事の記憶がふいに想起され，しかもとても生々しく感じられるため，当時の感覚が蘇ったり強い恐怖を感じたりします。そのために，人は解離を起こして感覚をシャットアウトして，安全に暮らそうと試みます。解離は，その人なりの対処法で，心や感覚を切り離すことで何とかやり過ごそうとするものです。そして，解離の問題は「いま，ここ」の感覚を使わないため，危険を察知するのが遅れて危ない目に遭ったり，「いま，ここ」を感じられないため，あなたらしく過ごせない可能性があることです。解離を使わなくても，あなたが心と身体をコントロールして「いま，ここ」を感じられ，しかも恐怖に圧倒されない方法があるのですが，興味はありませんか？　習得するとかなり楽になると思いますし，今後，意識が飛ばずにカウンセリングを受けることができると思います」

2. 導入時に使えるもの

- クライエントの名前を呼び，「いま，ここ」に意識を向ける。

「ところで，○○さん」「はい」

「この部屋の温度，暑くないですか？」

「面接が始まってから何分位経ったと思いますか？」

「そのソファの座り心地はいかがですか？　時々，硬すぎると言われるのですが……」

⇒この質問の後に，「いま，少しぼーっとしてらっしゃったように思うのですが，ときどきそうなることがありますか？」などと質問して，解離の心理教育に入るとよい。

3. 身体を使うテクニック

- 指や掌，腕の関節を動かす，肩を回したり背伸びをする。

- 脚の指を丸めたり伸ばしたりして，脚の裏が靴・床に触っている感覚を感じる。気を付けて立ち上がり，何度か床を踏みしめて，重力を感じる。床が大地に繋がっている感覚を味わう。
- 自分で手や顔，腕などを触り，掌の体温を感じる。

4．五感を使うテクニック

- いま，ここで目に見える物を3分以内にできるだけ，たくさん言う（野坂・浅野，2016）。
- ゆっくりと呼吸しながら，目に見える物，聞こえる音，身体の感覚を5つずついう（アメリカ国立子どもトラウマティックストレス・ネットワーク，アメリカ国立PTSDセンター，2009）。

Ⅱ　リラクセーション法

リラクセーション法は，ストレス・コーピングの一つとして広く使われている。日常の生活において，人は物理的・化学的・心理・社会的ストレッサーを受けるとストレス反応が生じ，時には心身の不調を感じる。心身の不調を感じた時は軽視せずに，ストレスを溜めない生活様式に変えたり，自分なりのストレス解消法を試みるなど早めの対処が推奨されている。通常は一人で悩みを抱え込まずに，信頼できる人や相談機関に相談して社会的サポートを得るなど，適切な対処をとることで不調は軽減される。それでもストレス反応が減らない場合は，医療機関（精神科，心療内科）の受診を検討する（厚生労働省ホームページ：こころの耳「働く人のメンタルヘルス・ポータルサイト」より）。

ストレス解消法の一つとしてリラクセーション法があり，呼吸法や漸進的筋弛緩法，自律訓練法，バイオフィードバック法，瞑想法などがある。リラクセーション法を実施することで，心理社会的要因によって生起した不安感や緊張感などの否定的な情動が緩和し，生体が本来もっている自然に回復しようとする力（自然治癒力）が発揮できるとする（富岡，2017）。

性暴力の被害者にリラクセーション法を用いる場合も，一般的なストレス対処法と同様のものを用いる。性暴力に遭ったことで被害者にはさまざまな生理的反応が起こるが，PTSDはそうした生理的反応が続いている状態といえる。たとえば，視床下部で作られる化学物質（CRF）は下垂体を刺激して，扁桃体や前頭前野に影響を与え，下垂体で生産された化学物質（ACTH）は副腎皮質に作用して，身体に変化を起こす。その結果として，いつもは怖がらないようなものを怖がったり，過去の恐怖反応がなかなか消えないといったことが起きる。あるいは，心拍数の上昇，動悸や息切れ，頭痛やめまい，筋肉の緊張が続く。まるで，性暴力に遭って以来（危険は去ったにもかかわらず），警戒警報がずっと鳴り響いているかのようである。リラクセーション法を習得し，心身を落ち着かせる時間を習慣的に持つことによって，それらの反応も収まるとされる（Cohen et al., 2006）。

第5章で記したように，性暴力被害者支援では機会がある度に心理教育を行うが，リラクセーション法においても同様で，トラウマ反応の出現が話題となった折には機会を逃さず，双方向のやり取りをしながら進める。被害者は，どうやったらこの出来事（性暴力）を乗り越えられるのかわからず，不意に襲ってくるフラッシュバックや過覚醒に圧倒され，なす術がないと感じているかもしれない。自分をリラックスさせるために呼吸法を身に付けたり，漸進的筋弛緩法を習得して硬くなった肩に温かみと筋肉の緩みを感じることができれば，自分に対するコントロール感を取り戻すことができるだろう。

被害当事者は，事情聴取や実況見分のように，しばしば，自身の辛い体験を話さなければいけなかったり，回避していることに立ち向かわなければならない時がある。リラクセーション法は，特定の疾患に対するエビデンスが認められていない（NIS ホームページ b）が，その場でできるリラクセーション法を一つでも二つでも持っていると，何かと心強く，その場を凌ぐことができるだろう。

ここではリラクセーション技法として，よく知られており習得しやすい腹式呼吸法と筋弛緩法を紹介する。支援者にはぜひ，これらの技法を習得し，自身においても習慣化することを勧めたい。

1．腹式呼吸法

①椅子に楽に腰かけ，余分な力を抜き，息を吐く。
②お臍の下に手を置く。お腹に風船が入っているイメージで，風船を膨らませるように鼻から静かに息を吸う。お臍の下に置いた手が動くようにする。
③口を閉じて，鼻からゆっくり息を吐く。お腹の風船がへこむイメージで行う（6～8秒くらい）。
④息を吐き終わったら，一拍，休憩する（2秒くらい）。
⑤吐いた分の空気を，力まずに静かに鼻から吸う（3～4秒くらい）。

⑥お腹を膨らませたり，へこませたりしながら呼吸を続ける。
　自分に合った楽なペースで，呼吸を続ける（10分ほど）。
　この時，タイマーで時間を図ることはしない。
⑦終了する際は，椅子に座ったまま，手首，首，肩などを回して覚醒動作をする。
　1日3回（朝，昼，晩）行う。そのまま就寝する場合は覚醒動作はしない。

普及している呼吸法には，口から細く長く息を吐くもの，吸った後（吐く前）に休憩を入れるもの，10秒呼吸法などいくつかバリエーションがある。筆者の経験では，スポーツをしていない若い女性では，3～4秒で吸って，5～6秒で吐き，1拍休む……のリズムが適しているようだが，これには個人差があるので各人が楽にできるタイミングで行うのがよい。ゆっくり息を吐き，吐いた後に休憩するのは，息を吐いている間と吐いた後にリラクセーションが深まるためである。また，腹式呼吸では横隔膜が上下運動をするので，腹腔内臓器の血液循環が良好になる（富岡，2017）という。

呼吸法を習得した被害当事者からは，「どこでも使えて，周囲にもわからないから助かっている」「緊張したときに使ったら，あがらないで発表できた」「不安が高くなりそう，のちょっと前に使うと（過呼吸を）防げる」などの感想が聞かれる。被害からの回復に役立つだけでなく，その後の生活を過ごしやすくする便利なツールとなっているようである。

2. 筋弛緩法

Jacobsonの漸進的筋弛緩法では16筋群に一つずつ緊張と弛緩を繰り返すので全部を行うには30分以上かかる。ここでは日本心理臨床学会特設ホームページと富岡（2017）による簡易法を参考に，短時間でできる筋弛緩法の説明をした後，幼い子ども向けにアレンジしたやり方を紹介する。

1）ポイント

- 1つの部位ごとに緊張（力を入れる）と緩和（力を抜く）を繰り返し行う。
- 力を入れるときは100%ではなく60～70%程度にする。
- 10秒間，力をギューッと入れた後，力を抜く（緊張）。
- 15～20秒間，力が抜けてじわーっとする感じを味わう（緩和）。

①両手：手のひらを上に向けて，両腕を前に伸ばす。親指を曲げて握り込み，力を入れる。力を抜いて手をゆっくり開き，膝の上に置く。じわーっと力が抜けた状態を味わう。
②上腕：親指を包むように握った手を肩に近づけるように曲げる。曲げた腕全体に力を入れる。力を抜いて腕を下ろし，力が抜けた状態を味わう。
③背中：2と同じように手のひらを握り肩に近づけるように曲げる。腕を曲げたまま，外に広げて，肩甲骨を引き付け力を入れる。力を抜いて腕を下ろし，力が抜けた状態を味わう。
④肩：両腕を真っすぐに下ろし，手のひらを身体側に向ける。両肩をグーっと耳に近づけるように上げて力を入れる。力を抜いて，すとーんと下ろし，力が抜けた状態を味わう。
⑤首：まっすぐ前を向く。首を右側にぐーっとひねって首回りに力を入れる。元の姿勢に戻って力が緩むのを感じる（左も同様に行う）。
⑥顔：口をすぼめて，顔全体を顔の中心に集めるように力を入れる。力を抜いて，ぽかーんと口を開けて，顔全体の筋肉が緩んだ状態を味わう。
⑦１～６までの全部の筋肉をギューッと緊張させる。力をゆっくりと抜いて全身をだらーんとさせて，力が抜けた感じを味わう。

（一般社団法人日本心理臨床学会特設ホームページ（ストレスマネジメント技法集）漸進性弛緩法（文：小澤康司　絵：大塚美菜子　構成：堀内多恵）https://www.ajcp.info/heart311/text/stressmanagement5.pdf）

2）子ども向け

身体をぎゅーっとちぢめてから，一気にダラーンと力を抜いてみよう。じんわりと温かくなって，ホッとしてくるよ。いくつかやり方を教えるけど，あなたが一番ホッとしてきたのはどれかな？

- レモン：両手にレモンを持ったつもりで，両手を身体の前に出して，ギューッとレモンをしぼってみよう。手のひらをふわ～っと緩めて力を抜こう。腕がじわ～っと温かくなったかな？
- カメ：肩をギュ～っとちぢめて耳につけてみよう。カメが甲羅に隠れるみたいにね。ふわ～っと力を抜いてみよう。首や肩がじわ～っと温かくなったかな？

- ロボット：ロボットになったみたいに歩いてみるよ。手足に力を入れて，ギギギギ～，カシャッ，ギギギギ～，カシャッ。はい，人間に戻りました。力を抜いてふわ～と歩いてみよう。身体全体がじわ～っと温かくなったかな？

（参考「こころとからだがえがおになる本」公益社団法人被害者支援都民センター小冊子）

3. セルフケア・自分を楽しませる

性暴力の被害に遭って以降，自分のケアが疎かになり，身の回りを構う気力がなくなることがある。あるいは，被害に遭った自分が悪い，自分は汚れてしまったと考え，まるで自分を罰しているかのように楽しいことを一切しなくなってしまう。「以前はどんなことをして楽しんでいたのですか」と聞くと，性暴力に遭ったのは数カ月前のことなのに，まるで何年も経ったかのようになかなか思い出せない人もいる。

一人暮らしをしていたり，家族と同居していてもその関係が親密でない場合，被害者が自分の面倒をちゃんとみているのか確認しておきたい。たとえば，十分睡眠をとっているか，栄養バランスのよい食事をしているか，シャワーや入浴をして身体を清潔に保ったり，季節に合った服を着ているか。暖房や冷房を適切に使い，快適に過ごしているか。仕事や勉強などで無理な計画を立て，自分を酷使していないかなどである。できていない場合，支援者が「～できるといいですね」「～は止めた方がよさそうです」と生活上のアドバイスをすることで，できるようになる人もいれば，友人や家族などに面倒をみてもらうように頼む必要がある場合もある。

性暴力被害の影響によって，生活の幅が狭くなって登校や出勤ができなくなってしまうと，自分が楽しいと思うことをしてはいけないと感じる人もいる。通常，好きなこと，楽しいと思うことをすると元気が出て，緊張や不安が減じ，リラックスできるものである。何事もなくても，私達は自分の面倒をみて，時には甘やかしたり，楽しませたりして明日の活力を養っている。好きな物を食べる，ハーブティを飲む，入浴剤を入れたお風呂に入る，散歩やジョギングをするものよいだろう。好きなミュージシャンの曲を聴く，観たかったドラマを観る，ペットと遊ぶ，花を飾るなど，五感を使って自分を楽しませる時間が取れるとよい。ここでは，回避によってできない行動に曝露させることが目的ではないので，無理のない範囲で，できることから始めるのがよい。

引用・参考文献

アメリカ国立子どもトラウマティックストレス・ネットワーク，アメリカ国立PTSDセンター（2009）サイコロジカル・ファーストエイド実施の手引き第2版．兵庫県こころのケアセンター訳．（https://www.j-hits.org/）

Cohen JA, Mannarino P & Deblinger E（2006）Treating trauma and traumatic grief in children and adolescent. Guilford Pblications, Inc.（白川美也子・菱川愛・富永良喜監訳（2014）子どものトラウマと悲嘆の治療―トラウマ・フォーカスト認知行動療法マニュアル．金剛出版）

一般社団法人日本心理臨床学会特設ホームページ（ストレスマネジメント技法集）漸進性弛緩法（文：小澤康司　絵：大塚美菜子　構成：堀内多恵）（https://www.ajcp.info/heart311/text/stressmanagement5.pdf）

亀岡智美（2021）第4章　トラウマフォーカスト認知行動療法の実際．（亀岡智美・飛鳥井望編著）子どものトラウマとPTSDの治療―エビデンスとさまざまな現場における実際．誠信書房．

公益社団法人被害者支援都民センター　こころとからだがえがおになる本（小冊子）

厚生労働省　こころの耳　働く人のメンタルヘルス・ポータルサイト．（https://kokoro.mhlw.go.jp/）

リビ・パーマー（上田勢子訳（2015）一人でできる中高生のためのPTSD（心的外傷後ストレス障害）ワークブック―トラウマ（心的外傷）から回復できるやさしいアクティビティ39．黎明書房．

National Center for Complementary and Integrative Helth.（n.d.）a: Relaxation Techniques : What you need to know.（https://www.nccih.nih.gov/health/relaxation-techniques-what-you-need-to-know）, b: 5 Things To Know About Relaxation Techniques for Stress（https://www.nccih.nih.gov/health/tips/things-to-know-about-relaxation-techniques-for-stress）

野坂祐子・浅野恭子（2016）マイステップ―性被害を受けた子どもと支援者のための心理教育．誠信書房．

岡田朱民（2020）リラクセーション法の活用におけるリラクセーションの概念分析．保健医療技術学部論集，14 ; 49-61.

富岡光直（2017）リラクセーション法．心身医学講習会：専門医のための心身医学講座．心身医学，57（10）; 1025-1031.

（岡本かおり）

トピック⑦

性暴力被害者の身体的ケア

［日本福祉大学看護学部／
一般社団法人日本フォレンジックヒューマンケアセンター］長江美代子

はじめに

性暴力被害者の妊娠および感染症の対応は性暴力被害者のワンストップ支援センター（OSC）の身体的ケアの核といえる。OSC での身体的ケアは，図 1 に示したように，トラウマケアおよび PTSD 予防に配慮した対応と並行して行われている（長江，2019）。また，その対応は，被害後の時期によって内容は異なる。筆者が活動している OSC では，便宜上避妊に対する対応が可能な被害直後から急性ストレス症状に対応する期間を急性期，PTSD 発症を判断し治療につなぐまでを中期，それ以後の回復への支援（フォローアップを含む）期間を長期としている。ここでは，身体的ケアについて被害直後と，急性期から中長期にわけて述べることにする。

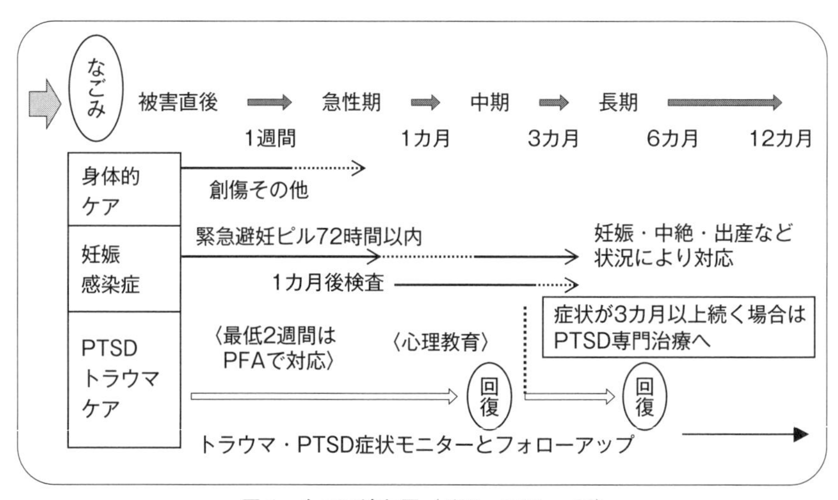

図 1　ケアの流れ図（長江，2019，p.38）

1．被害直後の身体的ケア

性暴力被害直後の危機介入の目的は，面接や証拠採取を含む身体検査など被害後の急性期を通じて，これらのリスクを最小化することである。面接時の被害に関する情報収集はトラウマの再発のリスクを伴う。特に証拠採取は，避けられないとはいえ，被害を受けた同じ場所への侵入であり，フラッシュバック・覚醒更新・解離症状を誘発する。

長期的な PTSD へと移行させてしまわないように，細心の配慮を要する。

これらを踏まえ，被害者来所時の性暴力対応看護師（SANE）の初期対応の原則を以下としている。

- サイコロジカルファーストエイド（Psychological First Aid : PFA）対応の原則に沿って，相手の気持ちにより添って被害状況を確認し，OSC ができることを説明したうえで，できることを一緒に考える。
- 診察および証拠採取，警察への通報等の同意を確認する。
- 子どもの場合は，詳しく何度も聞かず，必要最低限の内容にとどめ，詳細は司法面接にゆだねる。
- 診察時は必ず付き添い，一人にしない。また，子どもも大人も，医師から「身体的にはきれいで健康な状態である」ことを伝えてもらうことで，自分自身のからだについて誤った認知を持つことを予防する。
- 身体所見は，法的な証拠となるように正しい手技で計測し写真撮影し記録とする。

性暴力被害では，被害者が「固まってしまった」と表現する Tonic Immobility（以後 TI：凝視反応），いわゆる“凍りつき（freeze）”の状態になってしまうことが多い。TI は生存のための反射反応であり，自分の意思とは関わりなく起こる現象である（Marx et al., 2008）。Moller ら（2017）が，性暴力被害（rape）後 1 カ月以内に救急外来を受診した女性 298 名を対象に実施した調査では，70％が被害にあった時 TI を経験し，48％は極度に強い TI の症状があった。TI の状態では，筋肉が硬直して動けない，あるいは低緊張になり力が入らない，震える，声が出ない，痛みを感じなくなる，外部からの刺激に対して反応が鈍くなるなどが起こる。そのため，外部から確認できる外傷以外の，被害時あるいはその後続いた痛みについて思い出せるのは 1 カ月過ぎてからのことが多い。このことを考慮すると，身体のアセスメントでは視診だけでなく触診は必須であり，トラウマに配慮しながら痛みを感じる場所を確認する必要がある。外傷がないことで「抵抗しなかった」と言われることが多い被害者にとって，「痛み」を確認できることは，暴力を受けて必死で抵抗したことを自覚できる機会にもなる。

2. 中長期の身体的ケア（被害後 1 カ月以降）

性暴力被害者は，ストレス反応として頭痛，腹痛，腰痛，不眠，うつ，パニックなど多様な心身の症状を示す。被害から日が浅い状況では，表情は硬く，何も話したくないというような，攻撃的な印象を受けることもある。フラッシュバック（再体験症状）に悩まされる，瞳孔が開いて目がギラギラしている（交感神経緊張状態），毎日あるいは週に 2 ～ 3 回は悪夢を見ている，被害に関わる内容の話題になっただけで吐く，という症状が多い。被害者は翻弄され疲弊しきってしまうため，このような症状が聞かれたら，症状に関する心理教育をすることで混乱を和らげることができる。また簡単なリラクゼーションテクニックを一緒に実施するなど効果的に伝える機会にもなる。しかし，このような状態が継続している場合は専門家による心理支援に確実につなぐ。

被害後最初の感染症の検査は１カ月後であり，その結果を聞くために来所が必要となる。この来所を継続した来所とフォローアップにつなぐ機会にする。リプロダクティブヘルスの問題が表面化したり，尿路感染症状を訴えることもある。妊娠してしまった思春期の子どもの場合，脂肪がついて体型が変化したことや，乳頭がメラニン色素沈着したことで，密かに悩んでいることもある。また10歳以下の子どもの場合は，暗に「自分はもう妊娠できない」と思い込んでいることもある。このような場合は，助産師のSANEが性教育を実施する。望まない妊娠による中絶や出産の場合にも，そのプロセスに寄り添って心身ともに苦痛の緩和につとめ，適切な時期に心理教育と性教育を実施する。

ほとんどの被害者は年齢にかかわらず自分が汚れてしまったと感じている。身体的ケアは，それを払拭あるいは軽減できる機会と捉え，意図的にかかわることが必要である。

おわりに

性暴力被害者の対応は，心身のケアを並行して進めることが必須であるため，身体的ケアをする場合にはトラウマおよびPTSDを含む心理的ケアの基本的な知識と技術が必要である。また，心理的ケアを提供する者も，性暴力被害による身体的影響について知っていることで，異常を早期発見し医療につなぐことができる。生活支援，法的支援も同様であり，すべての性暴力被害者に多機関多職種連携によるワンストップ支援を届けることは急務である。

引用文献

長江美代子（2019）ワンストップ支援センター「なごみ」の取り組みから．地域保健，50（5）；36-41.

Marx BP, Forsyth JP, Gallup GG et al（2008）Tonic immobility as an evolved predator defense : Implications for sexual assault survivors. Clinical Psychology Science and Practice, 15（1）; 79-94.

Moller A, Sondergaard HP & Helstrom L（2017）Tonic immobility during sexual assault-a common reaction predicting post-traumatic stress disorder and severe depression. Acta Obstet Gynecol Scand, 96（8）; 932-938. doi:10.1111/aogs.13174

第7章　連携

I　性犯罪・性被害の支援施策

性暴力・性犯罪の被害に遭った人を支援する際，内部連携はもとより関係機関との外部連携は欠かせない。そもそも性暴力という出来事は刑法に照らすと犯罪に当たる可能性があり，犯罪となればカウンセリングルーム内で解決できない要素が多く含まれる。被害者は警察へ被害を届け出し，捜査に協力する（あるいは，既にその手続きを終えた）かもしれず，今後，刑事裁判を見据えた司法手続きが待っているかもしれない。子どもが性虐待にあっている可能性があれば児童相談所等への通告義務が生じる。被害当事者が民事訴訟を考えたり，相手方と示談するかもしれない。

また，自宅で性犯罪の被害に遭った場合，身の安全のために急遽の宿泊先を用意する必要や，転居先として公営住宅の優先入居を申請するかもしれない。そのためには，警察あるいは地域の行政担当者と連携する必要が生じる。被害に遭った子どもに配慮が必要な場合，学校と連携することも考えられる。

被害者が社会人である場合，捜査や通院のためには仕事を欠勤しなければならないだろう。勤務先と連携することで，被害者の有給休暇や欠勤ではなく，「犯罪被害者等の精神的・身体的被害からの回復等のための休暇制度」を使用できるかもしれない。

性暴力・性犯罪の被害当事者がこうむる被害は，心理・精神的困難だけでなく，生活・安全面の課題，経済的困難，身体面の問題，法律・司法上の困難，社会・行動上の問題と広範囲にわたる（図1）。これらの困難や問題を解決するには1つの相談機関だけでは限界があり，多数の関連機関の連携が必要となる。

犯罪被害者等基本法は2004年12月に成立し，続いて犯罪被害者等への施策が

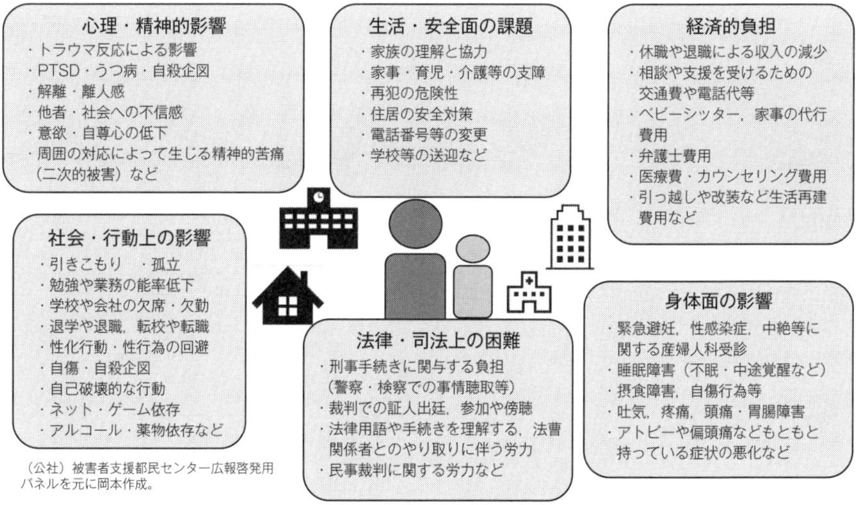

心理・精神的影響
・トラウマ反応による影響
・PTSD・うつ病・自殺企図
・解離・離人感
・他者・社会への不信感
・意欲・自尊心の低下
・周囲の対応によって生じる精神的苦痛（二次的被害）など

生活・安全面の課題
・家族の理解と協力
・家事・育児・介護等の支障
・再犯の危険性
・住居の安全対策
・電話番号等の変更
・学校等の送迎など

経済的負担
・休職や退職による収入の減少
・相談や支援を受けるための交通費や電話代等
・ベビーシッター，家事の代行費用
・弁護士費用
・医療費・カウンセリング費用
・引っ越しや改装など生活再建費用など

社会・行動上の影響
・引きこもり　・孤立
・勉強や業務の能率低下
・学校や会社の欠席・欠勤
・退学や退職，転校や転職
・性化行動・性行為の回避
・自傷・自殺企図
・自己破壊的な行動
・ネット・ゲーム依存
・アルコール・薬物依存など

法律・司法上の困難
・刑事手続きに関与する負担（警察・検察での事情聴取等）
・裁判での証人出廷，参加や傍聴
・法律用語や手続きを理解する，法曹関係者とのやり取りに伴う労力
・民事裁判に関する労力など

身体面の影響
・緊急避妊，性感染症，中絶等に関する産婦人科受診
・睡眠障害（不眠・中途覚醒など）
・摂食障害，自傷行為等
・吐気，疼痛，頭痛・胃腸障害
・アトピーや偏頭痛などもともと持っている症状の悪化など

（公社）被害者支援都民センター広報啓発用パネルを元に岡本作成。

図１　被害に遭った人が抱えやすい困難

総合的かつ円滑に進むよう犯罪被害者等基本計画が策定された。現在は第４次犯罪被害者等基本計画（期間：令和３年４月１日〜令和８年３月31日）が展開しており，十分とはいえないものの，被害者が利用できる制度やサービスは確実に増えている。また，第５次男女共同参画基本計画（令和２年12月25日閣議決定）では第５分野が女性に対するあらゆる暴力の根絶となっており，令和２〜４年度までの３年間を性犯罪･性暴力対策の強化期間としている。そこでは，被害申告･相談のしやすい環境整備，切れ目のない手厚い被害者支援の確立が方針としてあげられ確実な実行が期待されている。最近では「教育職員等による児童生徒性暴力等の防止等に関する法律」が第204回国会（令和３年６月４日）で成立し，施行（令和４年４月１日）されたことも記憶に新しい。これらの法律や政策によって，性犯罪・性暴力が予防され，被害に遭ったとしても全国のどこででも手厚い支援が受けられるようになることが望まれる。支援者には，次々と展開される政策や制度にアンテナを張り，新しい情報をキャッチし，被害者支援に活かすことが求められる。

一方，法律や政策が整備され利用できる制度や支援機関が多様になると，そのすべてに精通することは困難となる。また，このような制度やサポートは実際に利用してみて，はじめて使い勝手がわかる側面もあろう。ようやく覚えた法律や制度も数年後に改正されるのが世の常である。そのため，支援者は自身で最新の情報を収集する努力を惜しまないと同時に，支援者同士あるいは関係機関のネットワークを作り，補い合って被害者支援を展開する必要がある。

Ⅱ　関係機関・支援機関等

被害にあった当事者や家族が抱える困難や問題は，多様な上にその時々で様相が異なる。被害直後なのか月日が経過しているのか，被害者の年齢や被害内容によっても受けられる支援と機関は異なる。その他，被害に遭った場所や加害者との関係，警察に被害届けを出すか否か，警察への捜査協力は済んでいるか，犯人が検挙されたか，あるいは示談や民事訴訟となるかなどの状況も一様ではない。被害者が何に困っていて，どんな情報を知る必要があるのか，現在までにどのような支援を受け，足りない支援は何か，今後，利用する可能性がある機関はどこかなど，支援の流れや全体像がわかると，所属機関で提供すべきことや心理職に求められる役割もおのずと見えてくるだろう。

犯罪被害者支援における多機関連携の実態調査（伊藤･大岡，2019）によると，好連携事例としてあげられた関係機関は，警察・民間被害者支援団体・地方公共団体の被害者相談窓口･法テラス・弁護士（会）･検察庁・医療機関・福祉事務所・カウンセリング機関・女性センター等であった。検察庁や弁護士（会）との連携は，ほとんどが警察や被害者支援団体に限られるようである。連携の形としては，他機関・団体等につなぐことを意識した仲介型，一定期間，集中的に他の関係機関・団体等とやり取りする集中型，長期にわたり被害者のニーズに合わせて行う中長期型に分けられる。市区町村は仲介型や集中型が多く，民間被害者支援団体と医療機関は中長期型が多い傾向にあった。特に被害者が警察に被害を届け出るタイプの被害者支援では，その連携先は，警察，民間被害者支援団体，地方公共団体の被害者相談窓口，法テラスや弁護士（会），検察庁で占められ，関係機関として医療機関，福祉事務所，カウンセリング機関，女性センター等が周辺にあると考えられる。

ここでは被害者やその家族等が関わる可能性の高い関係機関について説明する。被害者のおかれた状況や支援者の所属機関によっては，連携の可能性がないものもあるだろうが，被害者を取り巻く関係機関の役割を理解しておくことは，ケース理解や支援計画立案の参考となるだろう。

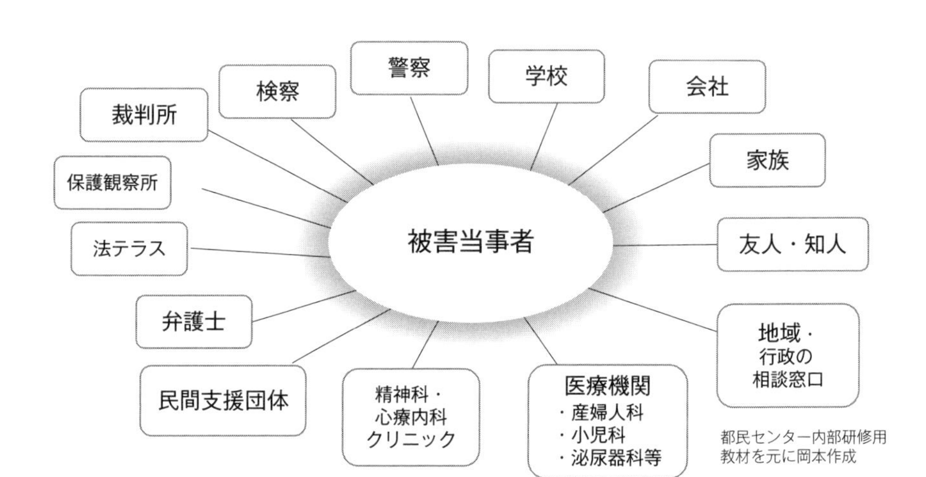

図２　さまざまな立場での支援と連携

1．警察

被害届は原則，事件のあった土地の所轄の警察署に提出する。被害届を出した後，被害者が関わる捜査手続きには，事情聴取，証拠品の提出，現場検証（実況見分）等がある。被害に遭った当事者が捜査員の性別を指定したい場合（女性の被害者が男性の捜査員には話しにくいと感じる場合など），その希望を伝えるとよい。その他，経済的支援（診断書料，診察料，カウンセリング費用）が用意されていることがあるが，各警察署によって受けられる支援は若干異なる。

犯罪被害給付制度は，お見舞金の性質があるもので，犯人が検挙されたかどうかに関係なく支給を受けられる。ただし，支給には条件があり，すぐに支給されるものではない。問い合わせ・窓口は申請する人の地元の警察署あるいは警察本部となっている。また，全国の犯罪被害者支援センターでは給付制度の申請補助を行っている。犯罪被害給付制度や警察による被害者支援の全体像は警察庁犯罪被害者等施策（https://www.npa.go.jp/hanzaihigai/）を参照されたい。

なお，各都道府県警察には被害者支援の部署があり，各警察署には被害者支援の担当者がいる。性犯罪に限らず緊急ではないが警察に相談したい場合は，警察相談専用電話＃9110にかければ，電話をかけた地域を管轄する警察本部などの相談窓口につながる。また，性犯罪に関する相談電話は全国共通＃8103となっており，こちらも電話をかけた地域を管轄する警察の性犯罪被害相談電話窓口につながる。身の危険がある，被害直後に急いで警察に通報したい場合は110番通報となる。

- 被害にあわれた方へ（警視庁：東京都で被害に遭われた場合）
  https://www.keishicho.metro.tokyo.lg.jp/sodan/shien/higai/index.files/physical_crime_2022_japanese.pdf
- 警察による犯罪被害者支援（警察庁被害者支援室）
  https://www.npa.go.jp/higaisya/shien/pdf/keisatuniyoruhanzaihigaisyashien_R3.pdf

2. 検察庁

検察庁では，犯罪を捜査したり，刑事事件に関して被疑者を裁判にかけるか否かを決めたり，裁判で法の正当な適用を請求したりする。警察は捜査を行い犯人を逮捕するが，逮捕後，警察は犯人（被疑者）を48時間以内に検察官に送致する。通常，被害者が検察庁と関わるのは犯人が逮捕されてからである。検察庁では被害者等からの刑事手続きに関するあらゆる相談に応じており，犯人逮捕以降，被害者に事件に関する情報を提供する。被害当事者に刑事裁判に関する心配や困り事がある場合，担当の検察官に話してみるように勧めるか，検察庁の相談窓口「被害者ホットライン」，あるいは刑事裁判の支援を行っている犯罪被害者支援センターに繋げるとよい。

法務省ホームページ「犯罪被害者の方々へ」では，犯罪が起こってから警察の捜査が行われ犯人逮捕となった後，どのような流れで司法手続きが行われるか，わかりやすく説明している。刑事裁判や少年審判が行われる場合の被害者支援，裁判後の制度についても詳述されており「被害者ホットライン」の連絡先も示されている。司法手続きや刑法の用語や制度は多くの人にとって聞き慣れないもので，被害者となって初めて知ることも多い。手続きがどの段階かによって，知りたいことも悩みも違ってくる。ホームページから資料をダウンロードしたり，小冊子を手元において，その都度目を通すことで先の見通しも立ってくるだろう。

- 法務省　犯罪被害者の方々へ
  https://www.moj.go.jp/keiji1/keiji_keiji11.html

3. 日本司法支援センター（法テラス）

警察に被害届を出すか否かにかかわらず，早い段階で弁護士と相談したいと考える被害者や家族はいるだろう。知人による被害の場合，刑事裁判となることを怖れた加害者がいち早く弁護士を雇ったり，逮捕後に示談の連絡がくる場合もある。被害者の中には，弁護士に相談すると高額の費用がかかると思い一人で示談交渉に臨んだり，加害者や弁護士と接触したくないからと，相手の条件をそのまま呑んでしまうケースも少なからずあると聞く。

法テラスでは無料の犯罪被害者支援ダイヤルを設置している（通話費用はかかる）。犯罪被害者支援業務として，刑事手続きや法制度の情報を提供，支援機関・団体の案内，被害者支援の経験や理解がある弁護士の紹介などを行う。さらには刑事裁判で被害者等が被害者参加を希望する場合，被害者のための国選弁護制度に関する業務を行ったり，経済的援助制度の案内も行う（注：個々人の状況によって利用できる制度は異なる）。

法律の問題に対処してくれる弁護士と巡り会い，法律上の問題を専門家に任せることができると，多くの被害者はホッとする。支援者が法テラスと直接連携しなくとも，支援ダイヤルを紹介したり，電話をする前に相談する内容をまとめる作業を手伝ったりすることで法律相談に橋渡しができる。

- 犯罪被害者支援ダイヤル　0570-079714
- 法テラスの犯罪被害者支援の流れ
  https://www.houterasu.or.jp/higaishashien/nagare/index.html

4. 弁護士

弁護士の業務について改めて説明する必要はないだろうが，加害者弁護の方が歴史が古く，被害者支援に詳しい弁護士がマジョリティでないことは知っておいた方がよいだろう。被害者支援センターに勤務していると，弁護士と心理職の連携は珍しくないが，医療機関やその他の相談機関において弁護士との連携は，活発ではないと思われる。刑事裁判だけでなく，民事や示談においても，被害者支援における弁護士と心理職の連携は開拓の余地があるだろう。

各都道府県弁護士会では，犯罪被害者のための弁護士による無料相談を行っている。相談時間や方法は地域により異なるが，被害者支援に精通した弁護士が対応し，面談による相談を実施している地域もある。

- 各弁護士会の犯罪被害者法律相談窓口一覧（日本弁護士連合会ホームページ）
  https://www.nichibenren.or.jp/activity/human/victim/whole_country.html

5. 性暴力被害者のためのワンストップ支援センター

ワンストップ支援センターは，性犯罪・性暴力の被害者に対し，被害直後から総合的な支援を可能な限り1カ所で提供することにより，被害者の心身の負担を軽減し，その健康の回復を図るとともに，警察への届出の促進・被害の潜在化防止を目的としている（内閣府，2012）。ワンストップ支援センターの機能は，支援のコーディネート・相談，産婦人科医療（救急医療・継続的な医療・証拠採取等）の2機能で，病院拠点型，相談センター拠点型，相談センターを中心とした連携型の3形態がモデルとして示された。平成30年10月に全都道府県に1つ以上のセンターが設置済みである。

ワンストップ支援センターの開設にあたっては地域の状況に合わせた設置・運営が重視されたため，設置団体，対応時間，支援の形態は統一されていない。24時間365日の対応が可能になること，急性期医療が可能となるよう病院設置型や医療機関との連携を強化すること，関係機関との連携による中期的な支援体制，障害者・男性等への支援状況の把握と支援の充実が強化課題としてあげられている（「性犯罪・性暴力被害者のためのワンストップ支援センターの強化について」令和3年3月26日第2回性犯罪・性暴力被害者のためのワンストップ支援センター強化検討会議（資料2）：内閣府男女共同参画ホームページより）。

地域によって運営母体が異なり，相談の受付時間や対応・支援内容に若干の違いはあるが，性暴力・性犯罪の被害を受けた直後に，安心して相談でき，経済的な心配なく急性期の医療に繋がり，継続して必要なサポートを受けられるという趣旨は一貫している。何といっても，ワンストップ支援センターの強みは，被害直後から1カ所で必要な支援を提供できることにある。また，特徴的なのは証拠採取システムである。被害者が被害届を出すかどうか決めかねている時，身体に残された証拠は時間と共に流され，消えてしまう。それをワンストップ支援センターで採取をし，証拠として採用できる状態で保管するシステムが構築されつつある。この方法によって証拠採取はしておいて，実際に被害届を出すかどうかは後から決められるようになった。被害者の意思決定を大切にしたこの方法が全国の標準となることを願う。

- 性犯罪・性暴力被害者のためのワンストップ支援センター一覧
  https://www.gender.go.jp/policy/no_violence/seibouryoku/consult.html

6. 犯罪被害者支援センター

全国の都道府県で48加盟団体（民間）が被害者支援活動を展開している（46都府県に1カ所，北海道のみ2カ所）。主な活動は，相談の入り口である「電話相談」，自宅訪問や警察や検察庁，裁判所などへの付添いを含む「直接的支援」，専門研修を受けた相談員が対面で相談にのる「面接相談」，各種手続きの申請サポート，犯罪によって家族が亡くなった遺族の自助グループの開催等である。各センターによって提供できる支援は異なり，家事などの生活支援，精神科医，弁護士，臨床心理士・公認心理師による専門的支援ができるところもある。

また，48団体中，47団体が都道府県公安委員会より犯罪被害者等早期援助団体に指定されている（2021年6月現在）。犯罪被害者早期援助団体では，警察が被害者等の同意を得て，被害者等の氏名，住所，犯罪被害の概要等の情報を提供することができる（犯罪被害者支援法第23項第4項）。これによって，被害直後から警察と被害者支援団体が連携して支援に当たることができるようになった。被害者にとっても，大変なときに自分からするのではなく支援センターから連絡してもらえることと，警察が事件概要の申し送りをするので，自分で被害内容を話さなくてすむなど，利用開始時の負担が少ない。

被害者支援センターの特色は刑事裁判の支援にある。刑事裁判において，被害者参加制度を始め，被害者が権利回復のために利用できる制度が充実してきた。しかし，裁判において，被害者に寄り添うことのみを役割にしている人はいない。検察官には検察の仕事があり，被害者参加弁護士は被害者のために弁護を行い，裁判官も自らの使命を果たしている。被害者支援センターの相談員は，被害者のためにのみ存在し，被害者の傍に付き添う。また，多くの被害者にとって司法手続きは慣れないことの連続である。警察への被害届に始まり，検察庁や弁護士事務所，刑事裁判と，被害者支援センターはその過程のすべてにおいて被害者の傍らに寄り添い続けることができる。これは民間の支援団体だからこそできる関わりといえよう。

- 全国被害者支援ネットワーク
  https://www.nnvs.org/network/

7. 医療機関との連携

ここでは精神科・心療内科クリニックとの連携を想定してその留意点について考えたい。事件に遭って以来，寝付きが悪く，ようやく寝ても悪夢を見ては飛び起きてしまう。朝になっても眠った気がせず，疲れがとれない。ちょっとしたことで事件が思い出され，涙があふれるため外出ができない……。被害者にこのような反応が出ているので，あなたは医療機関の受診を勧めようと考えた。被害者に提案すると，あっさり納得し，毎日苦しく，ともかく眠れるようになりたいのでお医者さんに診てほしいと言う。いくつか医療機関を提示したところ，被害当事者は通いやすい一つのクリニックを選んだ。そのような場合，心理職は被害者の負担を軽減し，速やかな受診に繋がるように情報提供書を作成したい。筆者が勤務する被害者支援都民センターではそのような場合に以下の項目を含めて作成する。

- 受診する方の個人情報（氏名，性別，生年月日，職業，住所）
- トラウマ的出来事（性暴力・性犯罪）の概要（犯罪名にこだわる必要はないが，DSM-5のA項目に当てはまる場合はわかるように記載）
- トラウマ的出来事の起こった日づけ（わかる範囲で）
- 司法手続きの状況（司法手続きが及ぼす影響）
- 支援経過（都民センターの支援とその経過）
- 成育歴や既往歴（家族背景，発達，治療歴，過去のトラウマなど）
- 生活状況（家族と同居，独居，休学／休職中など）
- 紹介理由（診察してほしいこと，トラウマ反応や行動，被害当事者の困り感など）
- 今後の支援方針（都民センターにて2週に1回支持的カウンセリングを継続，相談員による裁判支援のみ，医療機関紹介をもって終了，など）
- 紹介者の連絡先（施設名，電話番号，住所，担当者氏名）

以上を簡潔にA4用紙1枚か長くても2枚に収める。心理職が情報提供書を書く第一の目的は，あくまでも被害当事者が医療機関にかかる際の負担を減らすことにある。そのため，被害当事者が話しにくい情報，医療機関に求めること，診てほしいトラウマ反応や精神症状等を記載する。被害当事者にとって，初めての場所（医療機関）で性暴力の被害にあったことを伝えるのは想像以上に負担となる。

筆者の経験では「事件概要を書いて置きましょうか？」と聞いて，「自分で言うのは辛い（嫌な）ので，書いて置いてください」と頼まれることはあっても，「書かないで」と言われた経験はない。概要に犯罪種を書くことが多いが，どのように記載するかは被害者と相談して決めればよい。

なお，公認心理師法では「心理に関する支援を要する者に当該支援に係る主治の医師があるときは，その指示を受けなければならない」（第42条第2）とされており，クライエントの主治医との連携は必須となっている。既に主治医がいる場合は，被害当事者（未成年の場合は保護者にも）に医療機関等との連携の必要性を説明し，具体的な連携手段を打ち合わせる。

Ⅲ　その他の連携先

その他の連携先として，児童相談所，児童家庭支援センター，学校，企業，民間のカウンセリングセンター等が想定される。これまで述べてきたように，性暴力・性犯罪の被害による影響は心理・精神的困難だけでなく，身体面の問題，経済的困難，生活・安全面の課題，法律・司法上の困難，社会・行動上の問題など，広範囲にわたる。1つの支援機関，一人の支援者では限界が生じるため，被害者支援のネットワークを持ち，それぞれの機関の特性を知って連携し合うことが肝要である。

Ⅳ　連携を控えた方がよいとき

連携の重要性とともに，連携を控えた方がよい場合についても記載しておきたい。さまざまな事情から被害当事者や家族が，被害に遭ったことを誰にも知られたくない，被害を知る人を最小限に抑えたいと強く望むことがある。その場合は，事実を把握する人を制限し，他機関連携を考える際も，被害当事者の意思を尊重しながら慎重に進めたい。

支援者の常として，被害回復のために利用できる制度や関係機関を知ると，被害者にそれらを勧めたくなるものである。良い支援を提供したい，役に立ちたいという思いがややもすると先走りになってしまう。しかし，最善と思われる制度や支援であっても，被害当事者の気持ちや意思を無視して強いれば，その構図はセカンドレイプとなりかねない。また，早急過ぎる他機関紹介は「勇気をもって打ち明けたのに目前の支援者から見放された」という印象を与えてしまうこともある。

被害に遭ったとき，加害者は被害者の声に耳を傾けることなく犯行に及んだのであり，支援者が同様の状況を作ってはならない。被害者の思いや気持ちに耳を傾け，関係機関を紹介する際は丁寧な説明を心がける。そして，被害当事者が納得して選択できるよう，当事者のペースに合わせてものごとを進めることを忘れないようにしたい。

その一方で非常に苦しく，辛い状況にあると思われるのに，「何もしたくない」「誰にも言わないで」「事件の話はしたくない」と被害当事者が頑なに言うとき，それをそのまま受け取って面接を終えるとしたら，それもまた無責任な話になるだろう。性暴力・性犯罪の支援は，強引に推し進めるのでもなく，受け身になり過ぎるのでもない。受容と共感をベースに少しリードしては後戻りするような，被害当事者の迷いとストレングスの両方を見守るペーシングとバランス感覚が求められる。

引用文献

伊藤冨士江・大岡由佳（2019）犯罪被害者支援における多機関連携の実態―被害者支援を担う部署に対する全国調査をもとに．厚生の指標，66（2）；6-12.

内閣府男女共同参画（令和3年3月26日）第2回性犯罪・性暴力被害者のためのワンストップ支援センター強化検討会議資料2（https://www.gender.go.jp/policy/no_violence/seibouryoku/siryo/pdf/02-2.pdf）

内閣府犯罪被害者等施策推進室（平成24年3月）性犯罪・性暴力被害者のためのワンストップ支援センター開設・運営の手引―地域における性犯罪・性暴力被害者支援の一層の充実のために．

（岡本かおり）

トピック❽

精神科／投薬・薬物療法

［うしじまこころの診療所］牛島洋景

私は令和2年4月に児童精神科の診療所を開設した。診療所で診療をする傍ら，児童相談所で嘱託医の仕事や，児童家庭支援センターの職員や教職員の相談なども受けている。その中でさまざまな事例に出会うのだが，最近は性暴力被害をはじめとする外傷体験を抱える事例が増えたように感じている。正確にいうと，外傷という視点で理解するといった方が適切かもしれない。ただ，外傷体験を抱えた事例として相談をされることは皆無に等しく，全く別の主訴や困り事として相談に挙がってくることがほとんどである。

ある13歳の女子中学生の事例がある。彼女は，時々人が変わったような奇妙な立ち居振る舞いを学校でするようになった。自傷行為もしているとの理由で，学校から勧められ受診に至った。私の前に現れた彼女は，非常に硬く冷たい表情で，時折苦しそうな表情をしていた。呼びかけに返答するにも時間がかかり，幻聴や被害妄想などの訴えがあるのである。前医からは統合失調症，双極性障害の疑いと説明を受けていた。両親に聞けば，家では普通にしている，学校でしかそうならないと素っ気ない。症状の一貫性のなさに強い違和感を覚えた私は，外傷体験の確認をした。本人はもちろん両親も強く否定したため，何か気づくことや思い出すことがあった場合にはいつでも話を聞くということを伝え，一旦は少量の抗精神病薬を処方した。ところが2回目に来院したときには，彼女自ら「もう何も困っていません」と言い，前回とはまるで別人である。両親も「見た目には元気にしている」「学校にも行けているから」と通院の必要性に疑問を呈するのである。本人の様子の変容ぶりに驚くとともに，診療所とのつながりを断ち切ろうとする両親の頑なな態度になすすべなく，通院は中断となった。しかし，その2週間後に，深刻な自傷行為に至り再度受診となった。このとき，外傷体験について確認すると，本人は少しずつ自分が経験したことについて話し始めた。本人と両親の同意を得て心理士に介入してもらい，それぞれに外傷の心理教育，リラクゼーション法の練習などを行い，強烈なフラッシュバックや不眠の症状に対しては薬物療法も開始した。しかしその後も自傷行為は続くために，定期的に学校の教員とのカンファレンスを行い，支援体制を作るようにしている。

この事例のように，医療機関では全く別の主訴で受診することがほとんどであり，おそらく相当数の症例が気づかれないままに別の診断で治療を受けていることがあるだろう。それが性被害であれば，なお一層のことその傾向は強くなると感じている。よって，医療機関ではまず【疑う】という作業が必要となる。精神病症状や自傷行為などは，それを疑ってよい症状の一つといえる。【疑う】の次の段階としては，【周囲を支える】作業が必要である。子どもの場合，両親はもちろん，学校の教員なども子どもの重要な支え手であり，その支えてを支える作業が非常に大事になってくる。両親は気づけなかったことへの傷つきや罪悪感，起きたことへの否認など，さまざまな感情を抱えやすい。その際に，【心理教育】は重要な意味を持ち，本格的な支援へ移行するための重要な段階といえる。心理教育は，本人はもちろん，支え手にも知っておいてもらうべき要素が多く含まれ，家族のさまざまな感情を整理することにも役立つ。心理教育を通して症状を同定し，【薬物療法】の可否を検討しなくてはならない。不眠や悪夢などの健康を害するものや，フラッシュバック，気分の変動など，本人の生活の質を著しく低下させるものについては薬物療法の対象となるであろう。その他，頭痛などの身体的な症状についても対応できるものにはしていく必要がある。

しかし，一方では課題と感じていることもある。先に述べたような対応で改善する症例も少なくはないのだが，症状が十分に改善しない例や，エビデンスのある治療が必要にもかかわらず，その治療を受けることができない（受ける場所がない，受ける体制を作れないなど）事例も一定数あるのである。そうなると，医療機関はこれらの事例と繋がり続けておくことが必要となり，これはかなりの労力を要する。当然，単機関で対応できるような状態ではないので，連携も必要であるし，この連携は長期戦となることが多い。実は医療機関としては，この連携を行う際の，【要（かなめ）になる】という役割もあると思っている。

いずれにせよ，外傷を疑い明らかにする作業はかなりの覚悟が必要である。医療機関でできることは限られており，一定の限界を自覚しなくてはならない。だからといって，自分も支援者の一人であるという自負心を失うべきではない。だからこそ医療機関単独で対応することよりも，多くの繋がりをマネージメントすることを心がけ，そのなかで，薬物療法がどのように機能しているのかをいつも考えている。

第8章　二次受傷

仕事を終えて帰宅し，気楽な服に着替えて夕食の支度を始めました。キッチンに立っていると，書斎にいた夫が出てきて「なにか手伝うよ」と声をかけてきました。私は飛び上がって驚き，つい怒鳴ってしまったんです。「いきなり後ろから声かけないで！　今日は支援センターだったんだから！」夫は，「なんだよ，せっかく仕事を中断して出てきたのに……」と不満げにリビングに行ってしまいました。今晩はギクシャクしたままかと気が重くなるのと同時に，この調子ならセックスはなしだなと正直ホッとしました。支援センターの勤務を始めてしばらくの間，特に勤務日の夜は，夫であっても近寄って欲しくなかったのです。

毎朝，子どもが学校に向かうためにエレベーターに乗ると，ドアが閉まるまで注意事項を繰り返してしまうんです。「今日も車に気を付けてね。それから知らない人はもちろん，知っている人にもついて行っちゃダメよ。何かあったらすぐに携帯で……」「110番！！　もう，ママいつも同じこと言って。大丈夫だよ，行ってきまーす！」子どもは私が言うのに慣れているので，元気に出かけて行きますが，本当はもっと明るい言葉をかけてあげたい。でも，何かの被害に遭うかもしれない，そう思うと言わずにはいられないんです。朝の送り出しの時間はいつも胸が引き裂かれる思いがします。

一人暮らしは気楽かな。体調が悪いときは心細く思うかもしれないけど，今のところ健康なので不都合はないです。誰かと付き合ったり親密になろうとか，そういう気持ちはありません。世の中，ほとんどの人は真っ当で犯罪者じゃないって理解しています。でも，最初はわからないじゃないですか。もしかしたら私に声をかけてきた時点でよからぬことを考えているかもしれないし，だんだんDVチックになるかもしれない。男の人が私に興味を持っているとわかると，何か悪いこと考えてませんか？ って思っちゃうんですよ。だから，変な心配しないで済むなら，一人がいいかなって。

Ⅰ　支援者に見られる影響

これらは筆者が犯罪・性暴力の被害者支援に関わってきた中で，支援者が語ったエピソードである。彼らは強制性交等罪や強制わいせつ，殺人未遂や交通死亡事件といった重大犯罪の被害者支援に関わる専門家で，日常生活を支障なく過ごしてはいる。トラウマ臨床に関わりがない読者は，これらスタッフのメンタル・ヘルスは大丈夫だろうかと危惧するかもしれない。被害者支援に関わっている読者は，誰かから聞いたような話だ，そう思うのも無理はないし，実際そのとおりだと共感するかもしれない。

被害者支援を続けるということは，毎週，毎月，毎年と経験を積み重ねることで良い支援ができるようになると同時に，事例を通じて事件の詳細を知り，法廷で証言する被告人の言動を目の当たりにするなど，間接的に性暴力・性犯罪をリアルに感じる時間が蓄積されることでもある。また，役に立つ支援をしたいと思えば，被害者の声に注意深く耳を傾け，被った出来事と現在の困りごとを真摯に受け取ろうとする。心理職が持続エクスポージャー療法（Prolonged Exposure Therapy : PE療法）を実施する過程では，被害に遭っている最中の思考や感情を詳細に語ってもらう局面がある。それは，殺されると思った時の戦慄，自分がレイプされると悟った瞬間の孤独と絶望，事件後に感じた自責や周囲への不信感などが含まれ，臨床経験が増えればその分，理不尽な性暴力の模様がヴァリエーションを持って心理職の記憶に蓄積される（注：PE療法ではトラウマ的出来事を何度も思い出し語ることによってトラウマ記憶が馴化するとともに，セラピスト側にも馴化が起こる。クライエントのPTSD症状は改善し，セラピストにPTSD症状が生じることはない）。

また，被害者支援では，被害の影響から立ち直ろうとする被害者の姿から勇気をもらうことも実に多い。事件を忘れてしまいたい，なかったことにしたいと思ったとしても無理はないが，それでは収まらないことが多々あり，支援センターには事件のことを相談したい，事件後に生じた影響を減じたいという人が現れる。そして，予約は入れたものの，面接に来る道すがら辛くなり，電車を途中下車してしまった，乗り過ごしてしまったというエピソードも珍しくない。あるクライエントは「苦しくなって地下鉄を降りてしまった。今日はキャンセルさせてください」と電話をしてきた。筆者はクライエントの状況を確認した後，頑張って面接に来ようとした勇気を労い，予約は1週間先に伸ばすこともできる。あなたのペースで決めてよいが，それで苦痛は軽くなるのかと聞いたところ，「それだと1週間，苦しみが長引くだけ。やっぱり，これから行きます」と涙声で言うと，わずかな遅刻でやって来た。センターのロビーにクライエントの姿を認めたとき，その勇気に敬意を払わずにはいられなかったと同時に，この方の受けた「犯罪の証人（"目撃者"）」(Herman, 1992) となる私を実感したのだった。

回復の道を歩み始める被害者の姿は一様ではないが，自分らしさを取り戻したい，止まっている人生の針を進めたいと語る姿には無条件に心が動かされる。被害者支援では，被害当事者が気づいていない強さが自身の身の内にあると気づく瞬間に立ち合うことも多い。トラウマ焦点化認知行動療法ではPTSD症状に圧倒されていた被害者が，徐々に本来の姿を現し，その人らしい生活に戻っていく様子を見守ることができ，被害者支援に関わる意義や仕事の遣り甲斐を感じる瞬間である。

しかし，フォローアップも含めてすべてが終了し，一人のサバイバーが支援センターを卒業した後，程なく新件予約が入る。性暴力の被害者支援に関わるということは，間接的に被害を追体験することで，当然のことながら支援対象はいつも性暴力被害者である。ここで取り上げるテーマは，心理職だけでなく，相談員，支援員，警察官，検察官，弁護士，医師，行政の被害者支援担当者等においても当てはまるだろう。

冒頭の3つのエピソードでは，安全なはずの自宅で過覚醒が起き，パートナーとの性行為に回避傾向が生じており，子どもに危険なことが起きる可能性を常に心配し，男性全般に不信感を覚えて特定の人と親密になることを避けるなどの負の影響が生じていた。このように，支援者には被害者に生じる反応と同様の影響が生じることがあり，その現象は二次受傷（Secondary Traumatization）と呼ばれる。二次受傷は，トラウマ支援に関わる者の職業病だとする見方もあり，似た概念に，共感性疲労（Compassion Fatigue），外傷性逆転移（Traumatic Countertransference），二次的外傷性ストレス（Secondary Trauma Stress : STS），代理受傷（Vicarious Trauma）などがある。どの概念もトラウマに苦しむ人に寄り添う側の影響を扱っており，それぞれ調査研究が進められてきた。ここでは，性暴力の被害に遭った人を支援することで生じるネガティブな影響を「二次受傷」と捉えて，支援者に生じる二次受傷はどのようなもので，支援者はそれとどのように向き合い，折り合いをつければよいかについて考えてみたい。

Ⅱ　被害者支援における支援者養成

犯罪や性暴力の被害者支援ではどのように支援者を養成しているだろうか。まず，犯罪被害者支援センターにおける支援者養成を取り上げる。全国の被害者支援センターでは，毎年のように一般を対象にしたイベントや講演会を開催し，被害者支援に関する情報を広く周知するとともにその催しを支援者養成の入門編に位置づけている。専門的な支援者（支援員・相談員）を目指す場合は養成講座に進む。養成講座では，①犯罪被害者が受ける心身や日常生活への影響，被害者支援の歴史と現状，刑事・民事手続きの流れ，行政や法曹，医療など他機関における支援の状況などの基礎的な知識，②傾聴や面接の仕方，電話相談のロールプレーイング，被害者の方々への接し方，寄り添い方といった実技を学ぶ。同時に，苦しみや悲しみ，悔しさや怒りなどの被害心情への共感を深め，支援活動の意義や重要性を体得する（全国被害者支援ネットワークホームページ「支援員・相談員の人材育成」より）。

性暴力被害者のためのワンストップ支援センターでは，支援者養成は重要課題と捉えており，段階的，継続的，長期的な研修計画が作られている。研修には，スーパービジョンや事例検討，心身のセルフケアに関する内容が含まれ，支援者の負担軽減を図ると共に，高度な専門性を備えた支援者養成の重要性が指摘されている（内閣府男女共同参画局，2015）。特に，ワンストップ支援センターは支援の性質上，24 時間対応が望まれており，センターによっては夜間シフトやオンコール勤務など，支援員の働き方に独特の難しさがある。

これらの支援者養成において問題になるのが，養成講座で熱心に学んでいる受講生が新規の支援員・相談員に繋がらない点である。性暴力や犯罪は時間を選ばず発生するため相談時間の拡大が望まれ，支援者の増員は不可決である。支援員にならずとも，被害者支援に理解ある人材を地域に増やすことができるので，養成講座を開催する意義は大きいが，しかし，組織の維持と発展のためには効率も考えたい。受講生がそのまま支援員・相談員になれるように，広報や応募方法を工夫し，支援者の勤務体制（基本的な労働条件）にヴァリエーションを持たせたい。福利厚生の整備も必要なはずで，これら支援者の労働環境の保障も二次受傷と無関係ではないだろう。

そしてまた，支援者養成は一朝一夕に行われるものであってはならない。被害者に二次被害を与えない専門性を担保しながら，支援者の二次受傷も予防しなくてはならない。そのためには，支援の経験知を少しずつ増やして出来事の性質に慣れ，支援者が自らの心と体を守る「強さ」を装備する時間が必要である。ある被害者支援センターでは，すべての基礎研修を終えた者は，ボランティアとして相談業務の周辺か，事務的な業務から勤務をスタートする。センター全体の業務と雰囲気に慣れ，職場での居場所や人間関係が確立した頃，少しずつ相談業務につくようにしている。ところで，全国の被害者支援センターでは，支援者は非常勤職員であり，その多くはボランティアである。勤務は週1・2日から月に1・2回と幅があり，十分な経験を積むのに数年かかることも珍しくない。いざ支援デビューとなっても，当面は先輩相談員がリーダーとなるため，新人の支援者が一人前になるには最短で3～5年はかかるだろう。

支援者不足の解消は重要な課題だが，支援者養成は焦らず時間をかけて行われる。このシステムは経験則から生まれたものだが，支援の質の保障だけでなく，支援者の二次受傷と離職を防ぐ狙いもある。中堅者や経験豊富なベテラン層に対しては，事例研究や専門研修を行って専門性を担保するとともに，経験が蓄積されることで生じる二次受傷への対策を丁寧に行う時期にきたように思う。リフレッシュ休暇制度や地域を越えた支援者ピア・グループの設定，個人カウンセリング費用の補助など，具体的な方策が望まれる。

Ⅲ　二次受傷はおきるもの

支援の現場では，支援者養成を丁寧に行い，各種研修を設け，職場や個人がメンタルヘルスに気を配るなど，二次受傷の予防に腐心したとして，果たして支援者がネガティブな影響を受けずにいられるものだろうか。二次被害の影響を受けないことは良いことであり，影響を受けた者は経験や訓練不足なのだろうか。翻って，性暴力や性犯罪の支援を続けていて，ポジティブな影響もネガティブな影響も受けない支援者がいるとしたらどうだろう。あるいは，ものごとの良い面しか受け取らないという支援者がいたとして，その者の言は信用に足るだろうか。

Figley（1995b）は二次的外傷性ストレス（STS）がPTSDと異なる点は，自分の身ではなく，他者の身に起こったトラウマに曝される部分だけであり，その症状もPTSDと違いがないと述べた。深刻なトラウマを受けた人がいれば，その人を助けようとする人がおり，そこに二次的外傷性ストレスが発生した場合，それは「むしろ自然な副産物」となる。Pearlman（1995）は，それは「労働災害と概念化するのが適当」といい，「外傷には伝染性がある」といったのはHerman（1992）である。Herman（1992）は，程度こそ違うが治療者は患者と同一の恐怖や怒り，絶望を経験し，患者の外傷的体験を聞くことで過去に受けたトラウマが再活性化し，治療者の夢や覚醒時の空想にそのイメージが侵入すると述べた。どうやら，被害者支援に携わる私達にとって二次受傷は織り込み済み，もはや標準装備と考えた方がよさそうである。

Ⅳ　二次受傷にどのように対処するか

Pearlman と McKay（2008）は代理受傷（Vicarious Trauma）の概念を呈し，トラウマを負った人のことを思い，ケアをしようとする過程で，支援者は他者が負ったトラウマによって影響を受け，変化し続けると述べた。そうなると，二次受傷は避けるべきものというより，現場から影響を受けて変化することは必然と考える方がしっくりくる。代理受傷は，「傷ついた人を支援しなければ！」と，使命感や責任を感じているときに起こる。時間の経過とともに，心理的，身体的，精神的な幸福感に変化が生じる。そして，一人の人や，一つの状況ではなく，日々の支援が累積した結果なのである。自分の人生や人間への理解が深まるなどポジティブな変化もあるが，生きる意味や世界に関する見方に暗い影を落とし，スピリチュアルな側面によくない影響を与えることもある。そしてこの変化は支援を続けている限り，現在進行形で進む。よって私達は健康に暮らして仕事が続けられるように，自分をケアし生活を守る方法を身に付けることが大切となる。

以下は，筆者と支援仲間の経験による提案に過ぎないが，被害者支援に関わり続けたいと思っている人，支援を続けることが辛くなったと感じている人に何かしら参考になれば幸いである。

1．支援を始める前に……

- 最初はゆっくり，少しずつ始めるか，他の領域の臨床業務や他の仕事と兼任とする。

- 担当できるケース数，延長できる時間（残業時間），休日出勤や急な勤務について，雇用主あるいはケースを割り振る地位にある人と話し合っておく。現場に入って断れないでズルズルとケース数が増えてバーンアウトする危険を減らすための限界設定をしておく。
- 自分自身に心を痛めている未解決の問題がある場合，支援を開始する前に，その問題が収まりのいいところに落ち着くようにする。あるいは，いつか収まりがいいところに仕舞えるように専門的な支援を受ける。たとえばカウンセリングを受け始める。支援する側になった時，支援を受けた経験は参考になるし，他者のトラウマの影響を受けた時，自分の問題がより重く感じられることがある。大変になってから専門家を探すのは骨である。
- 家族や親しい友人，パートナーに，これから自分が始めようとしている仕事について説明しておく。時にプライベートな側面に影響が出る可能性があり，予防の対策を施し，影響が出た際の対処法も用意するが，何か変だなと思ったら教えてほしいと伝える。このチャレンジを見守ってほしいし，遣り甲斐を感じている。多くの同僚は健康に暮らしていることも付け加えたい。
- 専門職としての知識およびスキルを高めるための研修計画を立てる。個人の希望で申し込むタイプの研修，職場の内部研修，全国規模の研修があり，心理職として受けたいもの，被害者支援に特化したもの，アセスメントや面接技法のものなど内容も多彩である。個人的なカウンセリングやスーパービジョン，グループの事例検討などもある。昨今はインターネットを介して行う研修や学会も増え，無計画に申し込んでしまうと休日がなくなってしまう。研修は事前にわかるものばかりではないが，生活とのバランスを考えて大よその研修計画を立てておきたい。

2. 支援をしている中で……

- 支援の最中に，何か違和感を覚え，ネガティブな感情を持ったら，「気にしないでおこう」「忘れてしまおう」としないで，支援者仲間と話し合い共有する。忙しさに紛れて見過ごせば，それで済んでしまうかもしれないが，時間が経ってしまうと共有しにくくなるし，実際，溜まったものを何とかするのは厄介である。
- 職場内で誰がどのような支援を行っているか関心を持つ。事例検討，スーパービジョン，内部研修，ミーティングなどでもよいし，職場内での自然な会話でもよい。同僚のケースに関心を持ち，労いの言葉をかけて支え合う。

- 同僚と支援の実際について検討する際，相手の単純な間違いを指摘したり，批判的意見を言ったりできるようになる。意見を言い合うことを怖れず，しかし，必要以上に攻撃的にならないなど，自由なディスカッションの文化を作る。
- ときどき，道徳的な規範や支援の限界を支援仲間と共有する。たとえば，次のようなことである。完璧な支援はなく，支援に正解はない。また，組織ができる最善の支援が被害当事者にとって，最善とも限らない。私達にできることには限界がある。専門家といえども長所と短所を併せ持つ人間である。被害者支援の歴史は浅く，支援者の職業的な成熟はこれからである。組織，社会，法律や制度は変化していく。完璧を求め過ぎず寛容でいること。現状に甘んじず，常に最良を求める。
- あまりに理不尽で暴力的な加害行為や犯罪，納得できない裁判の経過等を知った時こそ，孤独にならないようにする。職場，支援者間，心理職間で，守秘義務と倫理規定を遵守しつつ，素直な感情や率直な考えを伝えて共有する。安心して感情を吐露し，意見交換ができる場を持つ。
- 臨床実践は，同僚とのカンファレンスやスーパービジョンを通して，または調査研究を行い，学会発表や論文執筆等によって，学問や専門性に落とし込み理解を深めるとともに，臨床心理学や被害者臨床に貢献する。
- 被害者支援の狭い世界に閉じ籠らない。心理職であれば，病院臨床，教育や学校，産業・企業などの労働領域，福祉領域等，異なる領域にも触れる。

3. 日常生活では……

- ときどきは社会や歴史，哲学や文学，芸術やスポーツなど，心理学や被害者支援と異なる世界に触れる機会を持つ。
- 自分一人になる時間，引き籠る時間，インターネット情報を遮断する時間を作る。
- 週末の休日，長期休暇，時には平日の休みを取る，仕事以外の趣味を持つ。
- 適度な運動，規則正しい生活，栄養バランスの良い食事を心がけるとともに，それにこだわり過ぎないことも大切である。
- パートナー，子ども，家族，友人，住民と（専門家であることを離れて）一人の人間として過ごす。

- 自分を甘やかし，楽しませ，ユーモアを持つなど，自分を慈しむ。

「それって，二次受傷かも……」という同僚のアドバイスを受け入れ，休みをとって家でゆっくり過ごすことにした。休みをとったのは久しぶり。天気が良かったので，ベランダにテーブルを出してお茶を飲んだ。すると，夫も出て来て，二人で日向ぼっこをした。こんなにくつろいだ気分になったのも久しぶりだった。支援センター勤務の日は悲しい顔で帰宅して，私は大変な仕事をしているんだと夫にアピールしていたのかもしれない。仕事から帰宅したら，仕事のことは忘れて，ふざけたり，気楽にしていいんだと思えた。

継続研修で二次受傷について学び，かなり自分に当てはまると驚いた。自分で知らないうちに，安心と安全の感覚，社会への信頼が脅かされていたようだ。先日，子どもと公民館主催の「子どもの防犯マップづくり」ワークショップに参加した。むやみに心配していた時と違って，どこに気を付ければいいかわかったし，子ども110番の家も確認でき，私も子どもも安心できた。女性のためのセルフディフェンスのワークショップもあるそうなので，まずは自分で参加してみようと思う。

支援センターのスーパーバイザーと話していて，「一人暮らしなので一定の用心は必要だが，男性一般に当てはめた不信感は二次受傷では？」と指摘された。これが二次受傷だったのかと意外だった。その後，一人暮らしが気楽なのは変わらないが，大学時代の友人に誘われて飲み会に参加してみた。男女込みのグループで飲むのは久しぶりで，楽しかった。そういえば，子どもの頃は男子の友達の方が多かったことを思い出した。飲みに誘われても複数でとか，個室にしなければ気楽だし安全だ。また出かけてみようと思った。

参考・引用文献

Figley CR（1995a）Compassion Fatigue : Coping with secondary traumatic stress disorder in those who treat the traumatized. Routledge. New York : Brunner/Mazel.

Figley CR（1995b）第1章　共感疲労.（B.H. スタム編／小西聖子・金田ユリ子訳（2003）二次的外傷性ストレス―臨床家，研究者，教育者のためのセルフケアの問題．誠信書房）

Herman JL（1992）Trauma and Recovery. Basic Books.（中井久夫訳（1999）心的外傷と回復〈増補版〉．みすず書房）

公益社団法人全国被害者支援ネットワーク HP「支援員・相談員の人材育成」.（https://www.nnvs.org/network/about/develop/）

内閣府男女共同参画局（2015）「性犯罪被害者等のための総合支援に関する実証的調査研究」報告書平成 27 年度調査.

大澤智子（2002）二次受傷―臨床家の二次的外傷性ストレスとその影響. 大阪大学教育学年報, 7 ; 143-154.

Pearlman LA（1995）第 4 章　トラウマ･セラピストのセルフケア.（B.H. スタム編／小西聖子･金田ユリ子訳（2003）二次的外傷性ストレス―臨床家, 研究者, 教育者のためのセルフケアの問題. 誠信書房）

Pearlman LA & McKay L（2008）Understanding & Addressing Vicarious Trauma. Heading Institute. CA. USA.

Stamm BH（Eds.）（1995, 1999）Secondary Traumatic Stress : Self-care issues for clinicians, research, & educators（Second ed.）. Sidran Press.（小西聖子・金田ユリ子訳（2003）二次的外傷性ストレス―臨床家, 研究者, 教育者のためのセルフケアの問題. 誠信書房）

（岡本かおり）

第Ⅱ部
性暴力被害者支援の実際

【事例提示にあたって】

第Ⅱ部では，性暴力被害に遭われた方への心理支援について，さまざまな事例をもとに記した。事例は完全に架空の事例であり，心理支援の流れも架空のものであるが，筆者らが普段行っている面接の流れに基づいて書かれている。本書に書かれている支援が良い支援である，ということではなく，こういうことを考えながら支援を行うことが大切ではないか，と普段考えていることを書き記した。

ほとんどの章では，最初に事例を示し，インテークの様子，アセスメントで検討する点，その後の心理支援の様子，支援の際に検討する点や留意する点について述べる。事例は，被害直後の相談，発生から中長期が経過した相談，単回の被害の相談，継続的な被害の相談，刑事事件として手続きが始まるだろうという被害の相談，刑事事件となる可能性が低い被害の相談などさまざまであり，検討する点は，共通していることと異なっていることがある。そのため，重複して何度も書かれること，あまり書かれないことなどが存在する。

相談を受理する機関の設定はさまざまであるが，いずれも基本的には個別面接での対応を想定して記した。心理支援の事例であるために，文章の中では，来談した人（被害者）を「クライエント（心理面接に来た人）」という言葉を使っている場合がある。また，心理支援を行う人を「心理職」や「カウンセラー」，そのほか支援を行う人を「支援者」，犯罪被害者支援センターなど特定の場所での相談員は「相談員」といった表記を使用している。

クライエント一人ひとりの背景，性暴力被害の内容，そして被害後の精神的反応は多様であり，架空の事例で伝えきることはできない。また，本書は，性暴力被害における心理支援の基本的な内容を伝える目的で書かれているが，現実には，心理支援以前に，安全で安心できる生活のために，福祉や医療の支援が必要な事例は多い。そうした支援については，他のさまざまな書籍をご参照いただきたい。

心理支援は個別性の高いものであり，それぞれの施設や地域のリソースによって，可能な対応，難しい対応，さらに発展的に行うことのできる対応などがあると考えられる。本書の内容が，これから心理支援を実践する際の一助となることを願っている。

なお，架空事例ではあるが，インテークやアセスメント，心理支援について記すため，事例の概要も詳細に作成し記述している。もしも読んでいて気持ちが動揺したときには，本を閉じて，ゆっくりと休む時間を取っていただきたい。

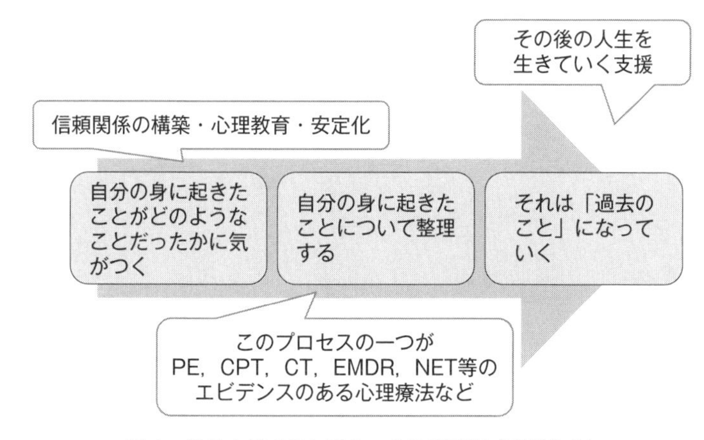

図１　性暴力被害のトラウマからの回復（齋藤作成）

【性暴力被害者への心理支援の全体の流れ】

性暴力被害のトラウマからの回復は，さまざまな道筋がある。心理支援を受けて回復していく方もいれば，本などを読んで自分の中で考え続けて回復していく方もいる。友人や家族，パートナーとの関わりの中で回復していく方もいる。そもそも，被害に遭ったということが消えるわけではないため，「回復」とはどのような状態かということも，難しい問題である。回復の姿も，一様ではない。

図１「性暴力被害のトラウマからの回復」に示したプロセスは，その回復の一つのプロセス，一つの姿を現している。

まず，被害を受けた人が，誰かに相談したり自分で考えたりして，「自分の身に起きたことがどのようなことだったかに気がつく」ということがある。それは暴力だった，それは犯罪だった，そう気が付くのは面接の中でかもしれないし，自分に家族ができた時かもしれないし，友人に相談した時や，たまたまSNSで性暴力被害についての書き込みを目にした時かもしれない。しかし，「それは暴力だった」と気がつくことでショックを受ける場合もあるが，「自分は悪くない」ということや，自分の傷つきに気がつくことの大切な一歩であることも多い。心理支援の中では，信頼関係の構築や，境界線や性的同意についての心理教育において，あるいは解離や情緒の不安定さがある場合には，グラウンディングなどである程度の安定化が行われる中で，プロセスが進んでいく。

そして，自分の身に起きたことが「暴力だった」「性暴力だった」と気が付いた後で，自分の身に起きたことについて整理するプロセスがある。このプロセスの一つが，トラウマ焦点化認知行動療法である持続エクスポージャー療法（Prolonged Exposure Therapy : PE）や認知処理療法（Cognitive Processing Therapy : CPT），認知療法（Cognitive Therapy : CT），ナラティブ・エクスポージャー・セラピー（Narrative Exposure Therapy : NET），子どものためのトラウマフォーカスト認知行動療法（TF-CBT），あるいはEMDR（Eye Movement Desensitization and Reprocessing : EMDR，眼球運動による脱感作と再処理法）といった，世界的にPTSDの治療において有効性が認められ，推奨される心理療法だと考えられる。これらの心理療法は，それぞれの方法を通して，クライエントが自分の身に起きたことを整理していくことを手伝う。もちろん，ソマティック・エクスペリエンスなど世界にはさまざまな心理療法があり，また，何か特定の心理療法を使わずにトラウマについて話し合っていくという方法もある。あるいは，心理面接などではなく，本を読んだり自分で考えたり，誰かに話したりして，整理していく人もいる。いずれにせよ，このプロセスは，決して平易なものではない。

それぞれの方法で起きた出来事を整理していき，「過去のこと」になっていく。しかし，たとえトラウマによる心身の反応がある程度治まったとしても，トラウマによる反応が収まったあとも，人生は続いていく。その人生を支えるための支援もまた，大切であると考えられる。

また，図2「性暴力被害者への心理支援」は，支援の全体の流れを簡易に図示したものである。もちろんこのプロセスどおりに進むわけではなく，心理教育だけで回復していく人もいれば，トラウマに焦点を当てた介入は必要ない人もいる。しかし筆者が普段行っている面接を整理すると，こうした流れを示すことができる。

まず，心理面接を開始するときに，被害を受けた人が安全な環境にいるか，安心できる状況が整っているかは大切である。心理面接開始時にはそれが整っていない場合には，面接のプロセスの中で，安全・安心な環境を整えていくことが優先される。そのためには，法的な支援や生活支援などが必要な場合もある。貧困や暴力的な環境での養育など，安定した生活を整えることが難しく，さまざまな連携が必要なことも少なくない。

心理職は，はじめは信頼関係を築くこと，心理職との関係の中で安全だと感じてもらえるように努める。心が傷ついた状態のクライエントにとって，心理職との関係を安心できる場だと感じてもらうためには，トラウマの影響を理解し，クライエントを人として尊重すること，侵襲的にならないこと，クライエントの意

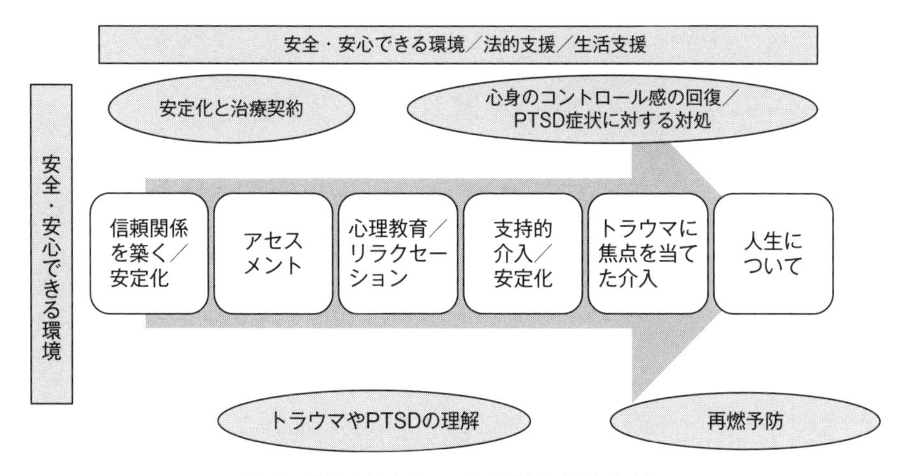

図２　性暴力被害者への心理支援（齋藤作成）

思を尊重することなど，基本的かつ繊細な配慮が必要になる。

その後，アセスメントと心理教育，リラクセーションの段となる。この点については，すでに第Ⅰ部の第５章・第６章で説明を行っているが，アセスメントと心理教育はセットで実施されることも多い。アセスメントや心理教育は，クライエントが，クライエント自身の状態を理解していくプロセスでもある。

その後，クライエントの状態に合わせて面接を行っていく。現実的な問題を解決していく支持的な介入で回復していく方もいれば，解離の状態が強く，解離のコントロールのための面接を行っていく方もいる。また，トラウマに焦点を当てた介入が必要になる方もいる。その方の状態に合わせた面接を行っていく。

PTSDやうつ病といったトラウマの反応がある程度落ち着き，記憶に振り回されることなく生活を送ることができるようになったとしても傷つきがなかったことになるわけではなく，その後の人生は続いていく。クライエントが，クライエントにとっての人生を送っていくことができるように支援を考えていく。

すべてがこのように進むわけではないが，こうした回復のプロセスや心理支援の流れがあることを念頭に置いていただくと，この後の事例の流れも理解しやすくなるかもしれない。

（齋藤 梓）

トピック⑨

EMDR と性暴力トラウマ

［公益社団法人被害者支援都民センター　公認心理師・臨床心理士］新井陽子

性暴力とは，性を手段とした暴力のことであり，「本人の意に反した性的な言動」である。「嫌だ」と言ったときだけでなく，「嫌だ」と言えない，断れない，逃げられない，応じざるを得ないといった状況も含まれ，覗きや盗撮など本人が気づかないうちに起きる性被害もあれば，写真を撮る，ポルノや性行為を見せるなどの非接触性暴力もある。睡眠中またはアルコールや薬物等の影響で，判断力が低下している状況での性的言動も性暴力であり，本人の意思が尊重されないすべての性的な言動を指す（野坂，2019）。このような性暴力は，見知らぬ第三者から受ける被害もあるが，実は知り合いである加害者から被害に遭うことが少なくない。その場合，単回より複数回の被害に及ぶことがある。なぜなら，性暴力は単に快楽の搾取目的だけで行われるのではなく，支配関係があり，加害者と被害者の間に圧倒的な力の差――つまりそれは権力であったり，体力であったり，年齢であったり――がある中で，被害者が助けを求められない状況が発生するからであり，その結果，その被害が継続されやすい。

性暴力後のトラウマ治療に適した心理療法の一つに EMDR がある。EMDR とは，「Eye Movement Desensitization and Reprocessing」の略で，日本語では「眼球運動による脱感作と再処理」と訳される。EMDR は，アメリカの臨床心理士である Francine Shapiro が 1989 年に開発した心理療法である。トラウマ性の記憶にまつわる感情の負荷を下げ，脳内で停滞していた否定的な自己認知の修正と，不快な身体感覚の消去を再び促すために，両側性の「眼球運動」を実施することが特徴である。いくつもの国際的な精神保健医療に関するガイドラインによって PTSD に対する有効性の高い治療法として推奨されている（井上，2016）。セラピストの指を追って左右に眼球を動かすこのユニークな治療法は，Shapiro 自身が公園で考え事をしていた際に，自身の目が素早い往復運動をした後，悩みがすっきりしていたことに由来している。

また，性暴力被害によるトラウマ治療によく用いられる心理療法に PE 療法がある。PE 療法は，事件や事故，災害などの「単回性のトラウマ（ビッグ T）」やもっとも影響力のあるインデックストラウマの恐怖と PTSD 症状を扱うことを得意としており，高い治療効果が認められている。一方で，生活上の困難や虐待のような長期にわたる「複雑性トラウマ」（スモール t）はプロトコルの構成上，少々扱いづらい側面がある。それに対して，EMDR は人生の早期からのさまざまな出来事による複数のトラウマ体験を，順を追って扱うことが可能であり，複数回にわたる性暴力，たとえば性的虐待や DV などを扱いやすいという利点がある。

EMDR の臨床的効果を示すモデルは，「適応的情報処理モデル」と呼ばれている。

EMDR で用いられる両側性の刺激は，脳内で処理が滞っていた否定的な情報を，より有益で適応的な情報と結び付けることを助け，本来あるべき記憶のネットワークに安全に統合されるように働きかけると考えられている。両側性の刺激によって，これまで思い出せなかった詳細部分や全体像，実は助けてくれた人の存在や自分が成し得たことなどが自然と思い出されていく。そして両側性の刺激は，振り子のような役割で，否定的な情報と適応的な情報の間を行ったり来たりしながら，バランスよく全体を統合していくと考えられている。その結果，安堵したり，自分を認められるになったり，世の中の見え方が変化したりと，否定的な世界から適応的な世界へ視線を向けられるようになっていく。このようなプロセスを EMDR では「適応的解決」と呼んでいる。

EMDR の標準的なプロトコルは，①生育歴・病歴の聴取，②準備，③アセスメント，④脱感作，⑤植え付け，⑥ボディ・スキャン，⑦終了，⑧再評価と 8 段階から構成されている。両側性の刺激は④〜⑦で実施される。

EMDR の治療を成功させるコツは，すぐにでも両側性刺激のワークを期待するクライエントと共に，焦らず十分な準備を進めることにある。適応的な情報処理が行われるために，クライエントの生育歴を知ると同時に，リソースをより多く聞き出し，さらに正しい情報を伝える心理教育を実施し，より適応的なつながり先を準備しておくことが成功のカギとなるからである。クライエントは，記憶のネットワークが分断してつらい状態が続いているが，両側性刺激を通じて記憶の点と点がつながり，適応的なネットワークが拡大していくことで苦痛が和らいでいく。そして全体像としての自分自身を落ち着いて眺めることができるようになり，安心と自信を取り戻すことができるのである。

性暴力と一口に言っても，その体験はさまざまである。単回性のものもあれば長期的に繰り返し被害に遭ってきたものもある。そのため，セラピストは，画一的な心理療法を提供しクライエントにそれを合わせてもらうのではなく，クライエントの体験や状態に合わせた心理療法を選択し提供することが望ましいだろう。

なお，EMDR の実施には，日本 EMDR 学会が主催するトレーニングを受講し，コンサルテーションを受ける必要があるので留意されたい。

参考文献

井上直美（2016）Part2 眼球運動による脱感作と再処理法．（野呂浩史編）トラウマセラピー・ケースブック―症例にまなぶトラウマケア法．星和書店．

野呂浩史編集（2016）トラウマセラピー・ケースブック―症例にまなぶトラウマケア法．星和書店．

野坂祐子（2019）トラウマインフォームドケア―“問題行動”を捉えなおす援助の視点．日本評論社．

フランシーヌ・シャピロ（市井雅哉監訳（2004）EMDR―外傷記憶を処理する心理療法．二弊社）

事例 1

○単回性の被害・女性・加害者は見知らぬ人

ここから事例に入るが，前ページに記したようにこれは複数の事例をもとに作成したものである。事例 1 は単回の強制性交等罪の被害者によくみられる特徴が記されている。読者に被害者支援の初心者を想定し，被害者の経験した事件，その後の状況や心情が伝わるように詳述した。主な支援機関は筆者が勤務する民間被害者支援団体（都民センター）とした。このような事例に慣れていない場合は，休憩を取るなどして各自のペースで読み進めてほしい。

1．事件のあらまし

A さんは文系の大学を卒業後，家具メーカーに就職して 2 年目，都市部で一人暮らしをしていた。職場では初めて学ぶことばかりで戸惑いもあったが，元来，負けず嫌いで社交的な性格もあって，家具販売業は天職かもしれないと思い始めていた。社内の研修制度を使ってインテリア・コーディネーターの資格取得を目標に充実した日々を過ごしていた。ある日，仕事から帰宅し就寝しようとしていたところ，ベランダから犯人が侵入。刃物のような物を突き付けて脅し，服を脱ぐように言ってきた。A さんは頭が真っ白になり，恐怖しか感じなかった。

「何？　なにこれ？！」「何が起こっているの？！」A さんの頭は疑問符でいっぱいになった。何で知らない男が目前にいて自分が脅されなくてはならないのかわからなかった。「レイプされるんだろうか，それだけは避けたい」と願った。何かできないかと必死に考えたが結局何もできず，犯人の言うことを聞くしかなかった。「この後，殺されるかもしれない」「痛い思いはしたくない。ともかく，怒らせちゃいけない」と思った。覆面をしている犯人の声に心当たりはなかった。ドスのきいた声を聞くだけで膝が震えた。犯人は体格もがっしりしており，どうやっても逃げられそうになかった。写真や動画を撮られた後，とうとう強制的に性器を挿入された。事を終え，身支度をした犯人は「また来る」と言い置いて出て行った。A さんはドアの閉まる音を聞いたが安全なのか危険が続いているのかわからず，呆然としてしまった。しばらくして「また来る」という犯人の言葉を思い出し，写真や動画の流出も怖くて慌てて110番通報を行った。

警察はすぐに来てくれた。主に対応してくれたのが女性警察官だったのでホッとした。簡単に事情を聞かれた後，産婦人科に連れて行ってくれ，診察と身体に残っていた証拠を採取された。その後,家に戻って実況見分と証拠採取を行った。最後に警察署に移動し，話したことが書類に作成されて内容を確認した。とても長い夜になり既にへとへとだったが，自宅が事件現場だったので一人で過ごすのは危ないとなって，その日は警察が用意してくれたホテルに泊まった。もうあの家では寛げない，一人で入れないと思った。ホテルには3日くらいいた。安心して過ごせたがずっとそこにいる訳にもいかず，友人宅に身を寄せた後，一旦，田舎に帰ることにした。警察は思ったよりも優しくて，今やっていることは何で，何のためにしているのかを説明してくれた。警察で嫌な思いはしなかったが，事件が強烈過ぎて何も感じなかったのかもしれない。

2. 成育歴と過去のトラウマ歴

A さんは父方祖父母，父母，弟の6人家族の長女として育ち，大学進学を機に都内で一人暮らしを始めた。祖父は高校生のときに病死した。小学校，中学・高校と特に問題やトラブルはなかった。中学生のときに少し仲間外れのようなことはあったが，誰にでもある種類のものだった。大学では都会の一人暮らしを楽しみ，文系出身で専門ではなかったが好きな家具メーカーに就職した。インテリアの勉強をして資格を取得し，キャリアアップをしたいと考えていた。これまでに特記するようなトラウマ的出来事はない。

3. 家族構成と周りのリソース

A さんの田舎は都心から3，4時間かかる関東圏にあり，両親（会社員，兼業農家），祖母（在宅），弟（高3）の5人家族である。家族仲は普通だが，A さんは高卒後に都心に出たため，長期休暇以外で実家にいるのは違和感があった。両親は過保護でも冷たい方でもなく普通だと思う。いろいろと心配していたはずだが，普段どおりに接してくれて，それがありがたかった。母親は会社を早退したり休んだりしてできるだけ一緒にいてくれた。父は本当は戻ってきてほしいようだったが遠慮したのか何も言わなかった。祖母には詳しいことは伝えていないが，人間関係で東京が嫌になってしまったと思ったようだ。弟は高校3年生で自分のことで精一杯，大学受験に向けて頑張っていた。

事件のことは，両親以外では大学時代の親友に話した。同じように田舎から出てきて，都心で一人暮らしをしているので，気持ちをよくわかってくれた。事件直後も泊まらせてくれたり，どうしても落ち着かない時は頼めば泊まりに来てくれる。大学時代の恋人とは就職してから生活のペースが異なり，自然と別れてしまった。現在，付き合っている人はいない。

4. 現在の安全

やりたいことは東京にあるし，田舎に戻るつもりはない。犯人はすぐに逮捕されなかったので，職場近くのセキュリティがしっかりしているマンションに引っ越した。前の住まいは自分で探して，職場からほどほどの距離で商店街も良い感じ，カフェや飲食店，お気に入りの居酒屋もあって好きな街だった。引っ越しとなり本当に残念だし，悔しい。せっかく溜めた貯金が引っ越し費用で消えてしまったのも痛いが，犯人に知られている場所に住み続けることは考えられない。当時の自分は使い物にならなかったから，荷物を詰めたり運んだりする作業のほとんどを家族と友人がやってくれた。自分一人では引っ越しできなかったと思う。

5. 職場の理解とその後

ともかく前に進もうと思い，事件の2週間後には職場復帰した。実家から戻った後は友人宅から職場に通い，引っ越しの準備をした。警察に行ったり，実家に帰ったり，引っ越しの準備などで有休は全部使ってしまった。事件のことは直属の上司と会社の上層部のみが知っている。同僚は体調不良かメンタルの不調で休んでいたと思っているだろう。復帰後，接客ができそうになかったのと，犯人が捕まっていなかったので万が一を考えて，裏の仕事に回してもらった。しばらくは単純なことが覚えられなかったり，頼まれたことを忘れてしまうなどのミスが続出した。もともとPCは得意だし電話応対も苦手ではないのに，別人になってしまったようでショックだった。身体も疲れやすく，家に帰るとぐったりしていたが，徐々に集中できる時間が増え体力も戻ってきた。それとともに残業したり，友達と飲みに行ったりと忙しくして，疲れ果てて眠る感じにした。ともかく睡眠がとれるようになったし，事件を考えずに生活できる術を見つけたように思った。

6．容疑者逮捕によるトラウマ反応の顕在化

半年も経つと事件を思い出すことはなくなり，仕事に打ち込めるようになった。自分は良くなっていると思えたし，時間が経てばもっと良くなると信じていた。事件から9カ月程経ったある日，別件で逮捕された容疑者のDNAが一致し，犯人が検挙されたと連絡が入った。その後，検察庁に呼ばれ，久しぶりに事件の詳細を思い出さなくてはならなかった。捜査検事の質問には覚えている限り，しっかりと答えたと思う。でも，その後，事件直後かそれ以上に具合が悪くなってしまった。

些細な物音でビクっとし，すぐそばに男性が立ったりするとパニックになり，トイレに籠ってしばらく気持ちを落ち着かせないと人前に立てない。夜はなかなか眠れず，ようやく寝付いても小さな物音で起きてしまう。また，事件に関係する悪夢も見るので眠るのが怖くなってしまった。そうなると朝になっても疲れが取れず，遅刻や欠勤が重なって，理解していた上司も「具合が悪いなら，しばらく休んでじっくり治してはどうか」と口調が変わってきた。自分でも休職した方がいいかもしれないと思うが，収入が減って一人暮らしができなくなると思うと休職したくないし，休んだ後にちゃんと復職できるのかが心配である。それに休職したら家に独りでいることになり，それで良くなるとは思えない。

最近，母親が何日か泊ってくれたが，母にも仕事があり，受験生の弟も高齢の祖母もいるので，何日も家を空ける訳にはいかない。ひどいときは友達にお願いして泊まりに来てもらうが，彼女にも生活があるので頻繁には頼めない。今の家は安全だと頭ではわかっているが，何かの拍子に急に怖くなって，戸締りを何度も確認したり，誰か隠れていないか部屋の扉を開けて回ったりして，気が休まらない。自分はどうなってしまったのか，ずっとこのままなのかと思うと不安で，どうしたらいいのかわからない。

7．なぜ，トラウマ反応が顕在化したか

何の前触れもなく自宅で性犯罪に遭ったAさんの生活は一変した。事件直後から警察の捜査に協力し，ホテルや友達の家に泊まったり，実家に戻ったりと落ち着かない日々を過ごした。幸い，周囲のサポートにより短期間で引っ越しすることができ，職場復帰を果たした。職場では内勤になったことで，安心して勤務を続けられたが，トラウマ反応によって集中力が低下していたAさんにとって，新しい業務を身に付けることは負担だっただろう。しかし，持ち前の頑張りで仕

事にも慣れ，安定した生活を取り戻し始めると，記憶が蘇る隙を与えないかのように予定を詰め込んだ。そもそもトラウマ反応がなければ，接客業を回避する必要はなく，忙しく過ごして倒れるように眠る必要はない。A さんは生活に回避を組み込んで，平穏な暮らしを取り戻そうとした。回避は短期的には有効な対処法となるが，長期的に考えると回避し続けることが難しくなりトラウマ反応が顕著になるか，生活の幅が狭くなって社会的に支障が出ることが多い。

引っ越し後の生活が軌道に乗り始めた頃，犯人逮捕の連絡が入る。犯人が逮捕された場合，48 時間以内に検察官に送致されなければならず，以降の司法手続きは検察庁に場を移す。検察官は起訴して刑事裁判で罪を問うか，不起訴として不問に付すかを判断するため，被害者に事情聴取を行うことがある。A さんの場合も改めて検察官に事件の詳細を話さなければならず，もはや事件に関する記憶を回避することができなくなって，トラウマ反応が顕著になったのだった。

このように犯人逮捕や裁判の終了，月日が経ってから思い切って被害届を出したなど，司法手続きとしては進展といえる状況において被害者のトラウマ反応やうつ症状が強くなることがある。ここで何が起こっているのか A さんの立場になって振り返ってみたい。

A さんは自分なりの方法で事件を思い出さない工夫を巡らせ，回避によって生活の再建を試みた。しかし，犯人検挙によって（A さんの意図とは無関係に），検察庁で事件について詳細を話す必要にせまられた。もちろん，それは被告人が刑事裁判で裁かれる可能性が高くなったことを示し，被害届を出した A さんにとっても望ましい状況である。A さんも覚悟を決めて検察庁に出向き，事情聴取に臨んだことだろう。しかしその後，トラウマ反応が被害直後かそれ以上に強く現れてしまった。これには A さんも驚いた。

犯人が捕まり有罪が確定して刑務所に入れば，被害当事者のメンタル上の問題は解決すると多くの人が考えるだろう。しかし，実際は A さんのように刑事手続きの進展によってトラウマ反応が顕著になることも珍しくない。事件によって被害者の生活は一変させられたが，その後，なんとか気持ちを立て直し頑張ってやってきた。それなのに，なぜまた具合が悪くなるのか。これまでの努力は何だったのかと，やるせなくなり不安が高まったとしても無理はない。

A さんは会社の近所に住み職場と自宅を往復し，忙しく過ごしては疲れ切って眠れるなど，事件に纏わる記憶が入り込む間もないように暮らしていた。このような回避をとっていたことから，A さんにはトラウマ反応が継続してあり，それを力業で出てこないように組み伏せていたと推測できる。そこに，検察庁での事情聴取という司法手続きの圧力が加わり，A さんの意思とは無関係に性暴力の詳細（事件の記憶）を想起「させられた」。そのことで，A さんが慎重に避けてきた，恐怖や不安，性犯罪が持つ独特の羞恥心や穢れ感も蘇ったかもしれない。A さんの念願の犯人逮捕は，図らずも性暴力被害に近い構図となり，それがトリガーとなってトラウマ反応が強まったと考えられる。

なお，このケースでは検察庁での事情聴取がきっかけでトラウマ反応が顕著となったが，司法手続きや性暴力に無関係なものがトリガーとなる可能性もある。たとえば，友達の紹介で付き合い始めた男性が，A さんのペースに頓着せず性急にアプローチをかけてきた，販売の接客業に戻った際，ある顧客からハラスメント的な振る舞いをされた，あるいは事件から 1 年たったときのアニバーサリー（記念日）反応によって，などである。トラウマ焦点化認知行動療法でいうところの「未処理の記憶」が消化されずそのまま残っている限り，トラウマ反応はいつ表出してもおかしくないのである。

8. 支援機関にどうつながったか

犯人が逮捕されたのに具合が悪くなってしまったことに動揺した A さんは，自分なりの方法では良くならないかもしれない，対処の仕様がないと焦りを覚えた。そして，事件直後に受けた警察でのカウンセリングを思い出した。あのときは話を聞いてもらうより，生活の立て直しが大切だと断ってしまった。もう一度連絡を取って会ってみると，カウンセラーは嫌な顔一つせずに話を聞いてくれたが，症状が強くなっているので専門のカウンセリングを受けた方がよいと都民センターを紹介された。以前も，リーフレットをくれたそうだが覚えていなかった。警察のカウンセラーに，ここではこれ以上できない，専門のカウンセリングが必要と言われたのはショックだったが，同じような症状を持った被害者が何人も都民センターのカウンセリングを受けて良くなったと聞いて興味を持った。「ひょっとしたら，自分が弱いせいではなく，これはこのような状況に落ち入った多くの人に生じる反応なのか。だったら，今度は断らずに専門的なカウンセリングを受けてみよう。必要なら休職もしよう」と考えた。ただ，出来事を最初から話してもっと具合が悪くなったら……と思うと心配だ。カウンセラーにそう伝えると，事前に警察から都民センターに事件の概要と今困っていることを伝えておくと言ってくれた。そして，最初の相談日時を調整することもできるという。A さんは思い切って相談してよかった，新しい場所に行くのは不安だが，一緒に行ってくれると聞いて安心だと思った。

9. 警察の心理職（警察本部被害者支援室）より

Ａさんとは担当捜査官から連絡を受けて会った。非常に疲れやすく，長時間話せる状態ではなかったため，事情聴取は何回かに分けて行ってもらった。当時は緊張と警戒心が強く，小さな物音にも飛び上がる勢いで反応していたが，反面，ぼーっとすることも多く，質問を何度か繰り返す必要があった。典型的な急性期のトラウマ反応が散見されたが，友人や家族が常に一緒にいるなどして彼女の支えとなっていた。事情聴取では能面をつけたように無表情となり，淡々と話したと聞いている。1カ月後にもう一度会ったが，引っ越しによって事件地から離れたことで，生活の立て直しが進んだようだった。親身になってくれる友人の存在も大きく，警察のカウンセリングには消極的だった。トラウマ反応やリラクセーションに関する心理教育を行い，支援機関のリーフレットを渡して支援終了とした。

9カ月後，別件被疑者からDNAが検出され犯人逮捕となった。検察庁での事情聴取を受けた後トラウマ反応が強くなり，驚いた本人が連絡をしてきた。不意に事件の記憶が蘇える，恐怖と不安が強い，入眠困難・中途覚醒・悪夢を見る，男性全般が苦手になって仕事に支障が出るなど，生活面での影響が大きくなっていた。職場が徒歩圏なのでわからなかったが，公共交通機関の使用も難しいようだ。都民センターでのカウンセリングを勧めたところ，「治るのであれば相談したい」と言っているため，早いうちに心理職による面接を開始してほしい。初回は被害者支援室で送迎と引き合わせを行いたい。

10. インテークの様子

都民センターでは通常，相談員２名によるインテークを行う。相談員は被害状況や生活上の困難を聞き取り，被害者のニーズをアセスメントし，刑事手続きの有無を勘案し全体的な支援計画を立てる。具体的には検察庁や弁護士事務所，裁判所などの関係機関に同行する直接的支援，東京都から委託を受け経済的支援の申請窓口業務を行う。被害者等がカウンセリングを希望する場合，または相談員が心理的支援が必要と判断した場合，相談員のインテーク後に心理職によるインテークを行うこともある。

警察本部被害者支援室がＡさんに都民センターの説明をしてあり，都民センターへも事件に関する情報提供があったため，インテークはスムースに進んだ。Aさんの場合，刑事裁判が予想されたため，相談員は裁判の流れや都民センターが行う裁判支援についての説明をした。最後に，担当相談員2名と心理職1名の3名のスタッフが，Aさんが刑事手続きをやり抜き，メンタル面の課題を乗り越えるお手伝いをすると伝え，相談電話とメールの使用方法を説明した。Aさんは「家族や友人はいつも気にかけてくれるけど，お互い気を遣って事件の話は一切しない。いつでも心配なことは相談できるかと思うと安心だ。まだよくわからないけれど，ときどき相談すると思う」と硬い表情ながらホッとした様子も見せた。相談員は心理職を招き入れた後，退室した。

Aさんと心理職は二人きりになると改めて挨拶を交わし，心理面のインテークを行う理由を説明して，Aさんの了解をとった。面接の最初に記入してもらったIES-R（改訂出来事インパクト尺度日本語版）は56点であり，カットオフ（24/25点）を考えてもトラウマ反応が強く表れていることが推察された。Aさんは短めのストレートヘアで化粧っ気がなく，トレーナーに綿のパンツスタイルという服装で一見すると高校生のようにも見えた。後で聞いたところでは，以前は明るい色のスカートやヒールを組み合わせてお洒落をすることが好きだったが，今は目立たない色の服装の方が安全だし，お化粧をしても意味がないように思い，しなくなったという。

心理職は，相談員は生活や裁判に関することを担当し，検察庁や弁護士事務所，裁判などに同行するが，心理職はセンター内でカウンセリングを行うこと，カウンセリングは予約制で大体1回60分程と説明した。そして，警察のカウンセラーから，Aさんは自分なりに工夫して事件の影響が出ないように過ごしていたが，犯人検挙以降トラウマ反応が強く出てしまい，自分ではどうにもできないと感じ，一日も早く元通りになりたいとカウンセリングを希望したと聞いていると伝えた。Aさんは「そのとおりです」と言葉少なに頷いた。心理職は，Aさんはトラウマ反応に悩まされながら，自分からカウンセラーに連絡をとって都民センターに繋がってここに来たことを労い，早速心理教育をスタートした。

性犯罪に遭うとトラウマ反応が残りやすくPTSDになる人もいる。PTSDとなると時間が経過してもなかなか症状は消失しないため，専門的なカウンセリングを受ける必要があるが，エビデンスの高いプログラムが確立されている。専門的なプログラムを受けなくても通常の面接でできることもあるので，もう少し話をうかがって，よければ後日，事件による影響（トラウマ反応）を詳しく調べ，その結果を見ながらトラウマ反応を減らす方法を一緒に考えていきたいと思う。心理職の説明にAさんは「はい」「はい」と礼儀正しく頷きながら真剣な面持ちで聞いていたが，時折，集中力が途切れるようで，束の間，ぼーっとしたり，内容を聞き返すことがあった。

心理職は，今は全部理解しなくても大丈夫であり，わからなかったらいつでも質問してよいと伝え，話したことが書かれているリーフレットを後で渡すと伝えた。そして，話せる範囲でよいので，Aさんが被った事件のことや今の状態，困っていることを聞かせてほしいと言った。Aさんは事件については淡々と口早に語り，トラウマ反応については感情が抑えられた口調ではあったが詳細に時間をかけて話した。

心理職は「Aさんは安全なはずの自宅で，命の危険を感じるような暴力的な出来事に遭遇した。そして，自分の力でその出来事を乗り越えようと頑張ってこられた。今，生じているトラウマ反応は，そのような体験をした人に起こりやすい反応で，時間が経ってから強く出ることも珍しくない」とノーマライゼーションをした。同時に，「よく生じるからといって，その状態が決して楽というのではなく，生活のかなりの部分に影響が生じて恐怖や不安はなかなか薄れない。そのため，今のAさんはとても辛く，苦しい状態にいると思う」と伝えた。するとAさんはそれまでの硬い表情から打って変って「これまで一生懸命，早く元通りになろう，自分は大丈夫だって言い聞かせてきたのに……。もう安全なところはないみたいで……」と大粒の涙をこぼして号泣した。

心理職はAさんにティッシュを渡すなどして静かに寄り添い，感情の爆発のような大量の涙が収まるのを待って静かに話し出した。「事件に遭っただけでも大変だったのに，Aさんは事件を忘れて生活を取り戻そうとすごく頑張られた。ようやく犯人が捕まって，これでもっと良くなると思ったのに実際は辛くなった。こんなに苦しみが続くなんて思いもしないし，良くなったと感じていたところだったから，ご自分でも驚いたことでしょう。ひょっとしたらすべてが腹立たしく思えて，落胆したかもしれませんね」Aさんは疲れたように頷いた。「こんなに悔しく，悲しい気持ちになるなんて。何だか涙が止まらなくなってしまって……すみません」と再びこみ上げてきた涙をぬぐった。

心理職は続いて「自分に何が起こっているか理解することが回復の第一歩と言われています。今日は，自分で気づいているトラウマ反応を確認できました。そして，悔しい，悲しいなど自分の気持ちに気付いた。これは大きな第一歩だと思います」とリフレイミングした。加えて「性暴力・性犯罪の被害に遭うことは，強制的に“させられた”体験。ですから，回復のプロセスでは自分の意思を大切に“自分からやってみる”“納得して選ぶ”ことが大切といわれています。今日，都民センターにいらっしゃったことを含めて，A さんは試行錯誤しながら，既に回復の道程を歩み始めていらっしゃるのだと思います。私達にも，ぜひそのお手伝いをさせてください」と伝え，A さんの事件後の取り組みとカウンセリングを受けようと，ここに来たことに敬意を示した。最後にトラウマ反応に役立つリラクセーションとして，呼吸法を説明し一緒にやり，実際にできていることを確認して終了した。

11．インテークの留意点

相談員のインテーク後でもあり，被害者の集中力も低下していることを考えると，一度にいろいろと聞き過ぎない，長時間の面接をして疲れさせない，カウンセリングで役に立つ何かを持って帰ってもらう（トラウマに関する心理教育，リラクセーション法）などの配慮が必要である。

最低限，確認しておきたいこととして，成育歴や発達上の特性，その他のトラウマ歴，精神科・心療内科の受診歴や既往歴，睡眠障害の程度やうつ症状の有無，自傷行為や希死念慮などがある。医療機関を受診していない場合はその必要性について検討する。性化行動やその他の自己破壊行動，摂食障害や物質依存の有無，自殺の危険性なども確認したい。しかし，すべての情報を一遍に収集しようとするとクライエントの負担となり，せっかく繋がった絆が切れてしまいかねない。ラポールの形成や治療同盟の構築といった臨床の基本からしても気を付けたいところである。加えて，被害当事者は他者や社会全体への信頼を失っている状態であることも覚えておきたい。

肯定的な質問により被害者のリソースを探すことも役に立つ。犯罪被害に遭う前の様子，身の回りで助けてくれる人の存在，少しでもホッとできる場所や時間について聞くことで被害者の健康度を推測できる。また，クライエントを傷つけないようにとトラウマに触れることを避けてしまうと，いつまで経っても被害者が本当に困っている話題に近づけない。被害者支援の心理面接はトラウマに関する心理教育を行いながら常にトラウマと共に進むのである（第5章参照）。

被害者に解離や回避傾向があり，それらによって心の平穏を死守している場合，質問しても問題点にたどり着けないことがある。その場合は，心理教育を丁寧に行いつつ具体的な事柄を聞いていく。「事件を思い出させるようなものや場所，人や状況を避けたりしていませんか。これは回避と呼ばれるトラウマ反応の一つです。事件前はよくやっていたけど，事件後はやらなくなってしまったことはありませんか？」などと確認していく。公共交通機関を使用できるか，TVやネットのニュースを観られるか，夜間の外出ができるか，人間関係で変わったことはないか，などである。

ある例では家で襲われた女性がカーテンなしの生活を送っていたことがあった。常識的に考えると，カーテンを使わないで一人暮らしをしている方が危険と思われるが，「また襲われたとき，カーテンを引いていたら誰にも気づいてもらえないから」というのが彼女の主張だった。トラウマ体験によって安全と安心に関する認知のバランスが崩れてしまった例だが，本人はカーテンが閉まった状態を回避しており，カーテンを引かない方が安全だと考えていた。心理教育をしながら具体的な質問をするか，トラウマ焦点化認知行動療法を行うなどして認知が修正されない限り，この種の話題がクライエントから語られることはまずない。

インテーク面接において，どれだけ事件を語ることができるかも今後の面接の方向性を考えるうえで大事な指標となる。心理職は落ち着いた温かみのある態度を保ち，Aさんのペースで出来事について話してもらうよう促す。続いて，現在困っていることや将来の不安についても言語化してもらう。最後にリラクセーションを行い，ここに来れば役に立つ情報を得られる，何かしら希望が持てると思っていただくことも重要である。

睡眠障害が重篤であったり，自傷・他害行為，自殺念慮がある場合，医療機関の受診を検討したい。早急な受診が必要と判断された場合，本人の意思を確認しつつ，医療機関紹介の準備に入る。心理職は情報提供書を作成するための情報を過不足なく収集し，相談員は受診の予約が取れるように支援を開始する。

12. 経済面・生活の困難

相談員はAさんの経済面・生活の困難について確認をした。Aさんは一人暮らしではあるが，必要なときにはスポット的に家族や友人のサポートを受けられる状況にあった。これまでに入院や継続的な医療受診はしておらず，程なく職場復帰したこともあって，経済面や生活面の支援も必要ないと思われ，本人からの要望もなかった。しかし，事件の性質から再被害に遭う可能性が高く，引っ越しを余儀なくされていた。就職して2年目，20代の若者の収入を考えると，引っ越し費用の負担は大きい。犯人検挙後の症状悪化によって残業ができず休職の可能性もあり，翌月以降の収入減が心配された。そこで相談員は，東京都の転居費用助成の申請を提案した。

東京都では，殺人や性犯罪等の生命，身体の被害によって被害者等がそれまでに住んでいた家に居住することが困難になった場合，新しい住居への転居費用を助成している。犯罪被害者の特化条例を持つ自治体が増えているので，当該地域の自治体や支援団体に問い合わせてみるとよい。都民センターは東京都との協働事業で犯罪被害者等のための総合相談窓口業務を担っている。A さんの場合，ワンストップ的に転居費用の申請業務を進めることができ，転居費用に掛かった実費の助成を受けることができた（注：助成の金額や条件は自治体によって異なる）。

13. 警察との連携

全国の犯罪被害者支援センターは都道府県の公安委員会によって「早期援助団体」に指定されている。早期援助団体に指定されると警察との連携がスムースになる。警察が把握している事件のうち，支援が必要と思われる事案（刑事裁判が控えている，心理的な反応が強く生活に支障が出ているなど，事件の内容や被害者等の状況から判断する）において，警察は被害者等に支援センターの利用を勧めることがある。被害者等から了承が得られた場合，支援センターに事件概要と連絡先の情報提供がなされ，支援センターから被害者等に連絡を取ることができる（詳細は第７章「連携」参照のこと）。このケースでは警察本部被害者支援室のカウンセラーと A さんは面識があり，警察での心理的支援は A さんの意思で終了していたが，トラウマ反応の顕在を契機に A さんから再コンタクトがあった。カウンセラーは A さんの様子から専門的なカウンセリングの必要性を感じ，都民センターを紹介した。特記すべきは，リーフレットを渡して終わりではなく，情報提供の承諾を得て予約をとり初回の面接に同行するなど，被害当事者と支援機関が確実に繋がるように動いた点である。

14. 相談員インテークで明らかになったこと

- 犯人は別件で逮捕後，本件でも逮捕され身柄が拘束されている。検察によると容疑をほぼ認めており，起訴は確実である。しかし，一部，認めていない部分があり，A さんは刑事裁判で証言を求められる可能性があった。
- 検察庁には一度行き，捜査検事と話をした。検事とのやり取りに問題はなかったが，今後は親身になって側にいてくれる人がいたら心強い。

- 今まで弁護士に相談したことはない。機会があったら裁判のことを相談してみたい。
- 裁判で証言するとしたら，遮蔽やビデオリンクなどの配慮をしてもらえると聞いた。被害者参加制度を用いるなどできるだけのことをしたいが，負担になるのなら止めた方がいいかもしれない。今はまだ決められない。
- 別件逮捕の件とAさんの他にも被害者がいるらしく（余罪がある），裁判の開始は数カ月先になるかもしれない。
- 職場で仕事を続ける自信がない。体力的にも厳しいので休職を考えている。いざとなったら家族から経済的支援を受けられないこともないが，弟にお金がかかる時期だし迷惑をかけたくない。会社を休職する場合，傷病手当金で3分の2の給料が保障されるが，その際は医師の診断書が必要となる。

【アセスメントの観点】

Aさんは都心に進学し職業を持ち一人暮らしをするなど，自立心旺盛な女性である。見知らぬ加害者により家宅侵入，強制性交等罪の被害に遭ったが，自力で110番通報をし捜査に協力できる芯の強さを持ち合わせている。被害直後はその衝撃に呆然自失となり解離や集中力の低下があったが，家族や友人に助けを求め，職場の上司にも事件を伝えて配慮を求めるなどの援助希求行動がとれ，現在も早く良くなりたいと回復に意欲的である。

検察庁での聴取によってトラウマ反応が顕在化したが，これはトラウマの遅延というよりは，回避によって力づくで抑えていたものが表に出てきたと考えられる。被害者が裁判に関与する度合いはケースによって異なるが，刑事裁判が始まると被害当事者は事件と向き合わざるを得ない。心理職は相談員と連携して，被害者の状態をその都度アセスメントし，被害者が裁判をやり抜けるよう支えていく。

Aさんの場合，トラウマ反応としては強い恐怖や不安，フラッシュバック（悪夢，男性が近くにいるとパニックになる），過覚醒（睡眠障害，小さな物音に驚く，部屋の安全を何度も確認する），認知の変化（地味な洋服の方が安全，安全なところが無い），回避（公共交通機関が使えない，思い出さないように忙しくする）や解離（面接中にぼーっとする），集中力の欠如（何度も質問する），感情麻痺（事件について淡々と語る）があり，IES-R56点と高得点であった。本人の努力と周囲の配慮によって社会生活は保たれているものの，中程度以上のPTSD

症状を呈していると考えられる。

過覚醒による睡眠障害が継続していること，休職の可能性を考えても，今の段階でできるだけ早く医療機関受診を勧めたい。

15. 支援の方針

刑事裁判があるため，そのスケジュールを念頭に支援計画を立てる。被害者参加の有無を含めて被害者支援に精通した弁護士の紹介と弁護士事務所への付添い，検察庁との連携も必要である。同時に医療機関の紹介と受診をサポートする。対外的な支援はAさんの担当となった相談員2名が行い，心理職は医療機関への情報提供書の作成と心理面のサポートを行う。差し当たり，刑事裁判を前提に弁護士打ち合わせが進むと思われ，Aさんと相談員のやり取りは増える。相談員のリードで心理職の予約を入れてもらい，心理職は補足情報を取りながら情報提供書を完成させる。情報提供書に記載する内容ついてはAさんの了解を得ることは言うまでもない。

刑事裁判の日程次第となるが，裁判が数カ月先になる場合は裁判前にトラウマ焦点化認知行動療法（PE療法）を行うこともできる。Aさんは早く良くなって一人暮らしを継続したいと言っている。PE療法はクライエントの積極的な参加が不可欠なので，Aさんの「早く良くなって一人暮らしを継続したい」という意欲は重要である。

刑事裁判の開始が間近である，あるいはスケジュールが未定の間は，トラウマに関する一般的な心理教育とリラクセーションを行いつつ，支持的心理療法を継続し，Aさんがこの難局を乗り越えられるようにサポートする。

被害者にとって刑事裁判は大きなストレスがかかるものだが，被害者参加制度等によって被害者の権利回復の機会となる。同時に，被害者参加制度を使うかどうか，損害賠償請求の申請，意見陳述の内容一つとっても意思決定をせまられる。検事や弁護士など法曹関係者とのやり取りにストレスを感じることもあるかもしれない。検察庁や裁判所など建物に入るだけで威圧感を感じるのは筆者だけではないはずだ。被告人や被告人の弁護士の言動や裁判の成り行き，そして判決によっても大きく気持ちが揺さぶられ，メディア報道やSNSの影響も大きいだろう。この大きな荒波を潜り抜けられるよう相談員は被害者に付き添い，心理職は面接室でAさんの心に寄り添うことになる。

16. その後の介入

Aさんが刑事裁判に被害者参加を希望する場合，心理職は裁判が終了するまで，月に数回，支持的な心理療法のスタンスに立って，Aさんを支えていく。意見陳述に盛り込む内容を考えるとき，裁判所での証言リハーサルの前後，あるいは被告の弁護人や被告の言動によって，Aさんの気持ちが動揺したり怒りが湧き起こったり，PTSD症状が強く出ることが予想される。心理職はAさんの心情に寄り添い，機会を捉えては心理教育を行いリラクセーションを用いて，Aさんがやりたいことができるように支えていく。そして心理状態をアセスメントし，Aさんに負荷がかかり過ぎることがないよう，相談員との内部連携，検察庁や弁護士等と細かな連携を行いたい。

裁判終了後，心理職と被害当事者とで裁判を振り返る時間を持ちたい。どのような結果になったとしても被害当時者が判決に納得することは難しく，被害経験に見合った量刑などこの世に存在しないと語る被害当事者も多い。心理面接ではAさんが裁判に向き合った日々を振り返り，裁判を通してAさんが感じたことや考えたことに真摯に耳を傾けたい。そして，落ち着いたところで改めてPTSD症状のアセスメントを行い，状態によってはトラウマ焦点化認知行動療法（PE療法等）の実施を提案する。職場への復帰については経過をみながら医療機関や会社と連携し，AさんがAさんらしく暮らしていけるような支援を心がけたい。

17. 人生全体を考える視点

トラウマ的出来事に遭遇する前の社会適応がよく，その出来事が単回によるもので現在の安全が保障され，周囲に被害当事者をサポートする環境が整っている場合でも，被害当事者が元通りの生活に戻る道のりは容易ではない。しかし，トラウマ焦点化認知行動療法が実施できれば，PTSD症状のほとんどが消失する確率は非常に高い。レイプ，強制性交等罪という“魂の殺人”と表現される出来事に遭遇しても記憶が整理されれば，トラウマ記憶に振り回されず，自分らしい日常を取り戻すことができる。それはPE療法の堅牢なエビデンスが証明している（飛鳥井，2021）。では，トラウマ記憶に振り回されずに過ごせるようになれば，被害当事者の苦痛は減るのだろうか。

Aさんのような20代の若者は，人生における重要な選択・決定がいくつも控えている。このまま一人暮らしを続けるのか，パートナーと出会って一緒に暮らすようになるのか。結婚や妊娠，出産と子育てが待っているかもしれない。休職が明けて職場復帰したAさんを待っているものは何であろう。PE療法を終えた後，クライエントは具合が悪いときは諦めていた人生の目標をしばしば再開させる。資格の取得や留学，転職や職場での昇進，恋人との結婚，出産と子どもの成長……折に触れ，喜ばしい連絡をもらうこともある。

一方，PTSD症状は消失したものの，新たな問題に気づく人もいる。たとえば，目上の人や会議で意見が言えない。友人同士であっても否定的なコメントができず，気が進まない誘いを断われない。もともと性的な行為に違和感があり，性の同意・不同意さえ考えたくない。子どもは欲しいけれど，男児を授かった場合，どうやって育てたら加害者にしないですむだろうかと思うと子育てをする自信がない，などである。PTSD症状がなくなったとき，今まで症状に圧倒されて気づかなかった問題が見えてきたり，過酷なプログラムを終えて骨太になったクライエントがもともと持っていた人生の課題に気づくこともある。筆者はPE療法を終えた際，意見を言えない，あるいはノーが言えない若者にはアサーショントレーニングや一般的な性教育を追加することがある。都民センターは犯罪被害者支援に特化した相談機関なので事件の影響以外の心理的支援を提供することはできない。そのため，人生の課題や家族の問題，トラウマ由来ではない症状については，カウンセリング機関を紹介したり，メンタルクリニックなどの医療機関に繋ぐこともある。これはあながち悪いことではなく，性暴力のトラウマについて相談を重ねてきた支援機関とは別れて，自分自身や家族，人生のことは新しい場所で取り組むというのも一つの区切りとなってよいだろう。

引用文献

飛鳥井望（2021）第1章　わが国におけるトラウマ治療の展開．（亀岡智美・飛鳥井望編著）子どものトラウマとPTSDの治療―エビデンスとさまざまな現場における実践．誠信書房．

（岡本かおり）

事例 2

○継続的な被害・女性・加害者は親族

事例 2 では，親族から複数回の性暴力被害に遭い，被害後時間が経ってから相談機関に来所した女性の架空事例について，経過を記しながら，民間のカウンセリング機関における支援のプロセスを追っていく。被害を受けた人は B さん，20 代女性であり，加害者は叔母であった。

1．事件のあらまし

B さんは，子どもの頃，両親と弟との 4 人で，都市部に暮らしていた。お正月やお盆には，離れた地域に住んでいる父方の祖父母の家に，数日泊まりに行くことが，毎年の恒例行事となっていた。祖父母の家には，父の年の離れた妹，B さんにとっての叔母がいた。叔母は，B さんにとって，遊んでくれるお姉さんという存在だった。

小学生のころ，お正月に祖父母の家に行き，叔母と叔母の部屋で遊んでいるときに，衣服の中に手を入れられ，性器を触られたことがあった。B さんは，気持ちが悪く，いつもと様子の違う叔母を怖いと感じたが,「秘密の遊びだよ」と言われて誰にも相談できなかった。叔母は，そのとき以外は，それまでと同じように楽しく遊んでくれる優しいお姉さんだった。

その後も，お正月やお盆に遊びに行くと，キスをされる，性器を触られるなど性的な接触が続いた。しかし自分が小学校高学年になるころには，叔母は就職し家を離れていて，お正月やお盆にも帰ってこなくなった。中学生に上がるころには，部活があるといって，B さんも祖父母の家に行く回数自体を減らした。高校生の頃に両親が離婚し，母親と弟と三人で暮らすようになってからは，父方の親族に会うことはなくなった。

中学生の頃には，だんだんと，その行為が性的なことだったということに気付き始めていたが，学校でのいじめや，両親の不仲など次々に起こる生活上の問題に対応することで精いっぱいで，考えないようにしていた。女性同士だし，何かのいたずらだったのかも，忘れよう，思い出してはいけない，と思っていた。しかし年上の女性には嫌悪感があり，特に叔母に似ていると感じる女性の先生の授業には集中できなかった。人に触られたり，友達に抱き着かれたりすることも嫌だった。交際相手から触られたときには，世界に膜がかかる感じがして，何も感じなかった。高校生の頃にはリストカットなども見られたが，母親は自分たちの離婚が子どもにストレスを与えているのだと考えているようだった。Bさんも，なぜ自分がこのような状態になっているかわからなかった。精神科にも通ったが，子どもの頃の出来事は話せなかった。

大学生になり，リストカットは収まり，だいぶ状態が落ち着き，薬の処方もなくなった。精神科には，経過観察で行くだけ，という期間が続いた。大学を卒業後，20代後半になって，父方の祖父が亡くなったという連絡があった。母親から，葬儀に出るかどうかを尋ねられたが，出ないと伝えた。そのときのBさんの様子があまりにもおかしかったため，母親が理由を尋ねた。Bさんはそこで，叔母から受けた性的な被害を母に打ち明けた。母はショックを受けた様子で，涙を流していたが，真剣に話を聞いてくれた。そして，離婚のときに依頼した弁護士に，叔母に対して制裁ができないかと相談をしてくれた。弁護士からは，刑事事件にするには時効が過ぎているためにできないと言われた（2023年6月に改正された刑法で時効が延長されたが，本件はすでに時効が過ぎているため該当しない）。民事的な手続きを検討することは可能かもしれないとは言われたが，少しでも叔母と接点ができることが嫌だったこと，祖父を亡くしたばかりの祖母にショックを与えることはBさんの本意ではなかったことから，法的な行動は起こさないこととした。

しかし，母に伝えたことをきっかけに，イライラが突然湧き出して家で暴れたり，外でも突然呼吸が苦しくなってうずくまってしまうことが出てきた。再びリストカットをしたい気持ちも強まったため，主治医と相談し，通っていた医療機関にはカウンセリングがなかったため，近くの民間のカウンセリング機関にて，カウンセリングを受けることになった。

2. インテークの様子

医師からの紹介状には，「抑うつ状態，パニック発作，PTSDの可能性」があること，「親の離婚や親族からの性被害で，以前はリストカットがあったが，今は収まっている。しかし再び希死念慮が出現している」など，これまでの経過が書かれていた。相談受付表には「親戚から性被害を受けた。気持ちのコントロールができないので，相談したい」と書かれていた。

面接が始まり，心理職が主訴を尋ねると「気持ちのコントロールができない」「今の状態が，何から来ているのか考えたい」とＢさんは話した。心理職は，Ｂさんの今の心身の状態を確認した。睡眠薬を処方してもらっているが，よく眠れないこと，突然イライラした気持ちになること，外で人とすれ違ったときや満員電車に乗ったときに呼吸が苦しくなること，突然わっと感情がこみあげて混乱して涙が出て，消えてしまいたい気持ちになることが語られた。呼吸が苦しくなる状態は，医師からの抗不安薬の処方で少し落ち着いたということだった。

今の状態になった心当たりを尋ねたところ，父方の祖父の葬儀の話や被害について母に話したこと，弁護士からの助言についてなどが語られた。心理職は，Ｂさんの今の状態について考えるためにも，相談受付表にも書かれていた，親戚からの性被害について，具体的な内容は話さなくてもよいが，何歳頃のことか，どんな相手だったかなど，話せそうならば聞かせてほしいと伝えた。Ｂさんは，「親戚が」と言って被害の概要を語った。語っている途中で涙が出て，手が震えたので，心理職はゆっくり呼吸するように促した。Ｂさんが落ち着いた後で，「一つだけ，Ｂさんが今安全かどうかを考えるためにも確認をさせていただきたいのですが，親戚は，どのような関係の人ですか。もちろん，言いたくないということであれば，言わなくても大丈夫です」と，確認を行った。Ｂさんは俯いて，ためらいがちに，「父の妹です」と答えた。心理職が「叔母にあたる方ですね」「今は，Ｂさんは安全な状況ですか」と返すと，Ｂさんは心理職をうかがうように見ながら，「はい」「今は，父方の親族とは，一切接点はありません」と答えた。心理職は「安全な状況であることは，大切なことですね」「女性から女性への加害も，珍しいことではありません。でも，少し，言いにくいお気持ちがありましたか」と尋ねた。Ｂさんは「信じてもらえないかと思って」「女同士だから，何か，遊びの延長じゃないかって……」と話した。心理職からは「加害者が女性であっても，Ｂさんが，今，その出来事の影響で，涙が出るほど苦しんでいることに変わりはありません」「お話をうかがっていると，子どもの頃の出来事が，Ｂさんの今の状態に影響しているように感じます。しかし，まだ，そのほかにもＢさんの人生ではいろいろなことがあったと思うので，そのこともうかがったうえで，子どもの頃の出来事についても，一緒に考えていきましょう」「ご様子を見ていると，相談するのは，とても勇気が必要だったのではないかと思います。頑張って，相談されたのですね」と伝えた。Bさんは，母に伝えるときも信じてもらえないのではと怖かったこと，自分も大したことないんだと思おうとしていたこと，しかしそれを人から言われたら，もう生きていられないと思ったことなどを語った。インテーク面接は，最後にリラクセーションとして呼吸法を行って終了した。

3. アセスメントの観点

事例2の場合，2021年12月執筆時点の刑法では，事件としては強制わいせつにあたると考えられる。その場合時効は7年であり，すでに刑事事件とすることは難しい（2023年改正後は不同意性交等罪の可能性があり，時効も延長されている）。事件から年月が経過しており，刑事事件化ができず，加害者が知人の場合に心理職が考えることは，Bさんの現在の安全，被害内容，心理的アセスメント，心理的支援といった，通常考えることに加えて，今後，加害者側とのやり取りや民事的な手続きが関わってくるかどうか，という点がある。

①現在の安全

被害者の心の回復において，物理的な安全の確保は重大な問題である。

加害者が顔見知りである場合，出来事から中長期間が経過していても，クライエントが物理的に安全な状況にいるかどうか，今後加害が行われる可能性がないかどうかを確認する必要がある。加害者が親族や同じ地域に住む人だった場合，加害者と顔を合わせる可能性がある。もしも顔を合わせる可能性があるならば，顔を合わせても，もう加害が行われないか，身体的な危害を加えられる恐れはないか，二人きりになる恐れはないかなど，確認をしていく。二人きりになる恐れがある，身体的な危害を加えられる恐れがある場合には，その場面を避けるために何ができるか，頼れる先，たとえば他の親族や友人，警察，子どもならば児童相談所，などはあるかを尋ね，一緒に対策を立てていく。すでに加害者と離れている場合であっても，もともと関係のある相手であるならば，加害者から連絡が来る可能性はないか，どこかで顔を合わせる可能性はないかを確認する。

Bさんの場合は，すでに父方親族と関係はなく，叔母との接点はなかった。しかし，叔母が都市部で働いているということは昔聞いたことがあり，会う可能性は低いが，少し不安に思っているということだった。ただ，会ったとしても叔母から何かをしてくる可能性は低いと考えられるということで，身体的な安全は確保されているであろうことを確認した。

②被害内容

性暴力を経験した人の心理支援において，起きた出来事の概要を把握することもまた，重要である。起きた出来事の内容を知らなければ，被害者の安全について考えることも，法的な手続きがどの程度可能かを考えることもできない。2021年12月時点では，強制わいせつか強制性交等かで時効が異なり，取ることのできる手続きが変わる。知っていれば伝えられた情報を，知らなかったために伝えられなかったことは，クライエントに不利益を生じさせることになる。

また，フラッシュバックや事件を想起させるために回避している物事との関連など，起きた出来事を知ることで，現在表れている状態が，その出来事と関係しているかを考えることもできる。起きた出来事と，現在のトラウマ反応の様子がかみ合わないと感じられる場合には，過去に他のトラウマ歴があり，累積して心の傷つきを負っている可能性を考えることも重要である。

しかし当然ながら，被害内容を語ることは，強い苦痛を伴うことである。再びその出来事を経験するほどの苦痛を伴う場合さえある。そのため，もしも主治医や警察，親など他の関係者から情報を得られる場合には，クライエントの許可を得たうえで情報を得る場合もある。また，その人の様子を見ながら，尋ねるタイミングを計ること，その人の語ることのできる範囲で語ってもらうという姿勢を示すことも重要である。なぜ被害内容を心理職が知る必要があるのかを説明し，どのような話でも被害者を疑わず，決して被害者を責めず，焦らず，話を聞くようにする。途中で呼吸が荒くなる，涙が止まらなくなるなどの様子が見られたときには，グラウンディングを行い，無理にそれ以上話させることはしない。そしてクライエントが話したら，話したことを十分に労う。

Bさんの例で加害者について確認をしているのは，加害者との関係性を知ることで，Bさんの今の安全を確認するという意図，力関係がどのようだったかを推測する意図，そしてBさんの語りにくそうな様子がどこからきているのかを確認する意図があった。Bさんは，加害者の性別を語ることを躊躇っていた。被害を受けた人にとって，被害内容，加害者との関係，加害者の性別など，自分が責められるかもしれない，被害を疑われるかもしれないと思うことを語ることは，非常に勇気のいることである。それを理解した上で，加害者の性別，加害者との関係性にかかわらず，性暴力は暴力であるという姿勢を心理職がもって話を聞くことは，大切なことである。心理職にとって，被害者に寄り添うということは当然のことかもしれないが，被害を受けた人にとって，脅かされず，疑われず話ができる場は，安心感や安全感の回復の基盤となる。

③心理的アセスメント

アセスメントにおいて，現在の主訴，現在の状態，既往歴やこれまでの適応，家族関係およびリソース，成育歴などを確認することは，一般的な心理面接でのアセスメントと同様である。これまでの成育歴や家族関係，対人関係，他のトラウマ体験の有無などを確認しなければ，今の状態が子どもの頃の性暴力の影響なのか，それとも他にも関係していることがあるのかは判断ができない。性暴力被害の影響は深刻であるが，いじめなどそのほかのトラウマ経験や逆境的小児期体験が人に与える影響も大きい。また，当然のことながら，家族関係や対人関係が人の人生に与える影響も大きい。トラウマの影響を過小に見積もることも，過大に見積もることも，アセスメントを誤る要因となる。

性暴力被害などのトラウマ経験が存在している場合には，その影響を考えるために，解離，トラウマ反応あるいはPTSDの症状がどの程度あるか，そして継続的なトラウマであるならば，自己組織化の障害がどの程度見られるかを，現在の状態や既往歴を聞きながら考えることは重要である。なお，こうしたトラウマによるさまざまな反応は，わかりやすい状態で語られたり，示されたりすることは少ない。被害者から語られる具体的な様子から心理職がキャッチしたり，心理教育をしてこちらから「こういう状態はないか」と尋ねながら引き出していくことが必要となる。

Bさんのインテーク面接，およびその後の面接で話された内容として，以下にまとめる。

●現在の主訴

Bさんは，今困っていることとして，「気持ちのコントロールができない」「今の状態が，何からきているのか考えたい」と語った。また，子どもの頃の出来事が何だったのかを考えたい，整理したいという気持ちもあるということだった。

●現在の状態

現在の状態については，トラウマの影響がでていることが推測されたため，インテーク面接後，心理教育をしながら聞き取っていった。

眠れないということについて詳細を尋ねると，叔母から身体を触られたのが，いつも叔母のベッドの中だったため，布団に入って目を閉じることが怖いということだった。そのほか，イライラ，人がそばにいることへの恐怖および恐怖からの過呼吸，突然の感情の混乱と落涙，消えたい気持ちがあった。死にたいとまでは思っていないということだった。子どもの頃の叔母からされた内容について，今までは，パッと写真のように頭にその場面が浮かぶだけだったが，母に話してからは蓋が空いたかのように，動画の状態で頭の中を流れていくと語っていた。そうすると自分の身体が汚い気がして，執拗に身体や手を洗ってしまう。そのほか，今は交際相手がいるが，相手を信じ切れない，性行為のときは心のシャッターが下りるような感じがする，手を握られると外の世界と膜ができる感じがする，相手はそれに気づいてか，触れるときは慎重に触れるようになっている。また，年上の女性との関係が上手くいかない，といった状態も見られた。出来事については，避けようと思えば避けられたのではという思いがしてしまう。その後の両親の不仲などもあり，自分なんていなくてもいいんだ，という感覚がずっと存在していると語った。

● 既往歴および以前の適応

高校生の頃のリストカットについて，大学に上がってからはそうした状態は出ていないということだった。小学校も中学校も高校も，表面上，友人関係は悪くなかった。しかし，親しい同性の友人はおらず，かといって異性の友人がいるわけでもなく，八方美人だったとBさんは語った。ただ，交際相手は途切れることがなかった。交際する相手は一度に一人で，フリーのときに相手から告白されたら付き合うという感じだった。家では，できるだけ母親に迷惑をかけないようにと過ごしていた。授業は，叔母に似ている女性の教員が主要教科の担当だったために集中できず，追いつくことがとても大変だったが，母親に苦労をさせないためにと公立大学に進学できるよう頑張ったということだった。事務職として就職したが，女性の多い職場で続けることができずに退職した。その後派遣社員として仕事をしたものの，現在は状態が不安定なため，勤務日数の少ない仕事についている。

● 家族関係・Bさんのリソース

祖父母の家は，地方で，昔ながらの男尊女卑的な感覚が強く，お正月もお盆も，女性たちが働き，男性たちはお酒を飲んでいるという状態だった。「祖母は暴君のような祖父に苦労していたと思うし，今考えると，祖父は祖母にDVをしていたのだと思う」とBさんは語った。父は祖父よりはよかったが「モラハラがひどく，母がかわいそうだった。離婚が成立したときはホッとした」ということだった。母は，Bさんが子どもの頃は父に従うだけだったが，パートに出て外の世界を知り，自立心が芽生え，その結果，Bさんが中学生の頃には父と喧嘩が絶えなくなり，高校生のときに離婚に至ったという。Bさんは「今の母は，私のことを理解しようと努めてくれている。しかし，イライラしたときにはいつも母に当たってしまい，申し訳ない」と話した。弟との関係は良好であり，弟は父を反面教師として，優しい人に育っているということだった。

Bさんにはこれまで親しい人間関係はなく，Bさんの事情を知っているのは母親のみであった。心理職が話を聞く限り，交際相手は，Bさんが身体接触が苦手であることにも気が付き，配慮している様子もあり，Bさんとの将来についても真摯に考えている様子がうかがえた。

●現在の経済状態

性暴力被害は経済状態にも影響する。Bさんは，実家で生活しているため，経済的に困窮しているという状態ではなかったが，勤務できる日数が少なく，自立することは難しい状態だった。

④セクシュアリティと性暴力

「②被害内容」の項目において，「加害者の性別，加害者との関係性にかかわらず，性暴力は暴力であるという姿勢を心理職がもって話を聞くことは，大切なことである」と記した。それと同時に，被害者や加害者のジェンダー，セクシュアリティがもたらす影響を考えることもまた，大切なことである。Bさんは，加害者が女性であるということで「信じてもらえないかと思って」「女同士だから，何か，遊びの延長じゃないかって……」と，自分の被害を過小評価されるのではないかと恐れていた。女性同士だから被害ではない，女性同士だから大したことはない，と思われるのではないかと恐れていた。

本事例は架空の事例ではあるが，現実として，加害者も被害者も共に女性であったとしても，同意なく身体を触られる行為，性的に侵襲される行為は，被害者にとって大きなトラウマとなる。しかし，大人から子どもの加害も，子ども同士の加害も，大人同士の加害も，被害者が男性など，女性以外のジェンダーであっても，加害者が女性である場合には，被害が軽く見られてしまうことも多く，それによって被害者が二次的被害を受けることも多い。

支援に当たる際には，自分自身の中にそうした偏見がないかどうかを考えること，そして社会の中の偏見や，それを内在化している被害者自身の性暴力の捉え方が，被害者を苦しめていないかを考えるよう，筆者は意識している。

⑤加害側とのやり取りや民事的な手続き

性暴力の被害を受けた人の中には，加害者と接点を持ちたくないと思う人も，加害者に厳罰を科してほしいという人も，社会的な制裁を受けてほしいという人も，出来事を認めて謝罪してほしいと思う人も，今まで失ったものに対して少しでも補ってほしいと思う人も，さまざまいる。それはいずれも，生じて当然の気持ちであり，加害者に罰を受けてほしいと思うこと，何らかを要求したいと思うこと，要求するよう動くことも当然である。それは被害者にとって，重要な権利回復の動きである。

しかしその一方で，事件から時間が経過していれば経過しているほど，先述したとおり刑事事件にすることが難しくなり，また，民事等でも加害者に謝罪の念などを要求することも困難になる。そして謝罪を求めたとしても，加害者が認めて謝罪することはまれである。被害者から謝罪を求められて，素直に過去の行いを悔い，謝罪をする加害者もいる。だが，筆者の知る限り大半の場合，「子どもの妄想だ」「嘘をついている」「そんな訴えをされるなんて，こちらの名誉が害された」と被害者が逆に傷つく結果になる。法的に取れる手段には限界も存在する。

現実として何ができるか，どのような可能性があるかは，性暴力被害に精通した弁護士に相談することが望ましい。Bさんはすでに弁護士に相談した後であったが，もしも来所時点で弁護士に相談したことがなく，しかし加害者側に何らかのアクションを考えているならば，心理職から，弁護士への相談を勧めることも必要となる。ただし，性暴力被害に精通した弁護士は少なく，現実的には，心理職から性犯罪・性暴力被害者のためのワンストップ支援センターや法テラスなどに丁寧につなぎ，そこから弁護士を紹介してもらうといった手続きを取る場合が多い。ただし，性犯罪・性暴力被害者のためのワンストップ支援センターは支援の内容や範囲がさまざまであるため，事前に，こうした被害者が相談することが可能かどうか，確認をする必要がある。また，弁護士の相談はお金もかかり，精神的な負担も大きいため，そうしたことも事前にクライエントとよく相談しておくことも大切である。

弁護士に相談した結果，民事裁判等何らかの手続きを進めていくことになった場合には，心理職は，その手続きの流れを確認しながら，クライエントの気持ちを支えていくことが必要になる。民事的な手続きは，一つひとつのやり取りに時間がかかり，結果が出るまでに数年を要することもある。また，そのプロセスの中で，クライエントが自ら証拠を集めるなどをしなければならず苦慮したり，加害側から二次的被害を与えられて傷ついたりすることも多い。クライエントの負担や傷つき，気持ちの揺れを丁寧に聞き取りながら，プロセスを支えていく関わりを行っていく。

なお，事件からすでに長い時間が経過しているなどすぐに弁護士に相談に行かなくともクライエントの不利益にならないならば，クライエントの状態が不安定である場合，心理的にある程度安定するまで，法的なことを一時横に置いておくこともある。あるいは，法的プロセスを進めることがその方にとって本当に良いことかどうか，クライエントにとって何が優先されるかを考えることも，心理職に求められることである。筆者は被害当事者の方から，「どんなに難しくても，それが自分のアイデンティティの回復だから，挑戦させてほしい」と言われたことがある（本人の了解を得て掲載）。一方で，民事裁判の手続きで傷つき，疲弊していった人の姿を見たこともある。何が優先されるかを考えることは，とても難しい。

今回のＢさんは，すでに弁護士に相談済みであり，民事的な手続きは何もしないと決めてから来所している。このように，中長期の期間が経過してから相談にいらした方は，すでに取ることのできる手立てがなかったり，その手立ての負担を考えて何も行わないことを決めている場合も多い。そうした場合には，心理職は，基本的には心理的支援に専念することとなる。しかし，加害者への怒り，何の手立ても取らない（取れない）ことへの葛藤，悔しさ，悲しみなどに丁寧に耳を傾けることも，忘れてはならない視点である。また，弁護士に相談し，迷っている渦中の気持ちの揺れに耳を傾け，ともに揺れることも大切である。

⑥今後の心理的支援の見通し

インテーク面接やその後に収集した情報から，今後の心理的支援の見通しを立てていく。今の状態はどのような状態なのか，その状態はなぜ生じているのか，活用できるリソースはどのようか，その人の強み（ストレングス）はどのようか，司法や経済面等現実的な側面はどのようか，といったこと，生物・心理・社会的側面を総合して考える。このときに，目の前のクライエントが，性暴力という深刻な状況，あるいは他の累積的なトラウマの中を生き抜いてきた人だということを見失ってはならないと考えている。支援の基本がエンパワメントであり，その人が生きていく力を支えることだという観点は重要だ。

Bさんの状態について考えると，Bさんの示している状態には，フラッシュバックなどの再体験，身体接触など想起させる刺激の回避，不眠やイライラなどの過覚醒といったトラウマ反応が表れている。また，強い感情の起伏，汚れた感じからくる洗浄強迫様の症状，自尊感情の低下，対人関係の困難，性行為の際の解離など，自己組織化の障害や解離といった，複雑性PTSDに見られる状態も推察される。そしてその内容を検討すると，叔母からの性暴力が影響していることは明らかだった。

被害後しばらくは自分の身に起きたことが受け止められず解離や感情麻痺が働いてトラウマ反応が現れなかった，あるいは子どもであったためにトラウマ反応が言語化されなかったことが考えられた。継続的な性暴力被害において，被害に遭っているあいだ，顕著なトラウマ反応が見られないことはよく起きることである。中学生ごろになり，安全が確保されたこと，そして日常生活でさまざまなストレスがかかったことから，徐々にトラウマ反応が現れた。高校生の時のリストカットは，そもそも叔母からの性暴力による心の傷つきに，親の不仲や離婚というストレスが重なり，心が耐え切れず悲鳴を上げた状態だったと推察された。そして今，母に被害を受け止められたことで，これまで解離や回避によって蓋をされてきたトラウマ反応が，一気に現れたと考えられた。

診断は医師の行うことではあるが，心理職としては，フラッシュバックで蘇る記憶の内容，避けている事物の内容など，今の状態がどのような出来事からきているかを考えることが求められる。また，その後の心理支援を考えていくためにも，PTSDや複雑性PTSDの可能性，解離の存在，解離のコントロールの必要性を見立てることも必要である。

Bさんの状態は，もちろんその後のさまざまな親子関係や生活の変化の影響もあるものの，根底にあるものは叔母からの性暴力の影響であると推測された。解離は性行動の時は見られるが，日常的にみられるものではなく，丁寧な心理教育と，面接の中でトラウマを扱っていくことで，軽減されていく可能性があると考えられた。

Bさんの活用できるリソースとして，母親の存在があった。交際相手については，慎重に関係を見ていくことが必要だと判断した。経済的な面は心配もあるが，カウンセリングを継続し，Bさんが希望すれば正社員として働けるよう，状態を安定させることが優先であると考えた。そしてBさんには，ここまで社会生活を営んできた力があること，自分の気持ちを言葉にしていく力，感情を心理面接の中で表現していく力があることがわかった。

4．その後の介入

心理職はインテーク面接の次の回で，Bさんに対し，衝撃的な出来事のあとのトラウマ反応についてリーフレットを用いながら説明を行い，丁寧に状態を聞き取った。そして，PTSDの状態である可能性があるため，トラウマの影響について，PTSD臨床診断面接尺度（CAPS）と改訂出来事インパクト尺度（IES-R）日本語版を実施したいと伝えた。また，それらの実施と今後の方針について，主治医に相談したいと伝えた。Bさんは，トラウマ反応の説明を聞いて，「今までの自分の状態が，きれいに整理された感じがする」と述べ，心理職が主治医と連絡を取ることを了承した。

心理職は主治医に，Bさんには，幼いころの性暴力被害の影響によるトラウマ反応や解離の状態がみられること，そのほかの問題もいろいろあるが，トラウマについて整理することが必要だと考えていること，そのために母親の協力も必要だと考えていること，できれば一度，主治医とお電話でお話ししたいと思っていることを，書面にまとめて報告した。主治医からは電話の許可が得られ，電話で再度，書面にまとめたことについて話し合った。主治医からは心理職の方針に了解したこと，病院では投薬の調整を行うことが伝えられた。心理職からは，トラウマを扱うプロセスでBさんが不安定になる可能性もあり，トラウマを扱う際には再度，主治医に連絡をし，了解を得てから行いたいと考えていると伝えた。

心理職は，Bさんに，主治医の了解が取れたことを伝えて，暴力と性暴力に関する心理教育を行った。境界線とは何か，暴力とは何か，性暴力とは何かを聞き，Bさんは，自分の身に起きたことが性暴力であるという認識を深めた。それはBさんにとって，「性暴力に遭った自分」と認識することの苦しさをもたらしたが，同時に「ずっと，あのことが何かを，誰かに説明してほしかった。こんなに苦しいのは，おかしくないって言ってほしかった」とBさんは語った。

Bさんの了解を取って，母親に対して，同じように，暴力や性暴力，トラウマ反応に関する心理教育を行った。Bさんに同席するかを尋ねたが，母には母の苦しさがあると思うから，と言って，Bさんは同席しないことを選んだ。母親は気が付けなかった自分を責めていること，なぜあの男と結婚してしまったのか，なぜ夫の実家に行くことに抵抗しなかったのか，とずっと考えていると語った。心理職は母親に，子どもが性暴力被害に遭った場合，親も強い衝撃を受けること，子どもを支えるためにも，母親自身もケアを受けることは重要であると伝えた。母親は，自分もカウンセリングを受けてみたい，トラウマに理解のある心理職を紹介してほしいということだったので，何名かのトラウマを専門にする心理職を紹介し，ご自身で選んでもらうこととした。

Bさんとの面接では，その後，解離や自己組織化の障害に関する心理教育を行い，解離をどのようにコントロールするかを話し合った。その結果，交際相手との身体接触の際にのみ解離がみられることから，交際相手に，身体接触をしばらく控えたい，あなたが嫌いなわけではないけれど，子どもの頃の経験から，手をつなぐこともしばらく避けたい，と伝えることとした。性暴力について伝えるかどうかはBさんと心理職でしばらく悩んだが，結局「聞かれたら伝える」こととした。交際相手は，理由は深くは聞いてこず，「話せるときに話してほしいと言われた」と，Bさんはホッとしたように語った。

Bさんが，自分の状態について理解したのち，心理職は，主治医の了解を得たうえで，Bさんに対してトラウマ焦点化認知行動療法のうちの，PE療法の説明を行った（詳細は154ページ参照）。インテークでBさんが来所してから，半年が経過していた頃だった。Bさんは，「過去の出来事が，今の自分にどのようにつながっているか，面接の中でわかってきた。過去のことを整理したい」と言い，PE療法を実施することとした。実施の際には，母親にも説明をし，宿題の一環として，Bさんが家で面接のときの音声を聞いているときにそばにいるなど協力をしてもらった。Bさんは，PE療法の途中で，交際相手にも過去の性暴力被害について話をした。交際相手は，自分もちゃんと理解したいとカウンセリングにやってきて，心理職からも説明を受けた。そのうえで，協力をし，生活の中で避けているものに向き合う練習として，手をつなぐなどの身体接触の練習を重ねていった。

BさんはPE療法の中で，出来事について詳細に思い出し，被害の時の気持ち悪さ，叔母の様子がそれまでと違うことへの恐怖，後ろめたさ，自分が悪いことをしているかのような感覚，叔母への強い怒りを語った。繰り返し語る中で「祖父母の家では，子どもは大人の言うことに従うしかなかった」「普段は優しく，一緒に遊んでくれる叔母だったから，とても混乱していた」「叔母と一緒に悪いことをしているのは私で，話したら，怒られると思った」「叔母の部屋で叔母と遊ぶことを，子どもの私に避けることはできなかった」「悪かったのは叔母で，私は何も悪いことはしていないし，私は汚くなっているわけではない」と気が付いていった。Ｂさんは，母親も交際相手も，過去の性暴力を真摯に受け止めてくれたことを話し，「女同士だから何でもないと思おうとしていたけれど，こんなに傷ついているんだって，認めてよかったんだ」と語った。そして「あの祖父母の家で，あの風土の中で，叔母もまたトラウマを受けていたんだと思う。だからと言って許せることではないし，弱いものに暴力を振るってはいけない。でも，こんな社会がとても悲しいと思う」とも話した。

Ｂさんは，4カ月かけてPE療法を終えた。消えたいという気持ちや，突然の感情の混乱はだいぶ落ち着き，出来事を思い起こさせるものを避ける行為も減っていった。交際相手とも，何も嫌な気持ちがなく，手をつないだりハグができるようになった。性行為のときにはまだ少し緊張するが，交際相手が，ちゃんと声をかけながら進めてくれるので，安心できる感覚が増したということだった。

一方でＢさんは，「あんなことがなければ，もっと，友達もできて，勉強も楽しくて，高校時代ももう少し元気に過ごせたかもしれない」「今の時代，これから正社員を目指すのは，すごく難しい」「自分には，将来の夢というものがなかった。今もまだ，それは持てない」とも語り，事件から長時間経っての相談は，そのあいだに失われたものが大きいことを感じさせた。

5. 支援のポイントや留意点の説明

①クライエントの意思を尊重すること

性暴力被害を受けるということは，自分の意思に関係なく，自分の身体が性的なモノとして扱われるという経験となり得る。それは，自分が，他者のストレスや鬱積した心情のはけ口として扱われるということでもあり，主体性が損なわれる経験でもある。

Ｂさんは特に，被害そのものの経験だけではなく，封建的な祖父や父の在り方にさらされ，両親の離婚や学校でのいじめを経験し，自分の力ではどうにもならない現実をたくさん経験してきた。そのため，心理職は，アセスメントによって考えたことを丁寧にＢさんに説明し，今後の方針を提示し，メリットとデメリットを示し，Ｂさんの選択を尊重する姿勢を示した。説明し，選択を尊重することは，搾取的ではない安全な関係を築くためにも重要だと考えられる。たとえば，トラウマ焦点化認知行動療法について，そのメリットを説明することは重要である。しかし，本人がトラウマに向き合いたくないとき，それを選びたくないときに，無理に選ばせることはできない。それは，回復に一番必要な，自己統制感を阻害することになる。安全な関係性であるよう言葉と態度を尽くし，Ｂさんの選択を尊重する。それは，Ｂさんの，自分で人生を歩んでいく力を信じているという姿勢を示すことでもあると考えられる。

②心理教育

今回の事例では，最初にトラウマ反応についての心理教育を行い，同時に今の状態を聞き取り，アセスメントに活かした。それはＢさんにとって，何が何だかわからない自分の状態が，系統立って説明されるという経験になった。

次に，暴力と性暴力についての心理教育を行った。子どもの頃の性暴力や，見知った人からの性暴力は，それが「暴力」であるという認識が持ちにくい。しかし，それが「暴力」であるという認識は，自分に起きている心身の変化を理解するための第一歩でもある。同意なく「境界線」が侵害されることは「暴力」であり，「暴力」を受けたから今の自分の状態があるのだ，という一連を理解することは，クライエントに，自分に起きた出来事と自分の状態のつながりの理解を促す。そうして理解するだけでも，状態が落ち着いていく場合もある。

さらに，解離や自己組織化の障害についても心理教育を行っている。解離や自己組織化の障害は，一見すると，それが「症状」であるとわかりにくく，トラウマの影響としては掴みにくい。しかしそれも心の傷つきの影響であることを説明することは，「回復していくことができる，コントロールできる可能性がある」「自分は自分で人生を良くしていくことができる」という感覚を抱くきっかけになる場合もある。

当然ながら，上記の心理教育は，それぞれの人に合わせてカスタマイズする必要がある。相手の理解できる内容を，理解しやすい言葉やたとえを使って説明するスキルも重要である。

③連携

今回は法的な手続きがなかったため，連携は医療機関のみだった。公認心理師は，医師の指示を仰ぐ必要がある。また，主治医の方針と異なる介入をすることは，クライエントの混乱につながるため，避ける必要がある。クライエントの了解を得たうえで，面接で得た情報，そこから考えられる見立て，介入について適切にまとめ，主治医と連絡を取りながら支援にあたることが肝要である。特に，トラウマを扱う心理療法を行う場合には，その心理療法の内容の説明や，トラウマに向き合うときに一時的に具合が悪くなることもあり得るなど，伝えておく必要がある。

④関係者への説明

性暴力被害について考え，話し合っていくことは，クライエントにとって大きな負担ともなり得る。一人で向き合っていくことは簡単なことではない。また，同居している家族がトラウマについて理解していること，心理面接について了解していることは，クライエントが安心，安全に面接を続けていくために重要である。そのため，そばで支えとなるキーパーソンがいるならば，面接に来てもらい，クライエント同席のもとで，あるいはクライエントの了解を得たうえで別々に，トラウマの影響やトラウマ反応，今後の心理介入の方針について伝える。

B さんの場合，母親はキーパーソンになることが推測された。また，子どもが性暴力被害に遭った場合，親も大きな衝撃を受けるため，母親自身の様子も心配だった。そのため，母親にも来所を促し，面接を行った。結果，母親はBさんの状態をより理解することができ，母親自身の支援の必要性も理解された。クライエントが未成年の場合には，子どものトラウマ焦点化認知行動療法の中で母親の気持ちを聞いていくこともある。しかしクライエントが成人の場合には，母親には別の担当者を付けるか，それが難しい場合にはクライエントの了解を得たうえで，母親自身の面接として，子どもの担当をしている心理職が面接を行っていく場合もある。

さらに今回は，交際相手も来談し，B さんの状態や心理療法について説明を受けた。同居しているわけではない交際相手に来所を促すかどうかは難しい問題であり，クライエント本人から説明するのみで，心理職は会わない場合も多い。しかし配偶者やパートナー，同居している人であれば，クライエントが安全に面接を継続していくために，説明をすることもある。どちらにしても，クライエントが安全に生活するために必要かどうかが，判断のポイントとなる。

⑤トラウマ焦点化認知行動療法あるいは生活の幅を広げる手法の導入

本事例では，トラウマ焦点化認知行動療法を導入し，B さんも実施することに同意した。トラウマ焦点化認知行動療法は，出来事から長期間経っている場合や，複雑性PTSDの場合でも有効である。複雑性PTSDとトラウマ焦点化認知行動療法については，飛鳥井（2021）等を参照いただきたい。

記憶を語りなおす中で，そのときの考えや感情が整理される。そして記憶が再構成される中で，自分の行動や感情に対して腑に落ちていくことは多い。しかしもちろん，行うかどうかは，クライエントの状態，そしてクライエントの希望による。心理職は，その必要性や内容，行うことのメリット，行うことの苦しい点などを説明する。

さまざまな事情から，トラウマ焦点化認知行動療法を実施することが難しい機関もある。トラウマ焦点化認知行動療法を実施せずとも，面接の中でゆっくりと気持ちを整理していくこと，生活の幅を広げるためのエクスポージャーを導入することもある。しかしその際にも大切なことは，トラウマに焦点を当て続けること，心理職が性暴力被害の経験を回避しないことである。その点は，別の事例で説明を行う。

⑥人生全体を考える視点

Bさんの事例は，出来事から中長期化が経過し，刑事事件として何かすることが難しい事例であった。出来事から中長期が経過しているということは，それだけトラウマの影響を長く受けてきたということであり，そのあいだに，得られたはずのさまざまなものを，失ってきた可能性があるということでもある。トラウマによって精神的成長が得られる，ということもあるが，性暴力被害を受けた人々の中で「それでもやはり，被害に遭わなかったほうが良かった」「もっと違う人生を歩めたはずだと思うと，悲しい，悔しい」と語る人は多い。たとえ，トラウマ焦点化認知行動療法や，そのほかの心理療法，あるいは継続的な心理面接の中で，出来事からの影響が軽減し，出来事に対するさまざまな感情が整理されていったとしても，その出来事が人生全体でどのような影響をもたらしたのかという視点を忘れてはならないと思っている。そして，被害者が，再び人生を歩んでいくことを支え続けることもまた，重要なことである。

引用文献

飛鳥井望（2021）第1章　わが国におけるトラウマ治療の展開.（亀岡智美・飛鳥井望編著）子どものトラウマとPTSDの治療―エビデンスとさまざまな現場における実践. 誠信書房.

（齋藤 梓）

トピック⑩

持続エクスポージャー療法（PE）／PE 療法（Prolonged Exposure Therapy : PE）

［公益社団法人被害者支援都民センター　公認心理師・臨床心理士］鶴田信子

持続エクスポージャー療法（PE）／PE 療法（Prolonged Exposure Therapy : PE　以下，PE と記す）は，米国の Edna Foa 博士によって性暴力による PTSD（心的外傷後ストレス障害）の治療法として開発された心理療法である。その後はトラウマの種類を問わず有効性が認められ，現在ではトラウマ焦点化認知行動療法の一種として，PTSD への治療効果が最も多くの研究で確かめられ，各種ガイドラインで推奨されている治療法である。日本においても有効性が確かめられ，平成 28 年には保険診療の適用にもなった。日本語版 PE マニュアル（フォア，2009）が出版され，日本人トレーナーによる正式なワークショップが定期的に開催されている。ワークショップ受講後は認定スーパーバイザーからセッションごとの個人スーパービジョンを受けながらプログラムを施行することができ，認定セラピストになるための制度も確立している。認定セラピストは増えつつあるが，PE を提供できる医療・相談機関は限定され，PE の需要に対する供給が追い付いていないのが現状である。

治療の理論的基盤として，PTSD の情動処理理論に基づき，不安障害のためのエクスポージャー（曝露）技法が用いられている。治療原理には，恐怖刺激や反応（感情・身体），認知の要素が不適切に関連付けられた認知構造（恐怖構造）が想定され，エクスポージャー（曝露）によってトラウマ体験時の恐怖構造を賦活させ，感情や身体反応の馴化を促し，想起された内容をもとにプロセシングと呼ばれる対話によって非機能的認知の適正化を促す。

治療の構造としては，週 1 回，90 分のセッションを 10 ～ 15 回かけて行う。各セッションで取り組む課題は明確に定められており，宿題が毎回出される。二種類のエクスポージャー，現実の生活の中で避けているものに段階的に向き合う現実エクスポージャー（実生活内曝露）と，トラウマ記憶に向き合う想像エクスポージャー（イメージ曝露）を通じて，気がついたことについて話し合うプロセッシングが主な手続きである。

はじめに PTSD 症状を長引かせている 2 つの要因（回避と非機能的認知）と治療原理を説明して治療の見通しを得てもらいながら，呼吸再調整法を指導して毎日の練習と症状への対処を促す。対話形式の心理教育を通じて症状の外在化を図ったうえで，現実の日常生活で避けているもののリスト（不安階層表）を作成し，リストの中から選んだ項目への現実エクスポージャーを開始する。課題に取り組み効果を実感することで治療原理の理解が進み，できた，という自信がその後の想像エクスポージャーの取り組みへのモチベーションを高めていく。

回避は意識的・無意識的に行われ，生活への支障が大きなこともあれば，代替行動によって生活が成立していることもある。したがってセラピストが被害内容や被害前後の生活の変化から回避項目を想像しながら，被害者とともに回避項目のリストを作ることになる。被害者自身が効果を実感し始めると，積極的に課題に取り組むようになる。

トラウマ記憶は感情を伴って想起し，繰り返すことで感情や身体反応の馴化が生じる。フラッシュバックのように記憶に圧倒される（オーバーエンゲージメント），記憶に接近できない（アンダーエンゲージメント）状態で繰り返しても馴化は生じない。したがって，想像エクスポージャーではエンゲージメントが適正な水準にあるかの判断と刺激の強度の調節が必要であり，その判断や臨床上の工夫はスーパービジョンを通じて会得していくことになる。安心安全な環境下で一連のトラウマ体験を想起し，繰り返し言語化する中で馴化が生じると，さらに詳細に出来事を想起できるようになり，抜け落ちていた記憶のパズルのピースが埋まっていく。セラピストは無力感や自責，恥辱感，孤立無援感につながる非機能的認知を同定し，当時の状況，刺激と反応，行動（結果）とのつながりが明確になるようにソクラテス問答を繰り返す。断片化されたトラウマ記憶につながりが生まれると，自らの判断や行動に対する意味付けに変化が生じる。自分が弱い，悪かったわけではなく，当時の自分にできる最大限のことはやっていたという気づきを経て，むしろ自分はよく頑張った，という語りに変化する過程は感動的である。

一見複雑に見えるケースであっても PTSD 症状の軽減によって複雑ではなくなることもある。複数のトラウマ体験を有する場合は現在の PTSD 症状と関連の強いトラウマ体験を選択して行えばよい。PTSD 症状の軽減によって苦痛の緩和と生活機能の改善が得られるものの，被害後の学業や就労，生活機能，対人関係の問題が長期にわたれば，PTSD 症状の回復だけでは不十分なこともある。PE で得た自信や他者への信頼関係の修復を土台に希望を育み，必要に応じて新たな支援やケアにつなげることも大事である。

PE は中断率の高さが危惧されることもあるが，選択肢の一つとして提案された場合の中断率はけして高いものではない。被害者にとっても PE の治療原理はシンプルで理解しやすく，劇的な変化をもたらすパワフルな治療法である。PE は短期間で PTSD 症状を軽減でき，被害体験を人生の一つの出来事として組み込むことを可能にする。プログラムをやり抜いた自信に満ち，未来に対する希望を取り戻した被害者の姿がセラピストにとって何よりの喜びや励みとなる。PE を希望するすべての被害者に届けられる日が来ることを願ってやまない。

文献

Foa EB, Hembree EA & Rothbaum BO（2007）Prolonged Exposure Therapy for PTSD : Emotional processing of traumatic experiences, therapist guide. Oxford University Press, New York.（金吉晴・小西聖子監訳（2009）PTSD の持続エクスポージャー療法―トラウマ体験の情動処理のために．星和書店）

トピック⑪

認知処理療法
（Cognitive Processing Therapy : CPT）

［武蔵野大学人間科学部］成澤知美

1. 認知処理療法とは

認知処理療法（Cognitive Processing Therapy : CPT）は，Resick PA によって 1970 年代にアメリカで開発された（Resick & Schnicke, 1993；伊藤・他，2019），トラウマに焦点を当てた認知行動療法の一つである。現在までに性被害，現役および退役軍人の戦闘体験，身体的暴行被害，閾値下の PTSD 症状などの対象においても効果が検証されてきた。開発当時のコンテンツは認知療法と筆記曝露から成っていたが，近年は曝露を含まない CPT が標準の実施法となっている。

2. CPT の学習のためのツール

初歩的な内容は『こころを癒すノート』（創元社，2012）で，詳細については『トラウマへの認知処理療法―治療者のための包括手引き』（創元社，2019）にて学習することが可能である。実践的なトレーニングに関しては，2021 年 8 月現在，国立精神・神経医療研究センター認知行動療法センターにおいて定期的に研修会が開催されている。

3. 被害者支援臨床における CPT

犯罪被害後の心理的支援は，早期援助団体（96 頁参照）などにおいて無料で提供されることも増えてきているが，これらの機関の治療は回数が限定されることが多い。CPT は，基本的には 12 セッションで提供が可能であり，このような回数制限の中でも用いやすい。また，トラウマ体験に曝露することなく PTSD のケアができるため，クライエントとセラピストの両者にとって，治療による心理的苦痛を抑えられるメリットもある。

4. 治療原理

CPT では，PTSD 症状はトラウマ体験後に生じた「回復を妨げる考え」によって維持されると捉え，治療は主に認知療法で構成されている。「回復を妨げる考え」とは，トラウマティックな出来事に関する過度な自責や自分に対する無力感，自分や他者や社会全体に対する絶望感や怒りや恐怖などに代表される，トラウマ体験後に生じる認知の変化のことである。このような考えを CPT では「スタックポイント」と呼び，スタックポイントをほどよく客観的に評価し認知を変容させることが治療の主なターゲットとなる。

5. 治療構造

1 週間に 1 回～ 2 回，1 セッション 50 分の面接を，原則的に合計 12 回行う個別面接である。治療マニュアルでは，各セッションで行う内容や時間配分が決められている。各段階において取り組む内容は以下のとおりである。

- セッション1：心理教育

  PTSD症状は，自然な回復が何らかの理由によって妨げられていること，トラウマティックな出来事についての認知的な過程がその人の感情に影響を与えることを説明する。ホームワークとして，トラウマイベントが生じた原因やトラウマ体験によって生じた症状認知の変化などに関するクライエントの認知を記載してもらう（「出来事の意味筆記」）。

- セッション2～5：「見つめる力」をつける，トラウマ処理を行う

  「見つめる力」とは，客観的に思考や感情を区別するスキルを指す。セッション5までは，主にこのスキルを身に着け，トラウマイベントに対する自責感や罪責感の考え直しに取り組むことを目標とする。これらの症状は，クライエントの被害以前の適応的な認知（例：「自分は困難に対処できる」）と，自らがトラウマ体験を回避できなかったことの齟齬を解消するために生じた不適応な認知（例：「自分は困難に対処できないダメな人間だ」）によって生じている。

  このようなスタックポイント（回復を妨げる認知）を同定し，ソクラテス問答を用いて，認知処理や認知再構成を促していく。

- セッション6～7：考え直す力をつける

  セッション6以降は，トラウマ体験によって変化した信念のうち，現在や未来に関する認知の考え直しに取り組む。セッション7からは，これまでに培ったすべての認知的なスキルを用いてスタックポイントを再考する。

- セッション8～12：トラウマのテーマに取り組む

  セッション8からは，トラウマ体験によって影響を受けやすい5つのテーマ（安全，信頼，力とコントロール，価値，親密さ）に関する考え直しに取り組む。セッション10からは，「コンプリメント」とよばれる，受け手が嬉しくなったり温かい気持ちになったりする言動を他者に及ぼしたり他者から受け取る活動や，自分にとって心地良い活動を取り入れる課題に取り組む。これらの活動は，PTSD症状のために狭まった生活の幅を広げたり，他者や自分自身に対する肯定的な認知を得たりすることにも役立つ。また，これまでの治療の仕上げとして，セッション1で取り組んだ「出来事の意味筆記」に再度取り組んでもらい，最終セッションの際にクライエントの認知がどのように変化したかを共有する。治療効果が十分に得られた場合，治療を通して自らをなだめ励ます認知を獲得したことを共に喜び祝福する時間となることが多い。

CPTの安全で効果的な提供のためには，所定のトレーニングやスーパービジョンが必要であるが，その準備にかかる時間や労力を考慮しても，セラピストとクライエントが助けられることの多い技法だと考えられる。

事例 3

○単回性の被害・男性・加害者は顔見知り

事例3では，知り合いから性暴力被害に遭い，被害後比較的早い段階で相談に来所した男性の架空事例について，経過を記しながら，民間のカウンセリング機関における支援のプロセスを追っていく。

1．事件のあらまし

30代男性であるCさんは，ゲイコミュニティのSNSで知り合った男性と，金曜日の夜に食事に行くことになった。同じように食事に行くことになった人は何人かいたが，この男性と食事に行くのはこの日が初めてだった。最初は食事だけで，話してお互いのことを知ろう，と事前に伝えていた。居酒屋で食事をして，お酒も飲んだ。話しやすくて気が合ったので，Cさんは，もう少し話していたいなと思った。男性から「家で飲みなおそう」と提案され，家に行って改めてお酒を飲み，その後，終電の時間になって帰ろうと思ったところで男性が豹変し，無理やり身体を触られて服を脱がされそうになった。男性は力が強く言葉も荒々しく怖いと思ったが，Cさんは冗談としていなそうとしたり，男性に対して優しく言い含めるように説得したりして，その場を乗り切ろうとした。服は脱がされなかったが，下着の中まで手を入れられ，性器を触られた。何度か，服を脱がされそうになったり抵抗したりを繰り返した末に，相手も酔いが回ったのか力が弱まってきて，隙をついてCさんは逃げ出した。呆然として家に帰りついて，気持ち悪くなってシャワーで全身を何度も洗った。その日は眠れなかった。

土曜日は一日，家に閉じこもり，混乱した気持ちを抱えながら過ごした。男性から「昨日は酔っていたみたいでごめん。あまり覚えていないんだけど，ちゃんと帰れた？」とSNSで連絡がきた。本当に覚えていないのか，しらばっくれているのか判断がつかず，どのように返してよいか迷ったが，「帰れたよ」とだけ返した。「そっか，また飲もうね」と返事が来たが，それには返さなかった。日曜日，やはりこれは犯罪だと思い，意を決し警察に相談に行った。警察では「男性に襲われて」と言ったら，はじめは暴力事件だと思われた。そこで，性暴力なのだと説明をすると妙な顔をされた。事情を説明したところ，「SNSで出会った相手でしょう」「なんとかしたいけど，自分で家に行っているんだよね……。難しいかもしれないなぁ……」「SNSなんかで出会った相手を信用しちゃだめだよ」と言われた。雑に対応されている感じがして怒りが湧いたが，自分でついていったのは事実だと思ったので，帰宅することになった。

モヤモヤと，人を観る目がなかったんだ，なんで着いていってしまったんだと自分を責め，よくあることだ，逃げられたんだからよかったじゃないか，相手も酔っていたんだし，とあれは被害ではなかったと思おうとした。月曜日は，普通に会社に出勤をした。しかし，家から会社までの通常の通勤ルートでは，加害者と飲んだ駅や加害者の住んでいる駅を通らなければならなかったため，そのルートでの出勤はできなかった。遠回りをして会社に出社し，それまでどおりに働こうとしたが，気力が湧かない。それから1週間，2週間経っても，外を歩いていても，人の多い時間などは男の人がそばに寄ってくると身体がこわばって心拍が早くなることを感じた。会社の人から，どうしたんだと声をかけられたが，そもそもゲイであることもカミングアウトしていないので，何も相談できなかった。睡眠も浅く，食欲もわかず，お酒を見ると出来事を思い出して胃がムカつくために，飲み会や友人の誘いも断り続けた。SNSを見ると，加害者は何も変わらず生活している様子がうかがえた。それを見て，なぜ自分がこんな状態にならないといけないのか，なぜ相手は何も知らずにのうのうと生活しているのかと，苛烈な怒りが湧きあがってきた。思わず友人に電話をかけて，事情を話した。

怒りのままに話したら泣けてきて，友人は，カウンセリングに行ったほうがいいんじゃない？　と言ってくれて，自分の行っているカウンセリング機関を紹介してくれた。それでも，こんなことくらいでカウンセリングなんてという思いと，被害を受けた自分がどうしてカウンセリングに行かなければならないんだという思いと，どうせまた，警察のときと同じように妙な顔をされるんじゃないか，自分が悪いと言われるのではないかという思いから，相談に行く勇気はなかった。そうしたら友人が，「自分のカウンセラーにどうしたらいいか聞いてみる」と言ってくれて，個人情報を伏せて自分のカウンセラーに相談してくれた。友人の担当カウンセラーは，自分は自分が担当しているクライエントの友人を担当することはできないと言ったうえで，信頼できるカウンセラーを紹介してくれた。友人のセクシュアリティを知っているカウンセラーが紹介してくれた人ならば大丈夫かもしれないと思ったこと，友人のカウンセラーから少し事情を説明しておくこともできると提案されたことから，カウンセリングに行ってみようと思えた。セクシュアリティについてと，男性から男性への性暴力であることだけ，先に伝えてもらうことにした。

2．インテークの様子

はじめ，受付にて，Cさんは，明るく，愛想の良い様子で心理職に話しかけた。心理職はそれに応対しながらも，Cさんが，強く緊張し，警戒しているように思えた。

面接室に入って，心理職は，「こちらを紹介したカウンセラーから，あなたのセクシュアリティについてと，男性から男性への性暴力についてのご相談である，ということを聞いています」と伝え，その上で，「はじめに，いま，お困りのことについて教えていただけますか」と尋ねた。Cさんは少し戸惑った様子で，「あの，ついていった自分が悪いのかもって思うんですが」「あのとき，本当に，ただもう少し話したいと思っただけで」「こんなことになるなんて，本当に見る目がないというか，びっくりして」といった言葉をはさみながら，SNSで出会った相手とお酒を飲み，相手の家に行ったこと，そこで突然襲われて逃げてきたこと，それから眠れない，食欲がないなどの様子があり，友人が心配してカウンセリングを勧めてくれたことを一通り説明した。そして，「こんなことで相談っていうのも変かもしれませんが」「自分では，カウンセリングなんて必要なんだろうか，と思ってもいて」と，最後に加えた。心理職が「お話しくださってありがとうございます。とても，ご自分でもびっくりするような経験だったのですね」「最初にお伝えしておければと思うのですが，SNSで出会った相手でも，お酒を飲んでいても，相手の家に着いていったとしても，同意なく性的な行為をしようとすることは暴力だ，と私は思います」と伝えると，Cさんは驚いたような顔をした。心理職はさらに，「たとえば，目の前に，鍵がかかっていなくて，玄関のドアが開いている家があったとして，勝手に家に入ったら不法侵入ですよね。同じように，どのような状況でも，相手の意思を無視した行為は，暴力です」「少なくとも私は，今のお話を聞いて，あなたに非があるとは一切思っていないので，その点はお心にとめていただければと思います」と伝えた。Cさんは，何かを話そうとして，しかし言葉にならず，そのまましばらく涙を流した。

しばらくして「すみません」と言ってから，「自分がいけないんじゃないか，こんなのよくあることだと，思おうとして」とCさんは話した。心理職が「よくあることだ，なんでもないって思いたい気持ちもあるのですね」と返すと，「でも，もう2カ月も経つのに，全然，ダメで。やっぱりショックで」と，今の状態が語られ始めた。心理職は，この出来事以前の状態として，実家とやや疎遠であること，中学生から高校生頃まで自分のセクシュアリティに悩んだことなどさまざまありつつも，一定の社会適応を保っていたことを確認しつつ，今の状態について聞いていった。そして，「それだけショックな経験をしたのですから，心や身体にいろいろな反応が出るのは当然のことです。ここで，落ち着いていくためにできることをしていきませんか」と伝えた。

その後，Cさんの現在の安全は確保されているか，加害者との接点はないかを尋ねた。SNSのつながりはあるが，出来事の翌日以降はやり取りをしていないこと，先日偶然SNSを見て，何事もなかったかのようにしているのを見て怒りが湧いたことが語られた。Cさんは語りながら怒りが強まっていったようで，「何か手立てはないか」と心理職に繰り返し尋ねた。心理職は「今すぐには答えられないので，少し考えさせてほしい。また，1週間後に面接を設定することはどうか」と提案した。Cさんは快諾したが，最後に，「でも，なんで，自分がお金払ってカウンセリングを受けないといけないんだろうって，すごく思います」と話した。心理職はなんと言ってよいかわからない感覚に陥ったが，「私も，理不尽だなと，思います」と返した。

3．アセスメントの観点

事例3の場合，事件から2カ月後，比較的早めの時期にカウンセリングに繋がっている。こうした事例は，被害者支援機関では時折みられるが，被害者支援以外の臨床現場ではあまり無いかもしれない。しかし，社会の中で性的同意や性暴力被害に関する関心が高まったならば，こうしたタイミングでの相談が増える可能性もあり，また，このタイミングでの相談において検討したほうがよい点もあるため，本事例を記すこととした。

こうした，出来事から比較的早めの時期の相談では，その後に起こり得るクライエントの状態とその後の介入次第では，社会生活に与える中長期的影響（たとえば，遅刻や早退が増えて学校や仕事を辞めざるを得なくなったり，評価や査定が下がったりすること，友人と疎遠になることなど）を軽減できる可能性がある。

また，クライエントが望んでいる場合に限るが，法的な手続きでも，何か手段が取れる可能性もあり，その点を検討することも重要である。

以下，相談のタイミング，セクシュアリティと性暴力，心理的アセスメントと今後の支援の見通し，初回での心理的介入について述べる。

①相談のタイミングについて

この事例では，Cさん自身が「これは被害だ」と出来事の翌々日には思うことができ，警察に相談に行っている。この時は，二次的被害を受ける結果に終わってしまったが，しばらくして友人に事情を話し，友人がカウンセリングに繋いでくれている。こうしてカウンセリングに繋がる例は，残念なことに，現実にはごくわずかである。

これまでも述べてきたが，性暴力被害は暗数が多い。出来事からすぐに警察に行くことができる人は，ほとんどいない。その背景には，「被害を被害だと認識することができない」「被害を人に話すことが難しい」「社会のレイプ神話などの影響」などさまざまな要因が存在する。

もちろん，同意なく身体を触ること，性的な行為を強要することは性暴力である。しかし，Cさんは意を決し警察に行ったが，それでも「よくあることで，被害だと言っていいのだろうか」という迷いがあった。特に顔見知りからの被害や，お酒を飲んだ後での被害について，その出来事を被害だと認識できない人は多い。数日，数カ月だけではなく，何十年も，自分の身に起きたことを性暴力だと認識できずにいて，新聞記事や本を読んで初めて「被害だと思ってよかったのだ」と思う人もいる。

また，Cさんは被害だと思いつつも「よくあることだと思いたかった」とも述べている。性暴力は，これまで社会の中で「被害に遭うことは汚れるということだ」「被害に遭ったのは被害者が悪い」などのスティグマが存在した。知り合いから裏切られた自分，性暴力に遭った自分，他人に性的にみられた自分，ということを認識することは，強い苦痛が伴う。また，恥の感覚を抱く人もいる。そのため，被害を受けた被害当事者自身が，「そんな非日常はなかった，日常だった」と思いたい場合も見られる。特に今回のように，男性が被害者の場合，「男性が性暴力被害を受けるわけがない」「被害を受けるのは弱いということだ」という男性のレイプ神話が，被害者の中にも内在化され，被害を受けたという認識を難しくすることがある。性暴力の被害に遭った人がカウンセリングに来談したとき，そうしたさまざまな，複雑な心情を抱えているかもしれないということも，忘れずにいたい。

Cさんは，友人がカウンセリングを勧めてくれた。「それは被害だ」と言ってくれる友人や，「ショックな出来事に遭った後，カウンセリングを受けることはおかしなことではない」と示してくれる友人は非常に大切である。そして，カウンセリングを勧める際には，「行ってみては」というだけでは，クライエントは相談に行くことができないことも多い。相談に行くことがなぜ不安なのかを尋ねること，そのうえで信頼できる相談機関を紹介すること，あらかじめクライエントが懸念していることについて，クライエントの許可を得たうえでその機関に伝えておくこと（今回の場合は二次的被害の発生をクライエントは恐れていた）など，クライエントの不安を具体的に払拭する工夫があると，繋がりやすい。

②セクシュアリティと性暴力

本事例は，男性同性愛者が被害者であること，加害者が男性同性愛者でありSNSのコミュニティを介して発生していることなど，社会的なマイノリティに対する差別的構造を背景とした，二次的被害が発生しやすい内容である。

事例を読んで，警察の対応をひどいと思ったかもしれない。しかしあの対応は，残念ながら，警察だけではなく，支援現場を含む社会のいたるところで見られる対応である。男性から「男性に襲われた」と聞いたら，身体的暴力をイメージしないだろうか。性暴力だと聞いたときに，驚きはしないだろうか。男性同性愛者同士の被害と聞いたとき，驚きはしないだろうか。また，たとえば加害者が女性であった場合，混乱した気持ちにならないだろうか。

性暴力に関する臨床に限らず，さまざまな臨床の現場において，性に敏感であることは重要だと考えている。恋人と聞いて異性を思い浮かべていないだろうか，パートナーの性別を聞く前に，彼女，彼氏と言っていないだろうか。加害者の性別を男性と想定していないだろうか。今回は，はじめからクライエントのセクシュアリティがわかっている前提で面接が始まったが，基本的には，わからない状態で始まることが多い。クライエントや加害者のジェンダーやセクシュアリティを限定した聞き方をしないことは，大切なことだと考えている。ただし，クライエントのトラウマ反応や自責感，被害の語りにくさ，今後の法的手続きなど，心理面の影響や，心理面以外の現実の動きの見通しなどを考えるためには，どこかの時点で確認することが重要な場合もある。

自分の中にある，性やセクシュアリティ，ジェンダーに対する感覚を認識することは大切だと考えている。筆者も，自分で，自覚が足りないことを自戒している。そのため，自分は「この内容が女性被害者・男性加害者だったならばどのように感じるだろうか，自分の感覚に差がないだろうか」と考える。同じような自分に対する問いかけは，ジェンダーやセクシュアリティについてのみならず，人種，宗教，年齢，そのほかさまざまな観点において行う。感覚に差があるとしたら，その差はどこからきているのかを考える。そうして，些細な違和感も，自分の中の小さな差異もできる限り見逃さないように考え続け，「自分の中の偏見や先入観が感覚をゆがめている」感覚を自覚するようにする。

ただし，男性のレイプ神話や，加害者が同性の場合の偏見，セクシュアルマイノリティの性暴力被害への偏見がクライエントに与える影響について思いを馳せることも重要であろう。また，同性が加害者の場合に起きるセクシュアリティの混乱など，さまざまな知見に基づいた知識を有することも必要である。さらに，被害を受けた人がセクシュアルマイノリティであった場合，コミュニティの文化や人間関係のもたらす影響を知ること，あるいは，「知らないことを自覚すること」も重要だと考えている。自分の偏見や先入観を是正するためには，知ること，考えること，そして目の前のクライエントをちゃんと見て，話に耳を傾けることが必要である。

Cさんは警察にも相談しており，加害者への処罰感情も強かった。何らかの社会的制裁を受けてほしいという気持ちがあった。被害を届け出ることで，SNSコミュニティの中でどのようなことが起きる可能性があるか，Cさんが不利益を受けることは無いか，受ける可能性があるとしたらどのように対処していくか，その点を法律家と相談する必要があるか，Cさんと一緒に検討することも必要かもしれない。その地域のセクシュアルマイノリティのコミュニティの大きさ，知り合い同士の関係性なども考慮を要する。これは，セクシュアルマイノリティに限らず，顔見知りからの被害の場合，たとえば加害者が上司だった場合などでも同様の検討を行う。

なお，処罰感情は，存在していて当然の感情であるが，時には，「自分が悪かったと思っているために加害者に怒りを感じることが難しい」「加害者に怒りを抱くと報復されそうで怖い」などの理由から，あるいはトラウマ反応による感情麻痺や，恐怖が怒りを上回っている状態などから，処罰感情を抱きにくいこともある。あるいは「相手はもう，どうでもいい。関わりたくない」という場合もある。

アセスメントの話からずれる内容となるが，匿名の電話相談であったとしても，男性が性暴力被害について相談するということは，今の社会では，疑いの目で見られるかもしれない，男性なのにと思われるかもしれないという不安や恐怖を伴う場合が多い。トランスジェンダーの場合には，理解されるかどうか，そもそも声でおかしいと思われないかと，相談のハードルは非常に高い。アセクシュアルの人が「セックスの楽しさを知らないだけだ」などと言われて性暴力を強要されることは，他人に性的に惹かれない，性的欲求を持たない自分自身を二重三重に傷つけられることにもなるが，その感覚が相談者に伝わるかどうか不安を覚えることもある。「暴力を受けたということは変わらないから，同じように相談を聞けばよい」ということで終わるのではなく，それぞれの背景を知るために，相談を受ける者がジェンダーやセクシュアリティについて学ぶことが必要だと考えている。そして，相談機関は，そうした研修を受けていることや，対象として男性やセクシュアルマイノリティも想定しているということを，広報の際に明記することが重要だろう。

③心理的アセスメント

Cさんのインテーク面接を受けて心理職が考えたことは，次のような内容であった。

Cさんは，加害者に強い怒りを抱いている。そして，起きた出来事について，自分が責められるのではないかと他者不信になっていると同時に，非常に自責感が強い。他者不信や自責感は警察での対応によっても強められた可能性がある。

出来事としては，同意のない性的行為であり強制わいせつにあたる内容だと思われたが，現在の刑法の状況や警察の様子を考えると，被害者が一人で相談に行っても刑事事件化することは難しいかもしれない。身の安全の確保も，加害者がSNSで近いコミュニティにいることを考えると，慎重に考える必要がある。加害者に対して何かアクションを起こしたいと考えるならば，性犯罪・性暴力被害者のためのワンストップ支援センターか被害者支援センターに連絡し，この後の刑事手続きについて相談することや，被害者支援に精通した弁護士を紹介してもらうことが必要ではないだろうか。

被害後の心身の状態としては，明らかに被害によって，不眠や回避などトラウマ反応が表れており，インテークでは語られなかったが，侵入的想起も生じている可能性がある。まだ出来事から2カ月ではあるが，ここまであまり軽減してはおらず，このままではこの状態が長く続くかもしれない。仕事への支障を考え，医療機関に紹介し連携をすること，心理教育をしっかりと行うこと，必要ならば専門的な心理療法を導入することの検討が必要だと考えられる。ただし，専門的な心理療法は，今後の弁護士相談や刑事手続きとの兼ね合いを考える必要があるだろう。

周囲のリソースとして，家族は疎遠であり，自分のセクシュアリティのカミングアウトもしていないため事件について話すことは難しく，支えとしては考えにくい。カウンセリングを勧めてくれた友人には事件のことを話せるが，それ以外の友人には，狭いコミュニティなので話したくないということだった。プライベートな関係での支援は難しそうであるため，支援機関や医療機関，弁護士，心理職など専門機関での支援を充実させることは大切そうだと考えられた。

経済的に困っていることはなさそうだが，カウンセリングに自分のお金を費やすことには納得がいかない気持ちもあり，この点は今後気を付けて話し合っていく必要がある。しかし，理不尽な目にあったにもかかわらず，精神的にも経済的にも自分に負担がかかることが納得いかない気持ちは，そのとおりだろう。自治体の被害者支援の制度など，カウンセリングの助成，あるいは何か経済的な支援はないかを調べることも必要かもしれない。

④初回での心理的介入

本事例では，インテーク面接の途中で心理職がCさんに対し，出来事について話したことを労い，Cさん自身の使った言葉でどのような体験だったかを繰り返したうえで，性暴力は加害者が悪い，というスタンスを明確に示している。不法侵入のたとえは，筆者が以前からよく使っているたとえである。クライエントの傷つきや自責感に踏み込む発言でもあるため，慎重に発する必要はあるが，性暴力の被害を受けたクライエントとの面接で，クライエントが，自分が責められるのではないかと不安に思っていることが感じられた際には，初回でもこのように伝えることがある。

自責感はトラウマの経験と深く結びついているため，この時点で，クライエントの自責感を軽減することは難しい。もちろん，伝えたからといって，クライエントの疑心暗鬼な気持ちがすぐに和らぐわけでもない。しかし，特に，誰かに被害について非難されたり，否定されたりした経験を持つクライエントは，カウンセリングの場でも怯えている場合があるため，少なくとも，カウンセリングの場面では，クライエントは責められることはないと明言することは，大切である。

さらに本事例では，「よくあることだと思いたい」というCさんの気持ちを受容的に聴きつつも，Cさん自身が「ショックだと思っている」という感情を取り上げ，心身の反応を当然のことだと伝えている。インテークの際には丁寧な心理教育を行う時間がなくとも，起きた出来事は暴力であること，ショックを受けるほどの経験ならば心と身体が傷つくことは当然であること，心と身体を落ち着かせていく方法を一緒に考えられること，という最低限必要な内容を伝えるよう努めた。

カウンセリングへのハードルは，今の日本ではまだ高い。そのうえ，性暴力の被害を受けた人は，自分自身の傷つきが上手く把握できないために，あるいは自分を責めているために，自分が弱い存在になってしまったようで恐怖や不安を覚えたりするために，ケアを受けることに消極的な場合もある。男性の場合には，さらに，相談に対して壁が厚い。クライエントの自責感や恐怖，不安を蔑ろにしないように気を付けつつ，クライエントが何に傷ついているのかということ，いま起きていることは傷ついた後に生じる自然な状態であること，ケアは有効であることを伝えていくこともまた，大切なことだと考えている。

4．その後の介入

① 2回目の面接の準備

心理職は，次の面接までに，地域の性犯罪・性暴力被害者のためのワンストップ支援センターや被害者支援センターについて調べた。また，性暴力やトラウマについて連携可能な医師を探した。さらに，一般的なトラウマ反応について書かれたリーフレットに，男性が被害に遭った場合に特によく見られる精神的反応である，怒りや男性としての自己イメージの傷つきを加えて，自作の説明資料を作成した。

② 2回目の面接

2回目の面接では，まず，「前回の面接の後は，どのようでしたでしょうか。自分が受けたショックな経験について話した後に，気持ちが動揺するという方もいらっしゃいます」と伝えて，その後の様子を尋ねた。Cさんは「正直，話してよかったのか，ちゃんと伝わったのか，と不安にも思ったけれど，非があるとは一切思っていないと言われて，ホッとしました。その日は何となく眠れたんですが，やはり次の日からまた眠れなくて」と語った。

心理職が，前回の最後に話していた加害者に対して何かできないか，という気持ちについてはどうかと尋ねたところ，変わっていない，弁護士を探そうかと考えているということだったので，性犯罪・性暴力被害者のためのワンストップ支援センターや被害者支援センターについて説明を行った。「こうした機関で，今後の刑事手続きについても相談にのってもらえると思います。また，弁護士といっても，被害者を支援する弁護士は数が少ないと聞きます。以前の警察の対応について考えても，被害者支援に詳しい弁護士がいいのでは，と思います。そのため，まずはこうした機関に問い合わせることはどうか，と考えたのですが」と伝えると，Cさんは悩んでいるようだった。「男性でも，相談にのってくれますかね……」と言うため，「もしCさんがよければ，私が，先に連絡をしてみることもできますが，どうでしょう」と伝えると，お願いしたいと言った。心理職は，支援機関に何をどこまで伝えてよいかを確認し，次回の面接までに連絡をしてみると話した。

その後，「今日は，今のCさんの状態についてお話をしたいと考えています。でも，Cさんが何か話したいと思っていることがあれば，まずそれを話していただければと思います」と話すと，Cさんは「仕事に支障も出てきているので，今の状態について相談したいと思っていた。まず話を聞きたい」と答えた。心理職は，自作の説明資料を用いながら，トラウマ後の心身の反応について説明を行った。

「自分では対応できないような，ショックな経験を，トラウマ体験と呼びます」とトラウマ体験の説明をし，性暴力もトラウマ体験の一つであると話した。そして「トラウマを経験すると，心もケガをします。身体がケガをすると，血が出て痛いと感じるように，心もケガをすると，心と身体にいろいろな反応が現れます。たとえば，考えたくないのに，その出来事のことを考えてしまうことはありますか」と尋ねると，Cさんは，眠る前にグルグルと考えると怖くなって眠れず，考えないようにするために寝落ちするまでゲームをしてしまうと話した。「その出来事が起きたときと同じような時間帯には思い出しやすくなりますし，夜は特に思い出してしまいますよね」と伝えつつ，「嫌なことも，嫌ではなかったことも，通常は時間とともに思い出すことが減っていったりします。でも，あまりにショックな経験は，なかなかその時の記憶や気持ちが整理されていかず，ずっと鮮明なまま残ってしまうことがあります」と心理教育を行った。こうして一つひとつ，トラウマの反応について説明し，Cさんの状態を尋ねるということを繰り返していった。過剰に警戒してしまうことはあるかと尋ねると，会社で後ろから声をかけられたときに非常に驚いてしまい，逆に相手を驚かせてしまったということだった。「人の心の中に，火災報知機のような警戒センサーがあるとします。普段は，警戒センサーはしっかりと働いているのですが，今回のように，自分の命や身体の安全が脅かされるような経験をすると，自分を守るために警戒センサーが敏感になるのです。今の，Cさんの警戒センサーは，マッチを擦って火を消した後に立ち上る，一筋の煙にさえ反応してしまう状態です」「また危険が迫るのではないかと警戒していると，深く眠ることは危険なので眠りが浅くなりますし，小さな刺激にとても敏感に驚いてしまいます」など，たとえ話を使いながら，今の状態について説明をしていった。

Cさんは，説明したほとんどの状態について「すごくあります」「そうなんです」と同意を示した。男性としてのイメージの傷付きについても「こういう被害について，話には結構聞いていたんですが，今まで自分には起きていなかったし，自分は大丈夫だって思っていた」「腕力にも自信はあるから，抵抗できると思っていた」「相手を殴ってやればよかったけど，できなくて。なだめるように説得するだけで，そんな自分が情けないと思った」と語っていた。心理職は「こうした被害に遭うと思っていなかったからこそ，とても驚いて，抵抗することも難しかったですよね」「男性が性暴力の被害に遭うことも，実は多いのです。そして，男性であっても，性暴力の被害の際に抵抗できることはほとんどありません」など，男性でも性暴力被害に遭うことや，男性が性暴力被害に遭ったときの反応について説明をした。最後にCさんは，「自分がおかしいと思っていたけれど，そうではないんだとわかって，少しスッキリした感じがします」と述べていた。心理職からは，睡眠の問題について医療機関の受診を検討することを勧めた。Cさんは，少し考えてみると述べた。最後に，「警戒センサーの，過剰になってかえって苦しくなっている部分を緩めていくために」と，自律神経の説明をしたうえで呼吸法を一緒に行い，次回まで継続して練習してくるように伝えた。

③３回目の面接の準備

心理職は被害者支援センターに連絡し，被害概要，被害者も加害者も男性であること，弁護士相談の希望があることを伝えた。また，一度警察に相談に行っているが，その対応で傷ついたこと，被害を届け出たいと思っている様子があることも伝えた。被害者支援センターでは男性の相談も受けているので安心してほしいと話があり，一度本人から電話をもらい，詳細を確認したうえで，被害届出の希望なども伺うために面接を行いたいと説明があった。今回概要を伝えたので，一から本人が話さなくても大丈夫かと尋ねると，概要の中でいくつか確認をする必要がある点についてセンターの相談員から尋ねる形にすると説明を受けた。心理職は，次回の面接で確認して連絡をする旨を伝えた。

④その後の経過

3回目の面接で被害者支援センターについて，一度本人が電話をする必要があること，被害概要は伝えているので一から説明する必要はないこと，男性の相談も受けているセンターであることなどを伝えた。Cさんは「何度か話を聞いてもらって，やはり，できることがないかを考えたい」と，自分で被害者支援センターに電話をしてみると話した。また，医療機関も紹介してほしいということだった。Cさんと相談した結果，心理職から医療機関に名前と主訴を伝え，そのあとでCさんが医療機関に連絡して予約を取ることになった。医療機関の予約日は1週間後の面接以降とし，心理職は次回までに情報提供書を用意し，次回面接の中で，情報提供書の内容を確認してもらうことにした。

4回目には，被害者支援センターに電話して，今度来所することになったこと，医療機関の予約が取れたことが語られた。心理職は，医療機関にあてた情報提供書の中身について，書かれている内容に間違いがないか，Cさんに確認をしてもらった。

5回目以降は，支援センターとのやり取りや支援センターから紹介してもらった弁護士との話の確認，医療機関に受診した結果などが話された。

支援センターでは，二次的被害のようなことは起きていないということだった。支援センターの相談員は親身になって話を聞いてくれて，弁護士との面談にも同席してくれた。弁護士も真剣に話を聞いてくれて，そうして初めて，Cさんは，「自分の身に起きたことは，やはり大変なことだったんだ」と実感したということだった。弁護士からは，現在の刑法では難しい事案であるので，被害届出については弁護士があいだに入って慎重に行う必要があると考えられる，しかし警察に届出をしても，刑事事件化は難しいかもしれないと説明があった。なぜ難しいかについて，「あなたに行われたことは暴力であって，本来ならば，相手はちゃんと罰せられるべきだと思う」と前置きをしたうえで，弁護士は丁寧に説明をしてくれた。Cさんは，納得いかない気持ちがありながらも，それでも警察に届出をしたいと述べた。

2回目に警察に行ったときには，前回とは違う人が対応に出て，前回の対応について真摯に謝られた。警察は熱心に事情聴取を行い，相手も任意で呼び出して聴取が行われた。検察に送検され，検察でも事情聴取を受けたが，結果的に，不起訴となった。しかし，検察に送検されてから不起訴の決定が下りるまでのあいだに，弁護士が加害者および加害側弁護士との示談交渉を進めてくれた。ある程度の示談金と，お互いにこの事件について口外しないこと，加害者は被害者に近づかないことなどの内容で示談がまとまった。

心理職との面接では，この間，手続きの進行にまつわる心情について話された。警察に行くときの不安，警察から謝罪されてホッとしたこと，不起訴の見通しが伝えられたときの怒り，やるせない気持ち，示談というお金の交渉に対して，自分の傷つきが金銭に換算されるような，しかも自分の傷つきには到底足りない金額しか支払われないという複雑な思い，その時々で，Cさんの気持ちは揺れ動いた。特に，不起訴の見通しが伝えられたときには，もともと弁護士からその可能性も教えられていたとはいえ，自分にされたことが被害ではないと，社会に言われているような気持ちになった。なぜ，ひどいことをした相手が何の罰も受けずに生活を続けるのか，と，面接場面でも声を荒げる様子が見られた。心理職はCさんの怒りについて，もっともだと伝えた。示談がまとまった後には，Cさんは，「金銭で換算されるようで嫌だし，全然足りないけれど，でも，相手に一定の制裁は与えられたように思う」「警察も，弁護士の先生も，あなたは悪くない，これは暴力だと言ってくれて，それはとてもホッとした」「カウンセリングの費用も賄えたし，このお金は，自分が楽しいと思うことに使います」と述べていた。

一連の手続きが終わり，Cさんにはまだトラウマ反応が見られていたため，トラウマ焦点化心理療法について説明を行った。Cさんは，手続きが終わるまで怒涛の日々だったので，少しゆっくりと話す時間がほしい，出来事についての気持ちの整理は，話しながらでもできるかもしれないと語った。そのため，心理面接の中で，心理教育や実生活内のエクスポージャーを行いつつ，時間をかけて，被害や被害にまつわる心情について話をしていった。

トラウマ焦点化心理療法ではなかったが，トラウマに焦点づけた面接が行われた。週に1回，1年ほどかけてゆっくりと面接を重ね，その中で被害のときの恐怖や，被害にまつわるさまざまな感情が語られた。新しい人と出会うこと，恋愛をすることへの不安，しかし一人で生きることに孤独を感じることなども話された。Cさんの感情が整理されるとともに，フラッシュバックや日常生活の中で生じる反応は軽減していった。

5. 支援のポイントや留意点の説明

①心理教育と連携

本事例では，心理教育の際，一般的なトラウマ反応に関するリーフレットの内容をカスタマイズし，新しく説明資料を自作した。このように，心理教育用の資料は，一人ひとりのクライエントに合わせて作成することも多い。既存のリーフレットであっても自作資料であっても，事前に，さまざまなトラウマ反応が書かれているということが重要である。それが，「こうしていろいろな人が読む資料に書かれているのだから，自分の反応は本当に，いろいろな人に共通する反応なのだ」という理解を助ける。特に，単回性の被害の場合，被害以前の状態と被害以後の状態では大きく変わってしまい，クライエントが戸惑っていることも多い。その際に，リーフレットや資料をもとに説明を受けると，心身の反応が「心のケガの影響で起きている」と外在化され，さまざまなトラウマ反応に振り回される状態から，「ああ，これも反応の一つだ」と少し距離を取れる状態に変化していく。

また，本事例では医療機関および被害者支援センターと連携を行っている。本事例のように，加害者に対する処罰感情を持つ被害者では，刑事事件化が難しい場合も，そうではない場合も，弁護士に相談することが大切である。心理職は，どのような法的手立てが取れるか判断することはできない。しかし，被害者支援に精通している弁護士は多くはないため，自分自身がよく知っている弁護士がいない場合には，性犯罪・性暴力被害者のためのワンストップ支援センターや被害者支援センター，あるいは地域の弁護士会が被害者支援の電話相談を持っている場合にはそちらに相談することなどが有効である。だが，性犯罪・性暴力被害者のためのワンストップ支援センターも被害者支援センターも，誰にでも弁護士を紹介しているわけではないため，事前に確認しておいたほうがよい。また，連携の際に二次的被害が発生しないよう，クライエントの許可を得たうえで，必要な情報を適切に交換し，支援体制を整える必要がある。

ただし，クライエントの力を奪わないよう，クライエントの意思を蔑ろにしないよう，一つひとつの連携や動きについてはクライエントに伝え，どこを心理職が，どこをクライエント自身が行うか，話し合いながら進める。

②法的手続きにまつわる心情への寄り添い

本事例は，弁護士への相談，警察への再度の相談，被害届出，警察聴取，検察聴取，示談交渉，不起訴の決定と，さまざまな手続きがあった。

心理職は，こうした手続きの動きについてクライエントから聞き，あるいはクライエントの了承を得たうえで支援センターと連携して動きを把握し，クライエントの気持ちが置き去りにならないように面接で話をしていく。現実での動きは，被害者にとって，公に自分に起きたことが被害だと認識されるために，自分に理不尽なことをした相手が罰せられるために，自身の権利回復のために，大変重要である。しかしそのプロセスの中で，被害について繰り返し尋ねられ，被害を想起しなければならず，そのうえ，被害者が望む結果は得られないことが多い。加害者によって理不尽な暴力にさらされた被害者が，再び，社会の理不尽にさらされる。

そうしたとき，第三者は，最初から警察に届け出なければいい，と思うかもしれない。社会の理不尽に傷つくクライエントに対し，心理職は無力感を抱き，安易なアドバイスをしたくなるときもあるかもしれない。筆者も，警察や検察の対応が被害者を傷つけるものだったとき，非常に悔しく，苦しく，社会に対して怒りを覚えることもある。傷つくだけだからやめてはどうか，と伝えたくなったこともある。それは，心理職としての客観的な判断ではなく，傷つくクライエントを，自分が見ていられなかったために浮かんだ言葉だった。

しかし，メリットもデメリットも，起こりうることのリスクも伝えたうえで，選ぶのはクライエント自身である。人生の大切な決断に対して，ともに考えることは必要でも，決断を奪ってはならない，と思っている。また，被害者が望む結果が得られなかったとしても，ちゃんと警察が動いたこと，いろいろな人が加害者を許せないと言ってくれること，主体的に自分の人生を選び，自分の人生を回復するために動くことは，それが適切な支援を受けながら行われたならば，被害者の精神的な回復を支えていく場合もある。被害者が一人で，このプロセスを進んでくことは難しい。被害者支援機関や弁護士，医師などと連携し，サポートしながら行われることがよい。

寄り添う，という言葉は，茫洋として曖昧だと感じることもある。しかし被害者支援では，刑事手続きや民事手続きという，クライエントが翻弄されかねない現実の中で，クライエントが自分で考えていくことができるように，クライエントが本当に望むことは何かを考えられるように，自分の気持ちを感じられるように，クライエントと一緒にいろいろな選択肢を眺め，それを選択した先について考えていく。そして，選んだあとの気持ちや，それを選ばざるを得なかった気持ちについて，話を聞いていく。それに対し，筆者は，ともに走る，伴走するというイメージがあり，寄り添うという言葉が合っているようにも感じている。

③強い怒りへの対応

Cさんは，面接の中で時折，声を荒げて怒ることがあった。心理職によっては，それを怖いと感じることもあるかもしれない。性暴力被害についての面接の中で，被害を受けた人は，加害者や，理解してくれない周囲の人々，警察や検察，支援機関などに対して，強い怒りを示す場合がある。

性暴力という理不尽な出来事に遭遇し，さらに社会の理不尽にさらされた被害者が強い怒りを抱くことは当然である。怒りが表出されることが，回復へのプロセスの一つとなることもある。しかし，過覚醒反応などで増幅された怒りが面接室で表出されると，心理職としては，どう受け止めてよいか悩む。机をたたかれたり，語気を強められると，自分の身の安全が脅かされるような気持ちになるかもしれない。

怒りは，第一に，「怒ることは当然である」と怒りを正当なものだとしっかりと認識し，受け止めることが必要だと考えている。それだけ傷ついてきたのだと心理職が理解していることが，とても大切だ。

第二に，その怒りがクライエントの日常生活を破壊しかねない程だった場合には，怒りについての心理教育やアンガーマネジメントなどを実施する場合もある。自分の感情のコントロールについて，呼吸法や筋弛緩法などのリラクセーション，あるいはさまざまな対処スキルを身に着けることもある。

第三に，しかしその怒りが，正当な怒りにプラスされた過覚醒症状としての怒りであるならば，トラウマ反応が落ち着いていかないと，怒りも落ち着いていくことが難しい。根本にあるトラウマ反応が落ち着いていくように支援を行うことが必要である。トラウマ反応が落ち着いていくと，その怒りの奥には，恐怖や不安，葛藤，恥，さまざまな感情が隠されていたと語られることも多い。

④トラウマ焦点化心理療法を用いない面接

心理職は，Cさんについて，トラウマ焦点化心理療法が必要な状態であると考えた。しかし，刑事手続きを経て，Cさんは，ゆっくりと面接の中で事件について話し合っていくことを希望した。このように，トラウマ焦点化心理療法をクライエントが選ばないときもある。その後，トラウマに焦点を当てつつ，何かのプログラムの形を取らずに面接を重ねていく中で，徐々にトラウマ反応が落ち着いていく場合もある。あるいは，落ち着いていかず，数カ月，数年たって「やはりトラウマ焦点化心理療法を受けたい」と希望する場合もある。

専門家として，トラウマ焦点化心理療法の導入が適切だと判断したならば，その説明をして，クライエントの迷いや不安を話し合っていくことは必要なことだと考えている。筆者は，昔，トラウマ焦点化心理療法の導入を筆者もクライエントも躊躇っているあいだに，クライエントの状況，クライエントを取り巻く状況がどんどん悪化していき，結果的に，人生で多くのものを喪っていった事例を経験している。その後，結果的にクライエントはトラウマ焦点化心理療法を行い，少しずつさまざまなことを取り戻していったが，もっと早いタイミングで導入していたならば，クライエントの人生は全く違うものになったかもしれない，と思うことがある。もちろん，クライエントの迷いや不安に寄り添うことも重要であり，迷うプロセスが大切なときもある。また，それ自体もクライエントの選択だと言ってしまえば，それまでかもしれない。しかし，PE 療法が開発されたペンシルバニア大学の CTSA に研修に行ったとき，「なぜ行わないの。回復する手立てがあるのに，それを責任もって説明しないことは，臨床家の倫理に反する」といった内容のことをスタッフに言われ，大変に悩んだことを思い出す。

ただ，実際の臨床現場では，さまざまな事情から，トラウマ焦点化心理療法が必要ではと思われても，クライエントが選択しない，あるいは選択できないことはある。

トラウマ焦点化心理療法を用いない場合でも，クライエントがトラウマ反応に困り，その軽減を目的としているならば，面接ではトラウマに焦点を当て続ける。トラウマインフォームドケアを心掛け，心理職とのあいだに，安心，安全を感じられる関係性を作り，心理教育を繰り返し，自分の状態を俯瞰して見られるように支えていく。また，現実生活の中で，トラウマを想起させるために避けている事物があるならば，避けずに生活していけるようにエクスポージャーを取り入れることもある。これは，PE 療法の中で行う現実エクスポージャーを活用しており，トラウマを想起させるために避けている事物を，具体的に挙げてもらい，0 から 100 までの点数をつけて不安階層表を作り，刺激の弱いものから徐々に繰り返し向き合っていくというものである。

そして，面接の中で折に触れて，性暴力の出来事について，そのときの気持ちや，考えたこと，前後の様子などを尋ねていく。もちろん，クライエントが話したいという話に耳を傾け，現実の生活の様子も丁寧に聞き取っていくが，トラウマにまつわる記憶が組織化され，強い感情を伴わず語ることができるようになることを，通常の面接でも目指していく。

（齋藤 梓）

トピック⑫

TF-CBT と子どもの性暴力トラウマ

［公益社団法人被害者支援都民センター　公認心理師・臨床心理士］新井陽子

TF-CBT とは，広義にはトラウマ焦点化認知行動療法の全般を指すが，本論では，狭義の「児童青年と非加害養育者のためのトラウマフォーカスト認知行動療法（Trauma-Focused Cognitive Behavioral Therapy）」のことを指す。元々 TF-CBT は，性的虐待の被害を受けた子どもとその養育者の双方が参加する治療モデルとして，米国の独立した 2 つのチームによって研究されていた。一方は Judith Cohen 博士と Anthony Mannarino 博士が率いるチームであり，他方は Esther Deblinger 博士が率いるチームであった。後に，ワシントン DC の米国子ども虐待とネグレクトセンターが主催する「連邦資金による子ども虐待研究者のための会」でこの 3 人の開発者らが出会い，それらのプログラムと方向性に共通点が多いことから共同研究を進めていくこととなり，現在の TF-CBT プログラムの形が整っていったのである。現在では，オンライントレーニングも実施されており，128 カ国 30 万人以上のメンタルヘルスの専門家が，このトレーニングを受講している（Deblinger, 2021）。

TF-CBT は，子どものトラウマ関連障害に対する非常に強力な治療モデルである。当初は性的虐待を受けた子どもに対する治療法として開発されたが，現在ではその他の虐待や災害，犯罪被害などの広範囲における子どもの PTSD と，トラウマに関連したうつ症状や不安症状・行動上の問題・性的逸脱行動・恥の感情・信頼感・社会生活能力などの回復にも用いられ，それらにおいても改善がみられることが報告されている。また養育者の抑うつ感情や PTSD 症状・その他の心理的苦悩の軽減や親機能の向上にも効果が認められている（Cohen et al., 2017）。

TF-CBT の治療対象は，トラウマとなる出来事を体験し，PTSD や関連症状によって，生活面で何らかの機能障害を起こしている子どもと主たる養育者である。対象年齢は 3 ～ 18 歳とされているが，この範囲以外の子どもにも適応可能である。特徴の一つとして，親の参加を強く推奨しており，親は子どもの回復や日常生活内の行動をコントロールする支援を行う。しかし，親の参加が困難な場合は，里親や施設職員など子どもが信頼している大人の参加が認められている。ただし，参加する養育者は非加害養育者に限定されている。

プログラムは基本的に週 1 回，50 ～ 90 分（子どもと養育者のセッション時間は半々）で実施され，治療者は子どもと養育者の両方を担当する。プログラム全体の治療構造は「A-PRACTICE」と呼ばれる「アセスメント＋ 8 段階の治療要素」からなり，段階的にトラウマに曝露される構成になっている。

中核となる要素は，「トラウマナレーションとプロセシング（T）」である。子どもは，このセッションでトラウマ記憶と向き合い，非機能的な認知を整理していく。この T の要素を成功させるための準備段階として，PRAC が用意されている。「心理教育（P)」でトラウマタイプ別にそのメカニズムを学ぶ。性暴力に関する基礎知識は，この要素で学ぶことになる。「リラクセーション（R)」では，簡単で日常的に使えるリラクセーションスキルを学ぶ。「感情表出と調整（A)」では，感情への気づきと感情コントロールを学び，「認知コーピングと認知の三角形（C)」でリフレイミングの練習を行う。並行して養育者は，これらの PRAC を学ぶと同時に「ペアレンティングスキル（P)」を学び，子どもの症状に合わせた適切な対応を習得していく。

「トラウマナレーションとプロセシング（T)」では，子どもはトラウマ記憶と向き合い，子ども自身のトラウマナレーションを作成していく。治療者はそのナレーションに潜む非機能的認知を見つけ出し，子どもをエンパワメントしながらプロセシングを通じて，子どもが新しい認知や価値に気づくよう導いていく。「実生活内でのトラウマリマインダー（I)」では，PTSD 症状の一つである「回避」を扱う。実際には無害であるにもかかわらず，トラウマ体験の影響で子どもが避けているものに向き合う練習を行う。

「親子合同セッション（C)」では，子どもが作成したトラウマナレーションを養育者の前で発表する。子どもは，養育者から肯定的な感想を受け取り，親子ともに感動的なセッションとなることが多い。そして最後に「将来の安全と発達の強化（E)」で，プログラム終了後の子どもの現実的な安全感と健全な発達を強化する。

以上 8 段階の要素を経て，プログラムは終結する。終結後に必要に応じてフォローアップセッションなどを設定することができる。

子どもが性暴力被害に遭うと，養育者の傷つきもかなり大きい。TF-CBT では，そのような養育者の傷つきも治療対象に含まれており，親子で取り組むことによって家族全体のウェルビーイングの向上につながることが確認されている。

なお，TF-CBT を習得したい人は，まず TF-CBT マニュアルを読み，認定されたトレーナーによる初期研修を受講し，さらにケース進行中のコンサルテーションを受けることが推奨されている（亀岡，2021)。

参考文献

Cohen JA, Mannarino AP & Deblinger E（2017）Treating Trauma and Traumatic Grief in Children and Adolescents（2nd ed）. Guilford Press.

Deblinger E（2021）第 2 章 国際的なトラウマフォーカスト認知行動療法研究.（亀岡智美・飛鳥井望編著）子どものトラウマと PTSD の治療―エビデンスとさまざまな現場における実践. pp,24-33, 誠信書房.

事例 4

○単回性の被害・小学生男子・加害者は見知らぬ人

事例 4 では，見知らぬ人から被害に遭った男児の例について，被害者支援センターにおける支援のプロセスを追っていく。

1．事件のあらまし

D さんは，小学校 3 年生の男児だった。小学校からの帰り道，知らない若い男の人に声をかけられた。「お腹が痛いんだけど，近くに公園とかないかな」と言われて，大人を呼んでこようとしたけれどトイレに行けば大丈夫だというので，近くの公園のトイレに案内した。そこでトイレに連れ込まれた。怖かったけれど，声が出ず，身体を触られて口腔性交をさせられた。加害者はその様子を撮影していた。加害者は「お母さんたちに言ってはダメだよ。知らない人についていくなんて，君は悪いことをしたんだよ。言ったら，お母さんたちが悲しむよ」と D さんに念を押して去っていった。

その日，母親は在宅勤務をしていた。帰宅後，D さんの衣服が汚れていることに疑問を抱いた母親が D さんに「洋服が汚れているけれど，どうしたの」と聞くと，D さんはこわばった顔をして「何でもない」と言った。何かあった様子に不安になり，母親が何度か尋ねたが，「何でもない！」と叫び，話すことを拒否して暴れた。ひとまずそのままにして，父親が帰宅した後で，改めて母と父がそろって D さんに話を聞いたところ，観念したようにその日に起きたことを話してくれた。両親はすぐに警察に連絡をし，「あまりお子さんから話を聞かずに，お子さんの身体を洗わずに，そのまま警察署に来てください。今日着ていた衣服，洗濯をしていないようだったら，未使用のビニール袋に入れてそのまま持ってきてください」と言われた。両親は D さんに「とても大切なことなので，一緒に警察に行こう」と伝えると「僕，逮捕されるの」と D さんは驚いたように言った。両親は D さんに「D は逮捕されない。逮捕されるのは，相手のほう。悪いことをした人は，ちゃんと逮捕してもらおうね」と伝え，警察に行った。D さんはその日，少し事情を聴かれた後，病院に行って，診察と証拠採取の対応を受けた。正式な聞き取りは，後日，検察庁で司法面接という方法で行われると，D さんと両親に説明があった。

D さんは翌日から学校に行ったが，登下校を怖がったため，母親と父親が交代で在宅勤務を会社に申請し，送り迎えをするようになった。学校には，道の途中で変質者に遭ったので怖がっている，しばらく送り迎えをしたいということを伝えた。学校は，他の子どもの安全のために詳細を聞きたいと言ってきたが，警察にも届け出たのでと，それ以上は話さなかった。

後日，司法面接が行われた。D さんはしっかりと受け答えをしていたということで，終わった後，検察官や警察官に褒められて恥ずかしそうにしていた。しかしその後，イライラして癇癪を起すことが増えた。学校でも，友達との喧嘩が増える，一人でトイレに行くことができないが男性の担任が付き添うことは泣いて嫌がるという状態が見られた。家のトイレは一人で行くことができるが，家に帰宅した後は外に出ることができず，夜，うなされている様子も見られた。

両親が警察の人に D さんの様子について伝えたところ，警察の被害者支援員が被害者支援センターを紹介してくれた。被害者支援員が，私から一報，センターに先に事情を伝えることができます，と言うのでお願いし，そのあとに両親から改めてセンターに電話をかけて相談を行った。

被害者支援センターの相談員からは，事情は支援員の方から聞いていると伝えられ，いま両親が困っていることや相談したいことなどを話してほしいと言われた。子どもの様子が心配であること，今後の刑事手続きも不安があることを伝えると，来所の面接を促された。子どもは行きたがらないかもしれないと話したところ，「まずはご両親がいらしてお話しできればと思います。ご両親が知っている場所だ，ということならば，お子さんも安心するかもしれません」と言われた。そこで，子どもが学校に行っているあいだに，二人で支援センターに行くこととした。

2. インテークの様子

①両親との面接

被害者支援センターでは，まず犯罪被害専門の相談員である犯罪被害相談員が両親と面談し，被害の概要と現在の刑事手続きの状況の確認を行った。両親は，加害者が許せない，警察は捜査を進めている，逮捕できると思うと言っていたが詳しいことは捜査上のことだからと教えてもらっていないと語った。犯罪被害相談員は，センターで行うことのできる支援として，警察や検察，裁判所に行くときの付添支援，弁護士の紹介，心理職によるカウンセリングなどがあると説明した。両親は，加害者が捕まったら弁護士の依頼を考えたい，付添もお願いしたいと述べた。子どもは一人っ子であること，それぞれの実家も遠方にあるためあまり頼れないこと，今は会社から在宅勤務がある程度認められているので，何とか子どもの側にいることができていることが語られた。相談員は，Dさんが事件や手続きのことをどこまで把握しているのか確認した上で，Dさんの意向を大切にすることも大事であるということを両親に伝えた。

相談員との面接後，心理職と両親との面接が行われた。心理職は両親に「お子さんのご様子で，心配だなと思っていらっしゃることは，どのようなことがありますか」と尋ね，両親からは子どものいろいろな状態について語られた。夜は一人では眠ることができず，両親のどちらかが一緒に眠っている。うなされる様子があり，母親はその様子を見ると，どうにかしてあげたいのに何もしてあげられないと涙が出てしまう。外に一人で行くことはできず，習い事も休ませている。学校で暴れていたり，家でもイライラしている様子なのが気にかかる。もともと，おっとりとして優しい子だった。困っている人には親切にするようにと伝えていたが，それが良くなかったのだろうか，もっと人を疑うように伝えていればよかった，と語りながら，父親もまた涙を流した。

心理職は，子どものトラウマ反応が書かれた小冊子を示しながら，両親から聞き取った話について心理教育を行った。「とてもショックな体験をされたので，心や身体にいろいろな反応が出ているのではと思います」「それは，ショックな体験をした後に，多くの子どもに起こることです」「イライラすることも，子どもたちによく見られます。子どもたちは，自分の気持ちをうまく言葉にすることが難しいので，身体の反応や，行動に状態が表れることが多いです」など，一つひとつの状態について伝えた後に「ご両親はそれぞれ，お子さんの様子をしっかりと見ていらっしゃるのですね」「ショックな体験をした後，心の回復に大切なことは，安心で安全な環境で過ごすことです。警察に届け出てお子さんの安全を守る行動をとって，できる限りお子さんのそばにいて，登下校が怖いというお子さんに付き添って，ご両親がちゃんと，お子さんが安心できる環境を整えていらっしゃるのだと思いました」と，両親の行っていることに焦点づける内容を伝えた。

両親は，子どもがイライラしているときは頭ごなしに怒らず，穏やかに話を聞くよう努めている，眠るときには「もう怖いことは起きないよ，ちゃんと一緒にいるから大丈夫だよ」と声をかけているということだったので，その対応はとてもよい，今は，安全であることや，親がＤさんを守っていることを明確に言葉と態度で伝えて，安心を示してあげられるとよいと思うと話した。

両親は「警察に届出たことを後悔しているわけではないが，司法面接の後，Ｄの様子が一層おかしくなった気がして，本当によかったのかと悩んでいた」と話した。心理職は「出来事を聞かれることは，ショックだったことを思い出すことなので，お子さんにとってしんどいことではあります。でもそれは，警察に届け出たことや司法面接がいけなかったのではなく，元々，被害によって傷ついていたということです。お子さんの心の傷つきが回復していくように，一緒に考えていければと思います」と伝えた。そして，次回はＤさんが一緒に来られるように，どのようにＤさんにセンターのことを伝えるかを相談した。Ｄさんは習い事に行きたいが，怖くて行けないことを残念に思っている様子だということだったので，「また，前みたいに習い事に行けるように，元気になるための場所だ」と説明してもらうことにした。

②両親とＤさんとの面接

両親の初来所から１週間後，両親とＤさんとの面接が設定された。その１週間のあいだに，加害者が近々逮捕されるという連絡が，警察からセンターに，そして両親からセンターに入った。ほかにも被害者がいること，逮捕されたあとにニュースになるかもしれないこと，子どもの名前は出ないが，複数の男子児童が被害者であるということは明らかになるということだった。両親は警察から連絡があった後でセンターに電話をし，「Ｄには，加害者が逮捕されることをどのように話すか悩んでいる」ということだったので，「そのことも次回の面接で相談しましょう」と伝えた。

両親とＤさんがセンターに来所した。はじめ，両親は犯罪被害相談員と，Ｄさんは両親とは別の心理職と面接を行った。心理職がＤさんに「ここについて，お父さんとお母さんからどんなふうにお話があったの？」と尋ねると「事件があって，それで，元気がなくなったから，前みたいに，元気になるための場所って聞いた」とＤさんは答えた。心理職は，「ここには，Ｄさんと同じように，事件に遭って，元気がなくなってしまった子どもたちが来ている」ということ「一緒に，元気になる方法を話し合っていこう」ということを伝えた。「今日は，Dさんが，事件の後，どんなふうに元気がなくなったのかを教えてほしいと思っています。そのあと，お母さんとお父さんのお話が終わるまで，一緒に遊ぼう」と話し，Dさんに，子どもによく見られる状態についてのリーフレットを見せながら，今の状態を聞いた。Dさんは，口数が少ないながらも，「思い出しちゃうのはある」「道が怖いのはある」と，あるものとないものを端的に話してくれた。一通り聞いた後で，心理職は「今回のような事件があると，心もケガをするんだ。身体がケガをすると血が出るのと同じように，心がケガをすると，ここに書かれているようなことが起きるんだよ」「でも，手当てをすれば血が止まって，そのうち，治っていくように，心も手当てをすると，ここに書かれているようなことは，ちゃんとなくなっていくからね」と伝えた。そして，「今日は，教えてくれてありがとう。お母さんたちも心配していたから，Dさんの状態と，手当をするとよくなるよ，ということについて，お母さんたちに話したいけれどいいかな」と尋ねると，Dさんは「大丈夫」と答えた。Dさんは，そこではじめて，少し，肩の力が抜けた感じがあった。「残りの時間は遊ぼうか」と提案すると，それまでとは打って変わって，ニコニコと元気に遊び始めた。

両親と犯罪被害相談員とは，加害者が逮捕された後の具体的な刑事手続きの流れについて確認し，弁護士の依頼について話し合った。犯罪被害相談員からは，逮捕された後に，保釈されることもあるため，子どもに伝えるときには注意が必要かもしれないと両親に伝えられた。

心理職と両親とは，Dさんに，加害者が逮捕されることについてどう伝えるかを話し合った。心理職からは「加害者が逮捕された後，ホッとして少し状態が安定する子どもと，現実だったと実感されて恐怖が強くなるのか，何か大きなことになったことにショックを受けるのか，状態が不安定になる子どもがいる」ということを伝えた。両親は「Dが頑張ったから，悪い人は逮捕されるんだ，ということを伝えてあげたい」と言った。心理職はDさんの頑張りを労うことはとても大事だと伝え，保釈については，両親と話し合った結果，「されないかもしれないから，されることになるまではその可能性は伝えない」「たとえ途中で保釈されたとしても，そのときに悪いことをしたらもっと罪が重くなるから，Dさんの安全は引き続き保障されるのだ，ということを伝える」ということになった。

最後に，両親と両親を担当した心理職，DさんとDさんを担当していた心理職とで面談し，Dさんの状態について「事件の後に，多くの子どもたちに見られる状態が現れている」「ここで，心が元気になっていくための，手当てをしていきたい」とＤさんを担当した心理職から伝えた。

3．アセスメントの観点

本事例は，被害直後に両親に出来事を話していること，両親が適切に警察に相談していること，被害者支援機関に繋がっていることなど，比較的スムーズに支援まで進んでいる。筆者の勤務する民間の被害者支援機関では，刑事手続きが少し進んだのちに，子どもの様子を心配した保護者が，警察や検察，弁護士から被害者支援機関を紹介されて，相談につながることが少なくない。実際には，保護者が一人親でなかなか相談に来る時間を作ることができない，子どもが支援機関に行きたがらないなどのさまざまな状況があるが，本事例では，被害者が子どもの場合の事件について，刑事手続き支援と心理支援をどのように並行して進めていくかを述べるため，このような事例内容とした。

この事例では，アセスメントの観点として，警察との連携，刑事手続き支援と心理支援（特に司法面接が関わる場合），事実の確認，心理的アセスメントについて述べる。

①警察との連携

全国被害者支援ネットワークに加盟している被害者支援機関は，都道府県の公安委員会に指定された，犯罪被害者等早期援助団体である。早期援助団体は，被害者や，被害者が未成年の場合は保護者の同意がある場合，警察から直接，事件概要や連絡先などを聞くことができる。本事例で警察の被害者支援員が被害者支援センターに事件概要を伝えているのは，この制度を利用している。新しい支援機関に行くたびに，一から事件概要を説明することは，被害者や保護者にとって大きな苦痛となる。この制度を利用することで，被害者は一から事情を説明する必要がなくなり，支援を受けやすくなる。

刑事手続きがすでに進んで警察が関わっている事例の場合，警察との連携は非常に重要である。新しい場所に被害者や保護者が行くことは，とても勇気が必要で，ハードルが高い場合がある。その際，すでに関係のできている警察の人が送り迎えをしてくれると，支援機関に相談に行きやすくなる。また，子どもの面接であれば，たとえば，司法面接のタイミング，加害者が逮捕されるタイミング，加害者の保釈など，付添支援や心理支援の必要なさまざまなタイミングについて相談を行うことができる。もちろんこれらは，被害者あるいは保護者の許可を得て，警察からセンターに知らされる。センターも，被害者あるいは保護者の許可を得て，警察とどのように配慮をしていくか，面接の予定を汲んでいくかなどの相談を行うことができる。

性犯罪・性暴力被害者のためのワンストップ支援センターや被害者支援センターではない，多くの心理相談機関では，警察との連携は容易ではないかもしれない。そもそも，警察が関わっている事案であっても，警察と直接連絡を取り合うことは少なく，被害者や保護者，あるいは弁護士を通して必要なことをやり取りするという状況かもしれない。そして，子どもの性暴力被害において，警察が関わっていない事案のほうがはるかに多く，保護者から「警察に相談すべきかどうか」を相談されることもある。

加害者が見知らぬ人だった場合，被害を届け出るかどうかは別としても，可能ならば，警察には相談したほうがよいと，筆者は考えている。確かに，被害を届け出ると，警察から事情を聴かれたり，あとで述べる司法面接が行われたりなど，子どもにかかる負担は大きい。しかし加害者が見知らぬ人の場合，その加害者は連続犯である可能性もある。そして，再び，どこで子どもと遭遇するかわからない。現在は，防犯カメラが設置されているために，加害者が明らかになり逮捕される可能性も高いが，子どもの記憶が正確ではないと判断されてしまうと，事件化が難しいこともある。犯人が特定できない場合も多い。しかし逮捕されなかったとしても，警察に相談していたならば，登下校の時間にパトロールを増やしてもらうなどの対応も相談できる。警察が動いていることは，子どもの安心感につながる。

警察に届け出たことで，本事例のように子どもにさまざまな影響がでる場合もある。また，子どもが「大変なことをしてしまったのかもしれない」と，大ごとになったことにショックを受ける場合もある。心理職の役割は，そうした場合に，傾聴や心理教育，リラクセーションといった，子どもの心のケガに対して適切な手当てをすること，保護者や大人が「あなたがしたことは正しいことで，あなたは勇気をもって行ったんだ」「ここから先は大人がちゃんと守る」と子どもに説明できるよう，支援をすることだと考えている。

②刑事手続き支援と心理支援（特に司法面接が関わる場合）

現在，子どもが性暴力の被害に遭い，警察に届け出た場合，代表者聴取（欧米では司法面接と呼ぶ。欧米の司法面接と日本の代表者聴取は，必ずしも同じではない場合がある）が行われることが増えている。子どもは大人に比べて，記憶を保持していたとしても，その記憶を正確に語ることが難しい。大人との会話で，誘導され，記憶が汚染されてしまう場合がある。ましてや，保護者が聞き，警察が聞き，検察が聞き，と何度も繰り返し聞かれると，そのたびに記憶が変化してしまう恐れもある。そのため，子どもの記憶を誘導せずに聞き取ること，子どもに過度な負担をかけず，記憶を語ることが一度で済むことを目的に，検察･警察･児童相談所が連携し，検察庁において代表者聴取が実施される。

警察に届け出る可能性がある子どもの面接では，この代表者聴取が終わるまで，記憶に触れないように気を付ける必要がある。また，その後，裁判で証言を行う可能性がある場合には（そもそも，欧米では証言を行わなくて済むように司法面接を実施するが，日本ではこの点はまだ法律や制度の整備が十分ではない），証言が終わるまで，事件の記憶には触れない面接を続けることが必要になる場合もある。それは，子どもの記憶が心理面接で歪められたのではないか，と言われ，子どもの不利になることを防ぐためである。ただし，裁判が終わるまで子どものトラウマの状態をそのままにすることは，臨床の倫理上問題があり，兼ね合いは慎重に検討する必要がある。

上記の問題があるため，刑事手続きがどのように進んでいるのか，特に代表者聴取が終わっているか，終わっていないならばいつ頃行われる予定か，裁判までの見通しはどのようか，裁判で証言する可能性はあるのか，といった点を，アセスメントにおいて抑える必要がある。本事例では，司法面接はすでに終了しているが，裁判で証言を求められるか否かは未だはっきりとしない，ということが，犯罪被害相談員によって確認されている。被害者支援センターではない民間の相談機関や医療機関，教育機関などでは，心理職が，この点に踏み込んで確認することが求められる。そしてその際には，なぜ確認することが必要か，確認した結果，この先の面接をどのように考えるのかを説明できることも重要であろう。

また，刑事手続きや加害者への処罰について，保護者がどのように考えているのか，子どもがどのように考えているのか，それぞれを聞き取ることも大切な点である。保護者の希望と子どもの希望にズレはないか，保護者は子どもの意思を尊重しているか，子どもはどの程度事実を考えたり受け止めたりすることができそうか，といった点を考えていく。

本事例では，保護者は処罰感情が強い一方で，逮捕の情報など，心理職と相談しながら子どもへの伝達方法を検討しており，子どもの気持ちを置いていってはいけないと考えている様子がうかがえた。

③事実の確認

Dさんの事例の場合，警察から紹介されており，代表者聴取も終了している。そのため，子どもに何があったかを大人が聞き取った後に心理職は子どもに会っている。

ここまで，被害が事実であるという前提で説明をしてきたが，警察も検察も関与しておらず，誰も子どもから出来事を聞き取っていない場合，まず，その出来事が事実かどうかを確認する。それは，子どもが嘘をついている可能性がある，ということではない。周りの人の言動で記憶が変化してしまうことを記憶の汚染と言い，それが起きないように注意する必要がある，ということである。子どもの様子がおかしいことから，大人たちが「何かがあったのではないか」と推測し，子どもに何があったのかを確認せずに，事件に遭遇したという前提で子どもに話をしていると，子どもは，自分の記憶なのか，他人から言われたことなのか，わからなくなってしまうことがある。こうした場合，何か事件があったことを前提に心理職が子どもに会うことは，子ども自身の記憶を歪めてしまう危険がある。

刑事事件となる可能性のある出来事は，基本的には，記憶の汚染を防ぐためにも，司法面接（代表者聴取）を受ける前に，子どもから出来事の詳細を聞き取らないほうがよい。学校などで，養護教諭，担任，管理職と，教員が何度も子どもから事情を聴くことは，子どもの記憶を汚染する可能性があるために避けなければならない。しかし，「誰に何をされたか」の概要だけは，保護者あるいは子どもから始めに話を聞いた人が聞く。少なくともそうして，誰かが，子ども自身から性暴力があったことを聞いており，その事実が（子どもの主観として）確認されていることが，子どものケアを進めるうえでは大切である。

④心理的アセスメント

心理的アセスメントは，子どもについてと保護者についての双方を考える必要がある。もちろん，保護者が祖父母である場合や，児童相談所の職員が子どもに付き添う場合などもある。また，保護者には会えるが子どもに会えない場合，子どもには会えるが保護者に会うことが難しい場合など，さまざまあるだろう。しかし，もしも，子どもと保護者が一緒に暮らしており，ともに面接で会えるならば，双方への心理介入を考える必要がある。

子どものアセスメントの際には，子どもが現在困っていること，現在の状態，既往歴やこれまでの適応，成育歴，家族関係，学校生活など，一般的な心理面接でのアセスメントと同様に確認をしていく。子どものトラウマ反応は，大人とは違う形で現れることも多い。また，子どもは自分の状態をうまく言葉にできないことも多く，こちらからリーフレットなどで，よく見られる状態を説明し，心理教育をしつつ状態を確認することも大切である。

子どもが性暴力の被害に遭った際，保護者もまたショックを受ける。保護者がもともと困難な状況を抱えていた場合，あるいは保護者も過去に性暴力の被害に遭っている場合などもある。そして保護者はその状態で，子どものケアをしつつ，刑事手続きの対応をするため，負荷の強い状態となる。心理職は，子どもを支えていくことができるよう，保護者を支えることも重要である。また，保護者の気持ちがとても不安定で，子どもを支えることが難しい時は，保護者自身の心理的ケアを優先して考えることも必要である。

Dさんのインテーク面接，およびその後の面接で話された内容を以下にまとめる。

●現在の主訴（Dさん，および両親が困っていること）

両親は，Dさんの今後の心のケア，および刑事手続きについて困っていると話していた。Dさんも，事件の前後で自分がいろいろ変化していることは感じており，戸惑っている様子だった。元気になるため，という言葉は，両親から言われて，両親のためにも元気になったほうがいいのではという気持ちもありそうだった。その一方で，ちゃんと回復していくことができる，という言葉には希望を持った様子で，以前のような状態に戻りたい思いもあるようだった。

●現在の状態

両親から聞くDさんの状態は，事件以前は大きな不適応はなく，事件以降さまざまな状態が表れているようだった。Dさん自身にも心理教育をしながら確認したところ，詳細は語らないものの，事件を思い出すことはある，登下校やトイレは避けている，でも行かないといけないから行っている，追いかけられる夢を見る，友達と喧嘩することが増えた，など当てはまるものがたくさんあると話していた。

インテーク後，両親自身の話も聞いていったが，母親は仕事中に突然涙が出てくることがある，Dさんの前ではいつも以上にニコニコと笑うようにしているが，ときどき事件の日のDさんの様子や着ていた服の汚れていた感じが蘇って気持ち悪くなり，食事を吐き戻してしまうことがある。父親も，Dさんから目を離すことが怖い，Dさんから聞いた加害者の様子と似た人が歩いていると，殴りたい衝動に駆られてしまう，夜はあまりよく眠れない，といった状態があると語った。両親ともに，自分たちを責めている傾向が強く，しかしDさんの前では気丈にしている様子だった。

●既往歴および以前の適応

Dさんは事件以前，大きな不適応はなかった。

父親は，一度，仕事が多忙でうつ状態になり，転職した経緯がある。転職後はそれほど多忙ではなく，在宅勤務もしやすい会社で，落ち着いた状態が続いている。今は眠れない状態になっているので，以前通っていた心療内科で睡眠薬をもらったほうがよいか悩んでいるということだった。心理職からは，今後の刑事手続きの負担を見越して，心療内科に相談に行くことを勧めた。

●家族関係・学校生活

祖父母は遠方にいることもあり，心配をかけたくないので事件のことは話していない。現在，母親と父親が比較的在宅勤務をしやすい状況のため，Dさんのそばにいることができている。Dさんは一人っ子で，家族関係は良好であった。

学校の担任は若い男性で，悪い人ではないが，ややデリカシーが足りないと母親は思っているということだった。Dさんは担任のことは嫌いではなかったが，事件以降，若い男性ということで少し近づきがたい感じがある様子だった。事件のことを知っている人を増やしたくないこと，担任が誰にも言わずにいてくれるかやや信用がないことから，学校には事件の詳細は伝えていない。ただ，道の途中で変質者に会ったとは言っており，担任も気にかけてはくれている。具合が悪いときは保健室を利用してよいとも言われている。学校で喧嘩が増えているなど，学校でのDさんの様子は心配であったが，保護者が学校とうまく連絡を取っている様子があり，今すぐに学校に心理職からアクションを起こす必要はなさそうだ，と考えられた。

学校に被害の内容を伝えるか，伝えるとしたらどのように伝えるか，学校と支援機関あるいは心理職が連携を取るか，という点は大変難しい。基本的には，子どもと保護者の意向を汲みながら検討していくことになる。連携が必要な場合に備えて，学校の動きや，学校でキーパーソンになりそうな教職員を確認しておくことも大切である。

●総合して

インテークやその後聞き取った内容などを総合して，D さんを担当している心理職は，刑事手続きが進行しているあいだは D さんの状態が悪化しないように，できれば改善していくように，心理教育を中心に関わっていくことがよいのではと考えた。子ども用のトラウマ焦点化認知行動療法である TF-CBT が適応ではないかと考えられたが，裁判の見通し，証言の必要性の見通しが経つまでは，記憶に触れる心理療法の導入は控え，感情のコントロールや対処スキルなどを話し合っていくこととした。

両親を担当している心理職は，TF-CBT が開始したら，TF-CBT は一人の心理職が養育者と子ども両方を担当するため，両親の面接のメインを D さん担当の心理職に移す必要があると考え，そのことは早めに両親に伝えておくことにした。しかし当面，TF-CBT の導入は難しいこと，今後刑事手続きが進行していくにあたり，両親の負荷が増えることから，D さんをケアしながら刑事手続きを乗り越えていけるようにサポート，エンパワーすることを第一とすることとした。

心理支援は刑事手続きの進行を妨げず，途中に生じる刑事手続き上のさまざまな判断を支えるものである必要があるため，犯罪被害相談員とよく相談をしながら実施する必要があると考えられた。

4. その後の介入

①刑事手続きの進行に伴う介入

加害者が逮捕された後，D さんは両親からその話を聞き，少し安心したような様子を示した。登下校は友達と一緒ならば，両親の付き添いがなくともできるようになった。イライラも少し落ち着いたようだった。しかし，うなされる様子や，家以外のトイレに行きたがらない様子は変わらなかった。

加害者は逮捕され，ほかにも被害児童がいることもわかった。加害者が犯行をおおむね認めていること，防犯カメラの映像と，加害者のスマートフォンに残っていた加害の際の映像があることから，D さんは証言などを求められない見通しとなった。両親は支援センターから紹介された弁護士から助言を受け，Dさん自身の意見も聞きながら，加害者からの示談の申し入れは受けないこと，裁判の際には両親が弁護士とともに被害者参加をすることを決めた。ほかにも被害児童がいたため，捜査に時間がかかり，公判までは数カ月空いた。Dさんは検事から，意見陳述として，今の自分の気持ちを加害者に伝えることができると聞いた。Dさん一人で行うことは難しかったが，Dさんが言いたいことを，両親の意見陳述に入れてもらうことにした。Dさんは「すごく気持ち悪かった。あれから，学校の登下校も怖くなって，一人で外を歩けなくなった。お父さんとお母さんに迷惑をかけたことが，とても悲しかった。悪いことをした人は，ちゃんと罰を受けてほしい」と両親につたえ，両親はそれを自分たちの意見陳述の中で述べた。犯罪被害相談員は，両親の相談にのり，検察での聴取や弁護士相談，裁判の際に付添を続けた。両親は「いつでも，必ず味方の人がいることが心強い」と話していた。また，相談員は，意見陳述について決めるときや，裁判についてなど，Dさんにも，Dさんのわかる言葉で説明を行った。

刑事手続きのあいだ，示談をどうするか，裁判参加をどうするかなど両親が決める際，心理職は，両親の迷いや，Dさんの気持ちを聴いた後の動揺などについて傾聴した。また，Dさんを支える両親に対して，対応の仕方の助言を行い，両親の尽力を労い続けた。途中，母親は刑事手続きに関わる中で気持ちの動揺が強くなったこと，Dさんのそばにいたいという気持ちが強くなったことから，職場に事情を伝え，裁判が終わるまで仕事を休職することとなった。

Dさんを担当していた心理職は，刑事手続きが進行しているあいだ，Dさんに，TF-CBTの要素である，心理教育，リラクセーション，感情調整，認知についてのPRACの要素を行った（トピック12「TF-CBTと子どもの性暴力トラウマ」178頁参照）。具体的には，性暴力に関する心理教育を実施し，漸進的筋弛緩法を練習した。そして感情の調整として，感情のカードや感情の温度計を使用しながら，日常のエピソードと感情をつなげて話すことや，自分の感情の強さをモニターする練習をした。さらに，事件を思い出したときや，トイレに行くことなど何かを怖いと思ったときに，Dさんが取る方法のリストとして「気持ちの救急カード」を作成した。Dさんは，好きなヒーローキャラクターを思い浮かべる，お母さんの作ったオムライスを思い浮かべる，リラクセーションで学んだ落ち着く呼吸をする，もう大丈夫と頭の中で自分に言う，など，いろいろな「落ち着く方法」を考えた。示談や意見陳述など，Dさんも何かを考えなければならないときは，相談員がDさんにわかる言葉で説明した後，心理職がDさんの気持ちを丁寧に聞き取り，両親と話し合う素地を作るように努めた。裁判が近づくと，Dさんが不安定になる様子が見られたため,「気持ちの救急カード」の内容を再度確認した。

被害を受けた児童の数が多かったため，裁判の結果，加害者は懲役10年となった。両親は納得がいっていなかったが, Dさんに対しては「Dさんが頑張ったから，悪い人は刑務所に入ることになったからね」と伝えていた。

②裁判終了後

両親とDさんには，「裁判が終わるまでは，いろいろな気持ちの負担が大きいので，裁判が終わったら，その時点で専門的な心理療法が必要かを再度考えて，必要ならば専門的な心理療法を行いましょう」「専門的な心理療法のときには，両親との面接も，Dさんを担当している心理職との面接が主になっていきます」と伝えていた。

Dさんを担当していた心理職はDさんと両親に，DSM-5版　UCLA　心的外傷後ストレス障害インデックス（UPID-5）を行った。その結果を被害者支援センターにスーパーヴィジョンで来ている医師とも検討し，被害者支援センターに来所した最初の頃よりは少しよくなっているものの，基本的には，PTSDの状態が継続していること，TF-CBTが適応だろうということを確認した。

Dさんと両親それぞれに対し，Dさんの担当の心理職から，Dさんは事件のあとの心のケガが，少しよくなっているものの，まだ続いていることを説明した。Dさんに『アライグマ君の絵本』（ホームズ作〔飛鳥井・亀岡訳〕誠信書房，2015）を読んで聞かせ，そのあとで，TF-CBTの説明をした。Dさんは「やってみたい」と話した。両親もまた，Dさんの意向を汲んで，TF-CBTを行うことに同意した。

PRACについては，以前も行っていたのでスムーズに進んだ。復習と，新しい要素として男の子の身体についても説明を行った。Dさんは，父親とお風呂に入ろうとすると怖がる様子を見せていた。父親が下半身にタオルを巻くようになって大丈夫になり，その後，父親であれば，タオルを巻かなくても大丈夫になっていた。心理職は，これから先，Dさんが自分の身体の成長や，周りの友人たちの成長に伴い，男性器に恐怖や嫌悪を抱くのではないかと考え，家庭でも，男性器の絵の入った性教育用の絵本などを，保護者と一緒に読んでもらうことにした。そして，最後の安全教育のところで再度，性教育を行うことを考えた。

PRACのあとのトラウマナレーションについて，Dさんは最初，語ることに強い抵抗を示した。心理職は，語ることがなぜ必要かを，再度説明した。Dさんは頑張って話そうとしたが，身体がこわばり，固まってしまう様子が見られた。話すとどういうことが起きそうかと心理職が尋ねると「逮捕されるかも」とDさんは言った。ここで初めて心理職は，加害者がDさんに「お母さんたちに言ってはダメだよ。知らない人についていくなんて，君は悪いことをしたんだよ。言ったら，お母さんたちが悲しむよ」と言ったことを知った。そして心理職は，最初Dさんが母親に言うことを抵抗していたのは，「お母さんたちが悲しむよ」という加害者の言葉の影響だったことを理解した。これまで，親に対してや司法面接で出来事を話していたにもかかわらず，出来事のときの恐怖や，自分が悪いことをしたのかもしれないという気持ちが，深くDさんに刻まれていることを感じた。心理職は「Dさんは，お父さんとお母さんに頑張ってお話ししたね。お話ししたら，犯人はどうなったかな？」と尋ねた。Dさんは「犯人は，逮捕された」と答えた。心理職は「そうだね。Dさんが頑張ってお話ししたから，加害者はちゃんと逮捕されて，刑務所に入ったでしょう。話してくれて本当によかった。ここでも，頑張ってお話ししてみよう」と伝えた。Dさんは頑張って話した。最初はごく短く，端的に話したが，一度話してからはスムーズに話せるようになった。「話すことは怖かったけれど，話したら，何も起きないんだなということがわかった」とDさんは語った。Dさんはプロセシングを通して，自分は悪いことをしていない，がんばったんだ，ということを認識していった。また，Dさんは事件の後，自分が病気になってしまうのではないかと怖かったと話した。それは，尿を飲まされたと思っていたからだった。Dさんは「ちゃんと病院にも連れて行ってもらって，大丈夫って言ってもらったから，大丈夫だったんだと思った」と話したが，再度，射精について，そして病院に行って検査をしたから大丈夫であること，身体の中には残らないことなどを，男の子の身体の性教育と共に説明した。

両親も，休職中の母親が中心となってTF-CBTに参加した。父親も時々参加した。最後のセッションも無事に終わり，両親はDさんに「ちゃんと話してくれてありがとう。警察でもがんばって話して，Dは本当に，勇気があるんだなって思った」と伝えた。Dさんに見られていたトラウマ反応はおおむねおさまり，その後，数カ月に1度のフォローアップ面接を小学校卒業まで続けたのち，面接は終了となった。

5. 支援のポイントや留意点の説明

①刑事手続き支援と心理支援（特に司法面接が関わる場合）

本事例では，裁判が終わるまでのあいだ，いま起きているトラウマの反応をコントロールするスキルを身に着けること，それを用いて日常を何とか送っていくことを目的とした心理介入を実施した。今回は，証言が予定されていなかったので，事件の記憶に触れるか触れないかはそれほど問題にはならなかったが，裁判が終わるまで，保護者の側にTF-CBTを行う余裕がないと判断したためであった。TF-CBTは養育者にも子どもにも負担のかかることであることから，刑事手続きの様子，そして保護者と子どもの様子をよく見ながら導入していくことが必要だと感じている。

もしも，心理の面接が代表者聴取（司法面接）の前から実施される場合や，裁判で証言があるために記憶に触れる面接が実施できない場合でも，記憶に触れないように注意しながら，トラウマ反応の心理教育や，感情をコントロールするスキルを身に着ける面接を行うことはできる。司法面接も，裁判での証言も，被害を受けた子どもにとって大きな負担となるプロセスであるため，乗り越えるために漸進的筋弛緩法や呼吸法などのリラクセーションを身に着けること，気持ちがドキドキしたときに落ち着く方法を身に着けることは，助けになる。

司法面接も裁判での証言も，実施する前に，なぜそれを実施することが大切かを，検察官や弁護士に説明してもらうこと，終わったら，養育者や検察官，弁護士を含め，みんなが子どもの頑張りを労うことは，子どもが「自分は頑張った」という感覚を得るために大事なことである。そうした環境が整うよう，心理職が連携先に助言することもある。大人と同様に子どもにとっても，性暴力被害は，自分の主体性を奪われる経験，自分の無力感が刺激される経験となる。自分は自分のために，そして家族のために，あるいはこれから被害に遭うかもしれなかった他の子どものために，しっかりと頑張ったのだという感覚は，子どもの自尊心の回復を支えてくれる。

②子どもの意思を尊重するということ

子どもが未成年の場合，警察や検察，弁護士，加害者側とのやり取りは，主に保護者が行うことになる。そのため，刑事手続きには，保護者の意向が反映されることが多い。保護者は子どもを守りたいと思うあまり，子どもに事件のことを知らせず，さまざまな決定をしてしまうこともある。もちろん，子どもにすべてを知らせることがよいこととは限らない。子どもの年齢や，子どもの状態によっては，子どもの安心感を守るために，知らせないほうがよい情報もある。

しかし，自分ではどうにもならない理不尽な暴力に晒されて，そのあと自分で自分のことがコントロールできない状態になっている子どもにとって，自分の知らないところで自分に関する決定が行われることも，自分の能動性や自己決定を奪い，無力感が刺激される経験となり得る。性暴力被害を受けた人の支援の大きな原則である，意思の尊重は，子どもの被害においても重要だと感じている。

そのため，できる限り，子どもが受け止められる情報を，子どもにとってわかりやすい言葉や絵などで伝える必要がある。筆者の勤務する被害者支援都民センターでは，子どもに裁判の様子を説明するため，犯罪被害相談員が，裁判官など登場人物を動物に見立てた手作りの裁判説明キットを使ったり，子どもの好きなキャラクターを使った自作の説明資料を使ったりしている。心理職はそうして説明を受けた子どもと，説明の後に面談し，裁判について聴いたことでの不安や戸惑いなど，子どもの気持ちや考えを丁寧に拾い上げて言葉にするように努めている。

③子どもの性暴力被害

子どもの性暴力被害において，子どもが起きた出来事をどのように捉えているか，出来事のあとの自分の状態をどのように思っているか，面接に来ることをどう思っているか，といったことを，大人と同じように考えてはならないと感じる。子どもは，自分のわかる範囲で物事を理解しようとするため，時に，大人が予想していないような捉え方をしていることがある。

たとえば，「性暴力」と「知らない人についていった」あるいは「通ってはいけないと言われている道を通った」ことは，全く重さが異なる出来事である。「性暴力」は法律に違反した，人の尊厳を傷つける行為であり，後者は，親や学校との，自分の安全を守るためのルールを破った行為である。しかし子どもには，その違いはわからない。幼い子どもならば，性暴力を性暴力であると認識することは難しく，「何か不快なことがあった」という感覚かもしれない。子どもにとっては，親に怒られる，学校の先生に怒られることのほうが一大事かもしれない。そのため，子どもは，大人に怒られると思って被害を言い出せないこともある。

本事例では，加害者がＤさんに，Ｄさんが悪いことをしたと言っていた。Ｄさんは，自分が悪いことをしたので，それを知られたら親が悲しむと本当に思っていた。「自分が逮捕されるのでは」という言葉を，両親が適切に否定していたことはよかったが，他の例では，そこは丁寧に否定されず見過ごされる場合もある。また，養育者が，子どもを心配したあまりに「なんでついていったの」と責めてしまうこともある。「なんで抵抗できなかったの」「嫌だと言わなかったの」なども，自分の子どもが被害を受けたというショックが大きすぎるがゆえに出てくる言葉である。相談に来ている養育者は，「自分が目を離したから」「なんで責めてしまったんだろう」と自分を責めていることが多い。そのため，筆者はよく，「心配のあまりそうした言葉が出てしまうこともある」と話し，「今はそうは思っていない，ということを明確に子どもに伝える」ことの大切さについて話し合う。

他にも，子どもたちは，あまりにも大事になってしまったことに驚き，両親が悲しんだり忙しくしたりしていること，あるいは加害者の人生を自分が決めてしまうことに罪悪感を抱くことも見られる。「自分のせいで，何か大変なことが起きている」「自分のせいで，親が悲しんでいる」「自分が警察に言ったりしたから，加害者は将来がダメになってしまう」などの感情を抱き，被害届を取り下げたいと希望したり，親に負担をかけない選択を取ろうとしてしまうことがある。その際には，「あなたがされたことは暴力であり，暴力を振るった人が，ちゃんと罰を受けることは当然のことだ」「勇気を出して，ちゃんと相談して，あなたの安全が守られるように自分で動けたことは，とても良かった」といった趣旨のことを，心理職から，あるいは養育者から伝える。そして，本当には何を望んでいるのか，ということについて聴き，さまざまな選択肢のメリットと，デメリットを示したうえで，子どもが考えられるように手伝っていく。

こうしたこと以外にも，性の知識と自分の身に起きたことが結びつかなかったり，自分のわかる範囲で起きた出来事を咀嚼した結果，「自分は病気になったのでは」と思ってしまったり，自分の性を嫌悪するようになったり，といったことも見られる。タイミングはケースバイケースであるが，子どもの誤解を解き，適切な性教育を実施することが必要になる場合もある。そのときには，養育者と相談しながら，子どもの年齢に合わせた性教育を行う。

（齋藤 梓）

事例 5

○継続的な被害・中学生男子・加害者は身近な人

事例５では，学校の外で過去に起こった性犯罪を学校が知るところとなったとき，学校として被害少年に何ができるかを示す。第４次犯罪被害者等支援計画では「被害少年等に対する学校における教育相談体制の充実等」として，被害少年等を含む児童生徒の相談等に適切に対応できるよう，スクールカウンセラー（SC）やスクールソーシャルワーカー（SSW）の配置，勤務体制や環境等の工夫，犯罪等の被害に関する研修等を通じて，教育相談体制の充実を図るとしている。

前半では，養護教諭のトラウマインフォームドケアによって生徒の性被害が明らかとなり，SC がコンサルテーションをしながら学校対応をした様子とＥさんと両親の受け止めを，後半では事件化された後の経緯を簡単に示した。深刻な被害を受けた少年が，周囲の見守りの中，回復の道のりを歩み始める様子に注目してほしい。なお，この事例は，筆者の SC 時代にお会いしたセンスのよい養護教諭と管理職を思い浮かべ，家庭の様子については被害者臨床でお会いした複数の保護者の様子を，犯罪の内容と司法手続き，量刑については過去の判例に基づいて創作したものである。

1．被害に気づくまで

Ｅさん（現在：中学１年生，男子）は，身体を動かすことが大好きな少年で，活発な姉と一緒に幼稚園年中からサッカー教室に通っていた。小学４年生になるとクラブチームに入り週３日の練習と週末の試合に参加するなど，サッカー中心の生活となった。長期休みには合宿や遠征があったが，スポーツ好きの両親は旅行がてら同行するなど「将来はサッカー選手になりたい」というＥさんの夢を家族ぐるみで応援していた。

中学校進学時には家族と話し合い，部活動ではなくクラブチームに所属し，選抜メンバーとなって試合経験を増やすことを目標とした。しかし，５月の連休が過ぎるとＥさんはイライラして家族に当たるようになった。母親は中学生となって環境が変わったせいだろう。そのうち慣れると楽観的に考えていた。クラブの練習でも集中力を欠いた様子が見られ，家庭でサッカーの話をするのを嫌がるようになった。両親は，これもジュニアユースに移行してコーチやチームメイトの顔ぶれが変わったせいだろう，すべてを新しいコーチにお任せして様子を見ようと話し合った。

6月初旬のある日，パート勤めの母親の携帯に学校から連絡が入った。Ｅさんが体調不良で保健室にいるのでできるだけ早く迎えに来てほしいと言う。病院に連れて行くほどではないが，保護者に伝えたいこともあるので，できれば両親そろって来てほしいとのことだった。父親は仕事が抜けられないため，母親が一人で学校に向かうことにした。「そういえば，最近のＥはイラついているだけでなく，表情も暗かった。もしかしたら，いじめに遭っていたのかもしれない」母親は急に心配になった。

2. 学校が気づいたとき

スクールカウンセラー（以下，SC）のＫはいつものように学校に着き職員室に入ると，養護教諭と教頭が深刻な顔で校長室から出てきたところだった。何かまた事件があったのだろうか，いじめか，暴力事件か，大したことないといいが……そう思いながら机上に溜まった配布物を整理していると，教頭が「Ｋさん，今日は先に校長室に行ってくれませんか」と声をかけた。校長は気さくな人で，職員室に顔を出し話かけてくれることはあっても，わざわざ校長室に呼ぶことはない。一体，何事だろう？ といぶかしがりながら，クリップボードと筆記具をつかんで校長室をノックした。校長は応接セットの向かいに座るように促すと，クリップボードに目を留めた。「Ｋさん，申し訳ないけど今から話すことは学校でも限られた者しか共有していない。今後もそのつもりなので，メモなしに聞いてくれないか」と言う。Ｋが頷くと，「学校が関係している話ではないので，どう関与するか微妙なのだが……」と前置きをしたうえで詳細を話し出した。

今日の1時間目，1年生Ｅさん（男子）が頭痛を訴えて保健室にやって来た。このところ，ちょっとしたケガや体調不良で来室する生徒である。地域のサッカークラブに入っているので部活には所属していない。熱はないものの顔色が悪く，疲れた様子でテーブルに突っ伏している。Ｎ養護教諭はベッドで休むように勧めたが，Ｅさんは「ここでいい」と言って譲らない。居合わせた担任のＴ先生がふざけた調子で「お前，何言ってるんだ。Ｎ先生の言うことは聞くものだぞ。動けないなら俺が運んでやろうか？」と近づいて来ようとした途端，Ｅさんは立ち上がり「やめろよっ！」と大声で叫ぶと身体を抱えてうずくまってしまった。丸まった背中が小刻みに震えている。二人はこの様子に驚き目を見合わせたが，養護教諭は穏やかな声で「頭痛がひどいときはねえ，誰だって動きたくないし，触られたくないよね」と声かけをし，T 先生には退室してもらった。

そして，そっと E をカーテンで仕切った奥のベッドに座わらせると，「さっきはどうしたの？　T 先生はあなたを休ませてあげようとしただけだと思うよ。先生と……何かあったの？」と尋ねた。E さんは「別に T 先生がって訳じゃ……。身体に触られるのがすごく嫌なだけで……」とモゴモゴ言うと口をつぐんでしまった。そこで，養護教諭は SC が校内研修で配布した境界線のプリントを出してきて説明を始めた。

私達には見えない境界線があって，お互いの境界線を尊重しなければならない。T 先生に悪気はなかったけれど，E さんの物理的な境界線を無遠慮に踏み越えようとした。あなたはそれが嫌だったので「NO ！」と言った。目上の大人や先生に「NO ！」と言うのはちょっと勇気がいる。よく言えたと思う。あなたは自分の大事な境界線を守ろうとしただけで，何も悪いことはしていない。T 先生も境界線の話は知っているはずだから，後でもうしないように注意しておくね。

それを聞くとはじめは「境界線なんて誰も気にしない」「そんなこと聞いても，よくわからない」と言っていた E さんだったが，養護教諭が丁寧に聞いていくと，どうやら過去に身近な大人から境界線を乗り越えられた経験があるらしい。誰に何をされたのか聞いてみると，小学校５・６年の頃，相手はクラブチームのコーチだったそうだ。練習の後，筋肉をほぐすためとコーチがマッサージをすることがあり，服の上から股間を触ってくる顔が「すごく怖くて」，パンツの中まで触ろうとすることもあり「嫌だし，気持ち悪かった」と言う。中学入学後，E さんはジュニアユースに進み，練習場所も変わったので今はそのコーチと会うことは無くなったそうだ。

養護教諭はここまで聴くと「そんなことがあったんだ。境界線を乗り越えてこられたから，すごく嫌だったんだね。それはそうだよね。E さん，えらいね，よく話してくれたね」と労った。「これは今まで誰にも話してなくて……思い出さないようにしていた。初めて話したら，頭がすごく痛くなってきた」と言うと疲れ切った表情を見せた。しばらくベッドで休むように言うと今度は素直に横になったので，そのまま休ませて管理職に報告に来たのだった。校長としては，これから教育委員会に報告し，場合によっては警察か児童相談所に相談するかもしれない。ご両親には早急に来てもらい話をする予定だが，今後，SCには心のケアについて相談に乗ってもらうこともあると思う。まずは，教頭と現時点で気を付けた方がよいことと今後の留意点について検討してほしい。校長は立ち上がりざまに「校内研修をしておいてよかったよ」と言ってSCを送り出した。

3．この時点で判明していることと対応の留意点

校長室を出たSCは，早速，教頭先生と話し合い，現時点での事実関係を確認し，留意点を出しあった。

- Eさんが学校の外（地域のクラブチーム）で性被害に遭った。小学5･6年の頃，コーチが服の上から股間を触ったりパンツの中を触ろうとしてきた。怖くて，嫌で気持ちが悪い経験だった。真偽も含めてそれ以上のことはわからない。
- 加害者はクラブチームのコーチでありEさんとは継続的な師弟関係にあった。被害も継続していた可能性があるが，現在は加害者と行き会うことはない。ただし，同じクラブに所属しているため，再被害に遭う危険性がないとも言えない。
- 本学には同じクラブに通っている生徒もいるが，他にも被害者がいるかどうかは不明。
- Eさんは連休明けから度々保健室に来ていたが，欠席はなく仲のいい友人もおり，特に問題があるとは聞いていない。
- Eさんはこれまで誰にも話したことがないと言っている。知り得た以上，学校としては早急に両親や関係機関に伝えたい。しかし，直近の危険はなく，繊細な内容なので慎重に進める。
- 被害が事実だと仮定して，加害者は成人でEさんは小学生だった。状況からして，強制わいせつ罪などの刑事罰に問われる事件に発展する可能性がある。
- Eさんや両親がこの出来事にどう対処するのか，現時点では予測がつかない。
- 警察に被害届を出すことを想定すると，学校はこれ以上の聞き取りを控えた方がよい。大人からの質問に影響を受けやすく，記憶の汚染も起こりやすい。学校外の事件でもあり，聞き取りは専門家（警察や児童相談所，検察庁）に任せる。
- T先生のEさんへの言動は（N養護教諭によると）デリカシーはなかったもののフレンドリーで，決して暴力的ではなかった。しかし，Eさんにとっ

ては，きっかけとなって事件の記憶がフラッシュバックしたと推測される。
他にもメンタル面で，性暴力の影響が出ているかもしれない。

以上を勘案し，学校が対応する際のポイントを次のようにまとめた。

①本人と養護教諭との信頼関係，学校が安心・安全な場であること

被害経験を初めて話せたＥさんと養護教諭の信頼関係，体調が悪い時にすぐ寄れる保健室，いつもどおりに授業に出席し友達と過ごす教室……。言うまでもないが，Ｅさん（すべての子ども達）にとって，学校は学びの場であると同時に日常生活の場であり，人間関係を学び，生きる術を身に着けるところである。Ｅさんは意識的・無意識的に学校が安全な場所と認識しており，だからこそ被害を告白できたのだろう。これからも子どもと教職員の信頼関係，学校が安心と安全の場であることを守っていく。

②Ｅさんがとった援助希求行動を根付かせる

教育相談では日頃から，何か困ったことがあったら一人で抱えずに周囲の信頼できる人に相談するように伝えてきた。保健室で見せたトラウマ反応，境界線の話を聞いた後の性被害の告白は，ＥさんのSOSであり援助希求行動である。信頼できる人に相談すれば気持ちをわかってくれて，どうしたらいいか一緒に考えてくれる。Ｅさんにとって養護教諭に話した経験が“大変だったけど話してよかった”，“困ったときは誰かに相談すれば，何かしらの解決方法が見つかる”と実感できる経験としたい。

③本人のペースを大切に

Ｅさんは養護教諭とのやり取りによって，コーチから受けた「怖かった」「嫌で，気持ち悪い」出来事が，他人の境界線を踏み越える性暴力であったと気づき始めた。サッカーに打ち込んできたＥさんにとって，コーチと過ごした時間は，楽しいこともあったはずで，憧れや尊敬の念を持っていたかもしれない。人生のロールモデルになり得る身近な大人から受けた性暴力の被害経験は，直接的なものだけでなく，大人や男性へのイメージ，性行為にまつわること，加害者が同性であったことから性的指向性の混乱など，間接的な影響を与えたかもしれない。何よりＥさんは「被害者性」を認識し始めたばかりであることに留意し，（直近

に再被害に遭う危険性がなければ）E さんのペースに合わせて物事を進めたい。

④両親に話す許可をとる

本人のペースを大切にしつつも，出来事の性質を考えると早急に両親に伝えなければならない。この話を本人としているのは養護教諭であり，境界線の話を教えた流れから両親に話す必要を説明し，その承諾を得るのは養護教諭が行うのが自然である。E さんと両親の関係に問題はないようだし，E さんには養護教諭の話を受け入れる素直な側面がある。丁寧に説明すれば了解を得られるだろう。納得しない場合は「専門であるスクールカウンセラーに意見を聞いてみよう」とオプションを取ったり，両親に教えたくない理由を聞いて，E さんの不安や心配事を取り除くなどして了解を得る努力をする。

⑤学校のスタンス

学校としては，今回，知り得た内容を保護者に伝え，困ったときは相談に乗るが，現段階では学校が表立って動くことはないと思われる。当該生徒や保護者の意向を尊重するとともに，過去にトラウマを負った生徒であっても，学校が安心して学び成長する場であることを第一義とする。

⑥守秘義務の範囲

この出来事は刑事告訴や民事訴訟の可能性があり，内容も繊細である。校外の事件でもあり，教職員全体で情報共有するのではなく，当面の情報共有は管理職，養護教諭，担任（T 先生），SC とする。

⑦メンタル面のケア

E さんのメンタル面については，保健室で経過観察しつつ，機会をみて SC のカウンセリングを提案したい。カウンセリングでは，トラウマ反応や性暴力に関する心理教育，リラクセーションや支持的カウンセリングを行う。トラウマ反応が強く，SC のカウンセリングを行っても改善が見られない場合は，被害者支援センター・医療機関・民間のカウンセリング施設の紹介も視野にいれる。本年度の職員研修にトラウマインフォームドケアを盛り込むことを検討する。

教頭は SC と検討した留意事項を校長に伝えた。校長は教育委員会とのやり取りと上記の留意事項，N養護教諭から得られたその後の情報等を併せて，当面の方針を決定した。SCは進展が気になったものの，予約面接やコーディネーターの先生と不登校事例について検討する予定もあり，Eさん対応は養護教諭に，保護者対応は管理職に任せて通常の相談業務に専心した。

4. 刑法に照らして

小学5・6年生は年齢でいうと10歳から12歳に相当する。強制性交等罪および強制わいせつ罪の条文は，被害者が「13歳未満の者」には条文の前段の「暴行又は脅迫を用いて」という要件が当てはまらない。「13歳未満の者に対し，わいせつな行為をした者も，同様とする」（刑法第176条強制わいせつ罪），「13歳未満の者に対し，性交等をした者も，同様とする」（刑法第177条強制性交等罪）の部分が相当し，それらの行為をしたことが証明されれば強制わいせつ，あるいは強制性交等罪となる。ちなみに，強制わいせつ罪，強制性交等罪は，警察統計において治安情勢を観察する上で指標とされる重要犯罪である（注：重要犯罪の内訳は，殺人，強盗，放火，強制性交等，強制わいせつ及び略取誘拐・人身売買）。

5. 地位関係性を利用した性暴力と被害申告の難しさ

この事例では，加害者はクラブチームのコーチである。コーチはサッカーの専門技能と指導力を持ち，多くの子どもと接点をもつ。子どもに比して技術，知力・体力の差は明白で，好ましい特徴や経歴を持つ場合，あこがれの対象となる。時には子どもを選別して上位グループに入れる権力も持つ。このような地位関係性において性暴力が生じた場合，そして子どもが性や境界線に関する知識を持たない場合，自らの身に何が起きているのか理解できないとしても不思議はないだろう。加害者は通常の場面では“普通の顔”をして，子ども達は指導者の言うことに従い，周囲の大人達は「あの人はいい人だ。あの人の言うことを聞いていれば間違いはない」と言ったりする。この状況では被害少年が混乱するのも当然であり，被害を知った大人達が受ける衝撃もまた大きいと思われる。

このような事例に出会うと，支援者は自らの内にある正義感が刺激される。加害者がこのままコーチを続けるのであれば，同じような性暴力が繰り返されるだろう，そう思うと支援者でなくとも，一市民として，あるいは子を持つ親として，子ども達を性暴力から守りたいという強い思いに駆られるのではないだろうか。支援者として気を付けたいのは，被害届を出すよう圧力をかけてしまわないことである。被害者の意思を無視して何かを強制することは二次被害となることを忘れないようにしたい。

6. 適正な情報提供と意思決定のサポート

被害少年やその家族にしてみれば,「被害届を出すことで,加害者を罪に問える」と言われても「自分がしたこと（被害申告）で加害者が逮捕されたり，刑務所に入ったりするなんて！　そんな大事に関わりたくない」と思うこともあるだろう。「親の言うことを聞かなかったから，あんな目に遭ったんだ。私が悪かったんだ」とか「私さえ我慢すれば，物事は収まる」と考えることもある。トラウマ反応やうつ症状が強く，ともかく被害の影響をなくしたいと考えて，事件に関する一切を遮断しようと思うかもしれない。

ところで，犯罪を犯した者を捕まえて裁判にかけて罪を問い，有罪となって刑務所に入れる，これは言うまでもなく人の自由を奪い拘束することに他ならず，そう簡単な話ではない。冤罪を防ぐためにも警察は慎重に捜査し，犯人逮捕後は検察官による捜査があり起訴か不起訴かが決定される。起訴となれば裁判所で公判が行われ，証拠が吟味されて有罪か無罪かが決まる。一連の司法制度の結果が被害届を出した被害者の責任と考えるのは無理があろう。被害届は犯罪が起きたことを警察に届け出るもので捜査の端緒となるが，犯人を罰してほしいと訴える告訴・告発とは異なる。そして，強制わいせつ罪，強制性交等罪等は2017年の刑法改正により，告訴がなくても裁判によって犯人を罰することができるようになった。そもそも犯人を刑事裁判にかけるかどうか決めるのは検察庁であり，判決を出すのは裁判所，すなわち「国」である。

トラウマ的出来事に遭った後に生じるトラウマ反応には，自責傾向や自尊心の低下，安心と安全に関する考え方のバランスが悪くなるなどの非機能的認知がある。トラウマ焦点化認知行動療法では，段階を踏んで記憶に立ち向かう練習をしたうえで，トラウマ記憶の処理を進める。トラウマの記憶が整理されないと非機能的認知の修正は生じにくいと考える。しかし，刑事手続きには決定を求められる局面が多々あり，それらはやり直しがきかない。被害当事者が後悔しないような意思決定となるようにサポートしたい。

「何かすると目立って危ない」「本当のことを言ったらもっと悪くなる」などの極端な発想や，「もう被害に遭ってしまったので，今更なにをしても無駄」のようにバランスが悪くなった考えに「そう思うとしても無理もない」「～と思うのですね」などの受容的で共感的な受け止めに終始してしまうと，被害者等にとって不利益を生じさせる決断を後押ししてしまいかねない。受容的で共感的な態度を維持しつつ，必要な情報収集を手伝う，何かを選択した際のメリットとデメリットを話し合うなど，悔いのない選択ができるようにサポートしたい。

ちなみに被害者支援都民センターでは，子どもに刑事裁判を説明する際，法廷の台紙に，検察官，裁判官や裁判員，被告人等の動かせるコマを用意し，そこに被害少年と家族や，被害者参加のための弁護士や直接支援に当たる相談員のコマを加えたりと，楽しく理解できるような手作り教材を用意している。

また，過去の出来事と聞くと気になるのが時効だが，犯罪行為が終わった時点から数えて，強制性交等罪で10年，強制わいせつ罪が7年（ケガなどの致傷がない場合）であり，このケースでは時効の心配はない。犯人逮捕（処罰）を望む場合，証拠集めや証言に信ぴょう性を持たせるためにも，早めの被害申告が望まれる。被害者等が被害申告を決めかねている場合，憶測や安易な共感でやり過ごすことはせず，警察の性犯罪被害者相談電話（＃8103），性犯罪・性暴力被害者のためのワンストップ支援センター（＃8891），犯罪被害者支援センター（全国共通ダイヤル（0570-783-554）などの利用を勧めたい。

7．学校にて

母親は午後1時頃，学校に着くと真っすぐに校長室に通された。保健室で養護教諭と話すものと思っていたので緊張が増してくるのがわかった。校長は挨拶をすると，急な呼び出しに応じてくれた母親を労い，Eさんは午前中，保健室で休んだが回復し給食を食べ，5時間目は教室で授業を受けているので安心してほしいと伝えた。次に保健室での本日の様子，それをきっかけに養護教諭が境界線の話をした際，クラブチームのコーチから下半身を触られたことがあったと教えてくれたこと，学校外での出来事であり小学時代のことではあるが，内容が内容だったのと保健室での反応が心配だったので，早急にご両親にお伝えしようと思ったと伝えた。そして，お困りのことがあれば本日はスクールカウンセラーも勤務しているので相談に乗ることができると加えた。

母親は非常に驚きショックを受けたようであったが，取り乱すことなく話を聞くと，「それが本当だとしたら……，いえ何も子どもが嘘をついているとは思いませんが，本当だったら……，何で私に言ってくれなかったんでしょう。一体，いつ……，そんな。私はこれからどうしたらいいんでしょう」と呆然とした様子でつぶやいた。

校長は母親のショックも無理はないと思いながら言葉をつないだ。

「私も非常に驚いています。何よりも子どもを導くはずの指導者が，一体何をしているんだと信じられない思いです。Eさんがお母さんに言えなかったのは……これは，中学生には往々にしてよくあることなんです。同級生からいじめに遭っている，先輩に恐喝された，SNSで知り合った大人から会おうと言われて困っているなど，子どもでは到底手に負えないことでも親には言えない。言える子どもの方が圧倒的に少ないかもしれない。でも，誰かに大事にされた経験がある子どもは，親には言えなかったとしても私達教員に話したり，養護教諭に話したりしてくれるんですよ。大人に話せばどうにかしてくれるとわかっているのでしょうね。きっとお母さんの愛情が伝わっているから，うちの養護教諭に話してくれたんだと思います。親御さんとしたら，「何で私に話してくれなかったんだ！」と思うでしょうが，大事なことだから話せない，それが親子かもしれません」。

母親はEさんが授業に出ているのであれば，今のうちに夫に連絡をして，Eが帰宅してから親子でどうするのがよいか話し合ってみたいと言った。校長は「私達としては再被害の予防のためにも警察に相談されることをお勧めしますが……。Eさんの意思が一番大事だと思っています。それから，警察に被害届を出す場合ですが，スクールカウンセラーによると，子どもの記憶は大人の質問によって変化しやすいそうで，詳細を聞きたくなるかもしれませんが，事件に関する質問は専門家に任せた方がよいそうです。あれこれ聞いてしまうと，証言の信ぴょう性が落ちてしまうらしい。それには注意してください。ともかく，Eさんが思い切って養護教諭に話してくれたお蔭で，私達が知ることができた。Eさんの勇気を褒めてあげてください」と言って母親を見送った。

8. 関係者会議

その日，保健室と相談室の業務が終わったのち，校長，教頭，T先生（担任），N養護教諭，KSCは校長室に集まり，情報共有と今後の方針を検討した。

養護教諭からは両親に伝える承諾をとったときの様子が報告された。Eさんは最初は「えー，親に教えるのはちょっと困る」と拒否していたが，何が困るのか尋ねると「両親はサッカーに打ち込める環境を作ってくれているのに，こんなことがあってガッカリする」「なんで言わなかったの！　って叱られる」「コーチがクビになったら悪い」と答えた。養護教諭はEさんが話している間はゆっくり耳を傾けていたが，話し終わるとそれらの心配事を一つずつ取り上げていった。

サッカーに打ち込める環境を作ってくれているご両親であれば，なおさらクラブチームで起きた良いことも悪いことも，どちらも知りたいと思うはず。ご両親はクラブチームの悪いところを発見したら，どうする？　がっかりして何もしない？　よいクラブになるように何かするとか，もっとサッカーに打ち込める別の環境を用意するとか，他に何か考えてくれるんじゃないかな。

確かに「何で言わなかったの？」って言われる可能性はある。それには何て答えればいいか作戦会議をしておこう。ご両親に伝えるときに「こういうとき，ほとんどの中学生は親には言えないんですよ」って言ってもらうのはどう？

「コーチがクビになったら悪い」っていうのは，誰に悪いのかな。今のＥさんのコーチは誰だっけ。その境界線を越えてきた人はもうあなたのコーチじゃないんだよね。コーチがクビになったとして，今のあなたは困るかな。それに，もしかしてクビになるとしたら，それは誰が決めるの？　きっとクラブの偉い人が決めるんだと思うけど，それはクラブの人が責任を持って決めることだから，Ｅさんのせいじゃないと思います。

こうしてＥさんの心配を一つずつ消していくと，すべてに納得した訳ではなかったがＮ養護教諭の本気が伝わったのか，Ｅさんは諦めたような表情を浮かべて両親に伝えることを承諾したのだった。

今後この件がどの方向に動き出すかはＥさんと両親が決めることだが，学校としてはＥさんが安心して過ごせることに注力する。体調不良時にはこれまでどおり保健室で休憩し，状況をみてSCに繋げる。保健室での様子やSCが面談した結果をもとに，学校全体としてトラウマインフォームドケアの要素を取り入れていく。Ｔ先生は担任としていつもどおりに接するが，不用意な身体接触は控える。もしも，Ｔ先生への過剰な反応が見られるようであれば，SCの面談を早める。今後，他の教科や行事において，性教育や暴力に関する話題を扱う場合は事前にＥさんへの対応を検討する。たとえば，そのような授業があることをＥさんに事前に伝え，その時間の参加の仕方を選択させるのも一つである。

9．両親の受けとめ

母親は夫に連絡して急いで帰宅してもらうと，堰を切ったように今日の顛末を報告した。そして，この大問題についてどう対処するか話し合った。母親は話しながら，怒りがフツフツと湧いてくるのを感じた。小さい頃からきょうだいで同じサッカークラブに入れ，入会金や月謝だけでなく合宿や遠征費用も負担してきた。クラブには“こころと身体を健全に育む”というスローガンもあったはずだ。あのコーチなら何度も話したことがある。よくも平気で私達と挨拶を交わしたものだと心の底から呆れ果てた。そしてＥのメンタルも心配になった。このところＥがイライラしていたのは，中学生になって環境が変わったせいだと思っていた。サッカーの練習に集中できないのはジュニアユースのメンバーに慣れていないせい，サッカーの話をしたがらないのは反抗期のせいと気楽な方に考えてＥの苦悩に気付かなかった。もっと早く気付いてあげていれば……。一体，最初の被害はいつだったんだろう。何で言ってくれなかったんだろう。どんなことをされたのだろうか……，次々に疑問が湧いて渦巻くのだった。

「電話では話せない。早く帰ってきて」。妻がこんなことを頼んできたことは一度もなかっただけに，驚いて飛んで帰ってきた。しかし，妻から聞いた事実はどんな予想とも違っていた。これが長女のことだと聞いていたら，もしや変質者にとか性被害とか，頭をかすめたかもしれない。しかし，どこから見てもサッカー少年の長男が性被害に遭うなんて想像すらしなかった。まだ，信じられない，いや，信じたくない……。コーチのやったことはまったく理解できないし，理解しようとも思わない。二度とこんなことがないように然るべき裁きを受けさせたい。

二人はこの件に関して興奮気味に議論し，加害コーチやクラブチームの体質，他のチームメイトや保護者について思いつくままに語った。確かそのコーチは就任挨拶で，“自分はサッカーに育ててもらった。そのお陰で今の自分がいる。今度は自分がサッカーに恩返しをする番”と語っていたのではなかったか。ストレッチだ，マッサージだと称し，疑うことを知らない少年を己の性欲のはけ口にしたとしたら，それは到底許されない。良いコーチに巡り合えたと喜んでいた自分達が情けないし，子ども達を欲望を満たす道具と考えていたのかと思うと，もはや怒りしか感じない。そういう人物を雇用し，犯罪を未然に防げなかったクラブの管理体制に問題があるのではないか。父親も母親も怒りが次々と湧いて尽きることがないように感じたが，Ｅの帰宅までに今後の方針を決めておきたかった。

父親は，Ｅは子どもっぽいところがあり今回のことで嘘をついているとは考えにくく，この話は本当と考えるしかないと言った。母親は，以前，Ｅがコーチのストレッチが怖くて嫌だと言っていたことを覚えていた。ストレッチが怖いとは変だなと思ったが，「身体を整えるために必要だから，しっかりやりなさい」くらいのことを言った気がする。思い返してみればEの様子がおかしいことは時々あったのに，どうして気づいてやれなかったのだろう……。ともすれば，自分を責める気持ちに飲み込まれそうになる。

Eにとってサッカーはずっと一番好きなもの，将来の夢であり，クラブチームは生活の一部だった。このクラブに所属していれば，どこかで加害コーチに会う可能性は残る。仮にこの件を話してコーチを辞めさせたとしても，加害者が別の地域でコーチ業を続けた場合，遠征などで会わないとも限らない。きっとまた犯罪を繰り返すだろう。校長先生の言うように，これは大事なことだからとEに話して，警察に被害届を出すしかない。Eを守るためにも，それしかないと二人の意思は固まった。後はEがどう思うか，このことがEにどのような影響を与えるかが気がかりだった。

10．法テラスから，弁護士による犯罪被害の法律相談へ

学校からもらってきた犯罪被害者相談機関一覧をみると，法律に関する相談窓口として法テラスがあった。父親はEに話す前に少し情報収集をしておきたかったので，法テラスの犯罪被害者支援ダイヤルに電話をし，「家族が犯罪被害に遭ったので被害届を出したい。こういうことに慣れていないので，警察に行く前に弁護士から話を聞いてみたい」と伝えた。すると，犯罪被害者のための弁護士による無料相談があるのでそちらを利用してみてはどうかと案内された。被害者支援に精通している弁護士が直接電話に出て，1件当たり30分間の相談ができるという。早速その番号に電話をして，「子どもが性被害に遭い，加害者はスポーツクラブの関係者で氏名がわかっている。被害届を出したいがその際に気を付けるべき点を教えてほしい。このことを知ったのは先ほどで，子どもとはこれから話し合うつもりだ」と伝えた。すると，電話口の弁護士は「もし，お子さんと話して，被害に遭われたご本人にも被害届を出す気持ちがあるならば，警察に行く前にぜひ私と会って話をしましょう」と提案してきた。面接相談は1回目は無料で2回目以降は料金がかかるが，必要性があれば，「犯罪被害者法律援助制度」を申請するという。そして，校長先生から聞いたことと同じ注意事項を聞いた。「被害届を出すのであれば，今の時点で子どもに事件のことを聞き過ぎないこと。学校で確認している程度のことがわかれば，それ以上聞かなくてよいので，話せたことを褒めてあげてください」（注：弁護士の無料電話相談，面談等の条件は地域の弁護士会によって異なる）。

11．Ｅさんと話す

Ｅさんが帰宅すると，普段は遅くなる父親がリビングにいるので少し驚いたようだった。「今日，学校の先生に呼ばれて話を聞いてきた。小学生のとき，クラブチームでコーチに嫌なことをされたという話だったけど，今まで気づかなくて本当にごめんね」母親が謝りだしたのでＥさんはますます驚いた。「保健の先生によく話せたよね。偉かったよ。それでパパと話し合ったんだけど，これはとても大事なことだから，弁護士の先生に相談して，その後で警察に被害届を出したいねって言っていたんだけど，Ｅはどう思う？」母親が一気に話し聞いてきた。今までにないくらい真剣な顔で話す母親と，こんな時間に居る父親を見て，Ｅさんは何だか大変なことになってしまったと思った。なんて答えればいいのかわからず，黙っていると父親が話し出した。

「パパもママから聞いて驚いたけど，Ｅはコーチから嫌なことされたとき，もっと驚いたと思うよ。大人はそんなふうに人の嫌がることをして驚かせたり，怖がらせたらダメだよな。たとえば，サッカーだってルールがあるだろう？　ルールがあるから面白いし，安全にゲームできる。そうじゃなかったら乱闘になったり，ケガ人が続出したり，そもそもゲームが成立しないよな。そうしたらちっとも楽しくない。それと同じで社会にもルールがあって，それが法律なんだ。法律を破った大人は警察に逮捕されてペナルティを受ける。それが世の中のルールだ。あの人，法律，破ってますよ，だから証拠を調べて裁判にかけてください。裁判で有罪になったら刑務所に入りなさいという……。そのための被害届だよ」

Ｅさんは父親の話に裁判とか刑務所という単語が出てきたので面食らった。「僕が被害届を出したら，コーチは警察に捕まって刑務所に入ちゃうの？！」

「それはどうかわからない。わからないから，被害届を出して警察に捜査してもらって，証拠を集めて裁判で裁判官が判決を出すっていうことかな。Ｅだって，またコーチから嫌なことされたくないだろうし，他のチームメイトだって同じようなことされたら嫌だろう。そもそもコーチが悪いことを続けるのを，誰かが『それはやっちゃダメだ』って言ってやらなきゃいけない。悪いことってこっそり行われるから，誰かが言わないとわからないからね。Ｅが今日，保健の先生に話して，それでパパたちに教えてくれたから，パパやママも頑張って，やろうかなって思うんだけど，Ｅはどう思う？」

「そうだね……，それならわかる。やってもいいけど，それって大変かな？」

「パパたちもやったことがないからわからない。どれくらい大変か，弁護士さんに聞いてから決めてもいいよ。明日，会いに行くんだけど，さっき電話してみたらシャキシャキした女の人だったよ」

「ふーん，ママも行くの？」

「そうだね，わからないことが一杯あるから，ママも弁護士さんにいろいろ聞いてみたいな」

「じゃあ，僕は学校に行くから，２人で聞いてきて。被害届は出してもいいけど，あんまり大変だったら考える」

そこに，Ｅさんの姉が帰宅したので，久しぶりに一家４人で夕食の準備をしたのだった。

12．弁護士の面接相談

弁護士の面接相談にはＥさんの両親二人で出向いた。弁護士は，Ｅさんの当時の年齢が13歳未満であるので，強制わいせつ罪あるいは強制性交等罪が適用される可能性が高く，被害届を提出した場合，大人のような事情聴取ではない代表者聴取（司法面接）が採用されるだろうと言った。代表者聴取は司法面接ともいい，子どもが被害者となった場合，司法手続きに関係する者が一堂に集まり，被害少年に聞いてみたいことを事前に準備し，一人の面接者がＥさんと会って質問をする。その様子は録音・録画されるが，それは面接者が暗示や誘導をせずに聴取し，被害少年の証言が客観的に記録されることで，証拠価値の高い供述にするためである。裁判の証拠としても使えるので，司法手続きが進む度に被害少年が違う機関に呼び出され，同じことを繰り返し聞かれることがない。子どもにとって負担が少なく真実解明に有効だとして，日本でも急ピッチで導入が進んでいる。

父親はそんな制度を用意しなくてはならないくらい子どもが被害に遭っているのかと驚愕したが，Ｅの負担が軽くすむとわかり安心した。弁護士は，代表者聴取は原則１回だが，複数回行われることもあり，十分な配慮の元ではあっても事件に関する質問をするので，お子さんの負担がゼロという訳ではない。Ｅさんが頑張れるように自分も応援するし，場合によっては被害者支援センターに付添いを頼むことも可能であると教えてくれた。両親は，今のところ自分たちでやれそうだが，やってみて大変だったら支援センターにお願いするかもしれない。相談できる専門機関があるのは安心だと思った。そして，弁護士と被害届を出しに行く日にちを調整し，犯罪被害者法律援助制度の扶助を受けるための書類作成をして終了した（注：犯罪被害者法律援助制度の利用には資力要件がある）。

13. E さんの決断

両親は弁護士事務所で聞いたことをＥさんにわかるように説明した。Ｅさんは昨日，父親が言った「被害届を出して，コーチが悪いことをするのを止めせる」「他のチームメイトに同じような経験をさせない」という考えが気に入ったようで，被害届を出したいと思った。事件の話をする回数も少なく済みそうだし，その時も一人の人と会えばいいと聞いたのは安心材料だ。被害届は両親にお願いするとして，自分に弁護士が付くのはちょっとカッコいいかなと思った。

困ったのはしばらくクラブチームの練習に出られないことで，それにはガッカリだ。サッカーの練習ができないのはすごく困る。両親にそう言うと，母親が「学校にサッカー部の練習に参加できるように頼んでみよう」とアイディアを出してくれた。サッカー部には以前，一緒にプレイしていた友達がいる。そうできれば嬉しいと思った。

14. その後の司法手続き

代表者聴取（司法面接）は原則１回とされているが，Ｅさんの場合２回行われた。捜査のフタを開けてみると，Ｅさんの被害は予想よりも深刻だった。小学５・６年の間に被害が複数回あったが，立件に至ったのは２件のみだった。そのうちの１件は加害者がＥさんの性器を口腔内に入れており，強制性交等罪として起訴された。捜査の過程で見つかった動画や写真から他にも余罪があることが判明し，被害者が特定できた事件では立件を目指して捜査が行われた。加害者が逮捕されると，高校時代に名が知れたサッカー選手であったため，しばらくはマスメディアによる報道が続いたが，逮捕時や公判においても被害児童の氏名が公表されることはなかった。

裁判でできることはすべてやると決めた両親は，被害者参加制度を使い，被害者参加弁護士とともに，法廷の在廷，情状証人に対する証人尋問，被告人に対する質問，意見陳述等をやりきった。裁判に関することは弁護士との打ち合わせを含めて主に父親が行ったが，心情等の意見陳述ではＥさんの意見も盛り込んで，母親自身が法廷に立った。母親は「絶対冷静に話そう。言いたいことを全部言ってやる！　と思っていたのに，だんだん感情的になって最後は涙声になってしまった」と悔やしがった。検事は「これこそが意見陳述というくらい120％のでき。感情があふれるのも当然です。裁判所にもお母様の言いたいことがしっかりと伝わったと思います」と労った。

その時々の裁判の経過は父親が簡潔にＥさんに伝えていた。Ｅさんは関心が無さそうに「ふーん」と聞いていたが，嫌がるそぶりはなかった。両親は5回にわたった裁判のすべてに参加した。また，弁護士の勧めで刑事裁判中に損害賠償請求を申し立て，判決言い渡し後に同じ裁判所で審議が開始された。

注目された被告人の量刑は余罪を含めて懲役10年であった。加害者には一生刑務所に入っていてほしいと望んでいた両親にとって，10年はあまりにも短く思えた。満期で10年入っていたとして，10年後の加害者は十分若い。意見陳述でも協調したことだが，刑務所にいる間に再犯防止プログラムを受け，二度と犯罪を犯すことがないようにしてほしい。「同じ思いをする少年や家族が出ないように」，それは裁判を通して両親が強く願ったことだった。

父親は裁判を振り返り，被告人の，過去の栄光にすがった思考，自己弁護に終始した態度を何とも言えない虚しい気持ちで思い出した。被害が発覚してから判決が出るまでの1年余り，飛び飛びに設定される刑事裁判を優先させる生活だった。裁判が近づくと，一家の趣味であるスポーツ観戦に行く気がしないどころか，Eさんの試合を観に行く余裕もなかった。母親は，裁判の度に校長室に報告に行っていたが，校長がいつも静かに聞いてくれ，母親の持って行きどころのない怒りを受け止めてくれたことがありがたかった。両親はやるだけやったという達成感と，これでようやく元の生活に戻れるという安堵感に包まれた。

Eさんにとっての裁判は「コーチが悪いことをするのを止めさせる」という目的を果たすものだった。10年という年月は自分にとって長いように思えた。いずれにせよ，コーチはしばらく刑務所にいるので安心だし，10年たった頃，自分は大人になっている，今はそれで十分だった。「コーチがやったことは許せない。二度とそういうことをしないように反省してほしい。僕が言ったことで他の子どもの被害もわかったし，被害に遭っていない子も安心したと思う」とさっぱりした表情を見せた。

両親はクラブチームの責任追及について決めかねていた。刑事裁判と加害者への損害賠償請求だけでこの件は終わらせてもいいようにも思う。クラブチームの責任としては，指導者のハラスメント防止研修や人気のない場所で個別指導を行わないことを申し入れようかと考えている。Eもそろそろクラブチームに戻りたいようなので，先方の出方をみて弁護士と相談するつもりである。

15. 学校のトラウマケア

学校では事件に関することは校長が窓口となったので，他の教職員はEさんのことに集中できた。Eさんはサッカー部に入り，元気そうに参加している。思い出したように頭痛を訴えて保健室に来るが，短時間で教室に戻っている。T先生については，しばらく遠巻きにする素振りを見せていた。そのため，養護教諭がT先生のズッコケ失敗談や生まれたばかりの子どものエピソードを話して聞かせると，徐々にそんな素振りは消えていった。

Kカウンセラーは注意深くEさんの経過を追っていた。早い時期に顔を合わせてリラクセーションを教えたかったが，コーチがEさんを呼び出してマッサージやストレッチを行ったことと被る気がして躊躇われた。そこで，管理職の許可を得て被害者支援センターに電話をすることにした。事件の概略を話し，「リラクセーションの導入が事件と類似点があり，トリガーになりそうで困っている」と相談した。すると，臨床心理士に伝えておくので後でかけ直してほしいと言われた。支援センターの臨床心理士は「とてもよく対応されています。すばらしいです。皆さんの見守りでEさんが安心して回復の道程を歩んでいる様子が目に見えるように思いました」と学校の取り組みを評価してくれた。さらに「確かに，SCが呼び出して個室でリラクセーションを行う状況は，被害が発生した状況と似ているかもしれないですね。今，わざわざやらなくてもよいと思います。でも，公判がこれからだと家族も落ち着かないでしょうし，リラクセーションは教えたいところです。Eさんは毎日のように運動していていいなと思う反面，ゆったりする時間もほしいですよね。どうでしょう。保健室でSCとEさん，養護教諭の先生と皆で実施するか，養護教諭にやり方を伝授してEさんとやってもらうか，そのどちらかでいけそうですか？」とアドバイスした。SCは，Eさんが保健室に来たとき，養護教諭に声をかけてもらって三人でやる方法がよさそうだと思った。「トラウマや性暴力に関する心理教育もしていきたいが，時期や順番，生活の場である学校でどこまでやっていいか悩んでいる。Eさんのトラウマ反応の程度も気になる。これからもときどきアドバイスをもらってもいいだろうか」と聞くと，その臨床心理士は勤務曜日や電話に出やすい時間帯を教えてくれた。

16．今後の支援方針

Eさんは中学1年生の男子で第二次性徴が始まっているかどうかという年頃である。この時期の男子は体毛が濃くなって陰毛が生え，精通を経験し，声変わりがあるなど身体面の変化が著しい。この事件によってEさんが被った性暴力は，同性の加害者による強制わいせつと口淫による強制性交等罪である。性の知識をほとんど持たない少年が受けた影響を考えるとき，どこかの時点でしっかりとした心理教育を受ける機会を与えたい。このケースでは，コーチと会わないようになってから，身体の不調やイライラ等の反応が現われた。男性教員の振る舞いにフラッシュバックを起こし，それをみた養護教諭が境界線に関する心理教育を行ったことで，Eさんは性被害を打ち明けることができた。子どもは性暴力の経験を語る言葉を持っていないことが多く，適切な情報を得ることによって自分に起きたことを客観視できるようになる。

Eさんの学校生活は良好に保たれ，養護教諭とSC，担任の先生と複数の目で見守ることができており，両親の理解もある。このまま経過観察をしてEさんの回復を見守る方法もあろうが，トラウマ反応の全体像を把握するには構造化面接を行う。事情（学校，被害少年，保護者）が許せば，どこかでUPID（Pynoos & Steinberg, 2020）などを用いたPTSDのアセスメントを行いたい。それが難しいなら，心理教育をしながらEさんと一緒にトラウマ反応をチェックしてみるのも一つである。その他，性暴力とは何か，健全な性行為と性暴力の違い（同意と不同意），そもそも性行為とは何か（一般的な性教育），そしてT先生にいきなり怒鳴ってしまったことを考えると「NO！」を伝えるヴァリエーションも増やしておきたい。

Eさんはこの時点でトラウマ的出来事の詳細を司法面接でしか語っていない。被害当事者のナラティブをまだ誰とも共有できていない点が気にかかる。もともと気持ちを表現するのが苦手という情報もあり，心理教育でカバーしなければいけない内容も多いことを考えると，どこかの時点ですべての要素を含むTF-CBTプログラムを実施するのが結果的に早道のように思う。また事例では触れることができなかったが，Eさんのきょうだいが受けた影響についても気にかけたい。両親の関心はどうしても被害少年や裁判にいきがちになるので，スポット的だとしても，きょうだいに光を当てる支援者を用意したい。

文献

Pynoos RS & Steinberg AM（日本語版作成：高田紗英子・亀岡智美・大澤智子・加藤 寛（2020）DSM-5版UCLA心的外傷後ストレス障害インデックス．誠信書房）
亀岡智美・飛鳥井望編（2021）子どものトラウマとPTSDの治療―エビデンスとさまざまな現場における実践．誠信書房．

（岡本かおり）

トピック⑬

人生史の物語から見る性暴力被害：NET

［甲南大学文学部］森　茂起

1. 被害の実態を知る

ナラティヴ・エクスポージャー・セラピー（Narrative Exposure Therapy，以下NET）の実践経験から性暴力被害について考えてみたい。実際，実践の中で出会うトラウマ的出来事の記憶にはしばしば性暴力被害の記憶が含まれる。NETの実践は，性暴力被害がいかに世の中に多いか，あらためて実感する機会でもある。家庭内，親族内はもちろん，教師によるものもある。児童福祉の領域では，大人による悪質なものも中にあるが，子ども間の性暴力の連鎖がしばしば――という表現がどの程度を指しているかは別にして――見られる。暗数が多いと思われる性暴力被害の数的な実態について何か言うための資料を私は持たないが，治療実践を通してその一端が見えることは確かである。

NETの開発には「証言療法」という技法が影響を与えている。拷問の被害体験を語ることは，治療であると同時に，拷問の実態を伝える証言でもあるという考え方である。NETでの語りが司法の場で証言として用いられたことはまだないし，今後もまれであろう。しかし，被害の実態を伝える一つの道筋として機能することは十分あり得る。

学校教育における性暴力の問題への意識が近年高まり，対策が進んでいるとは言え，解消への道は遠い。成人のNET治療に見える過去の性被害の実態は，その深刻さを伝えている。加害者には，そうした行為が，男性というもの，大人というもの全般への信頼を傷つけ，援助を諦めさせることを通して，どれだけ子どもたちの人生を傷つけているか見えていない。

福祉実践の現場における性被害は，被害の発生から時を経ずに援助を受け，治療を受ける可能性がある。治療で行われる被害体験の語りによって出来事の詳細が共有され，改善策へとつながる可能性が十分ある。男児の場合，加害体験が含まれるために複雑化している場合があり，被害－加害の累積や連鎖の作用が見える。社会的養護における子ども間の性暴力は，出来事の共有を通じて，心理士，施設職員，ケースワーカーなどによる対策につなげることができる。福祉施設だけでなく里親家庭においてもあり得ることである。

2. 時間の中で形成される被害

以上は，NETだけが持つ性質ではなく，被害体験に直接アプローチする治療技法全般に言えることである。ただ，NETには，体験の細部と人生上の数々の体験を，いずれも時系列で扱うことから，時間の流れの中で性暴力被害体験を――加害体験も含み――理解することができる。

NET は，生まれてから現在までの人生で起こった重大な出来事を時系列に沿って語ることによる短期心理療法である。「時系列に沿って語る」という原則は，一つのトラウマ的出来事の徹底的な想起を行うエクスポージャーの中でも，いくつもの出来事を語っていく人生史全体の整理の中でも適用される。では，時系列に沿って語ることに意味があるとすれば——NET の実践でそれを感じることは多いのだが——それはなぜであろうか。

まず，一つの出来事を詳細に振り返ることに意味がある。たとえば，被害に遭遇するまでに考えていたこと，加害者と出会った時の自らの思いや判断，被害の最中の考えなどの流れが明確になり，自らの過ちという罪責感，あるいは何もできなかったという無力感などが修正される。この作業はエクスポージャーとそれに伴う認知の修正であり，NET の重要な要素である。

人生史全体の整理については，2 つの視点が必要である。まず，ある体験をした後に別の体験をすることで影響が積み重なり，出来事を単独に経験するのとは違った影響が発生する。生活全般にネグレクトを受けていた子どもは，性暴力被害に会ったときにそれを養育者に訴えることが難しいであろう。苦痛をケアされる経験をしていないと，苦痛は一人で耐えるものという習慣が形成されてしまうからである。性暴力被害者には，他の被害が重なり合っていることが多い。被害体験を背景に孤立した子どもは，性暴力から子どもを守る環境も失いやすい。多重被害（フィンケルホー『子ども被害者学のすすめ』岩波書店，2010）という言葉で理解される現象である。

もう一つの視点は，過去の被害体験の意味がのちの成長によって理解されることで生じる傷つきである。精神分析の創始者であるフロイトは，これを「事後性」という言葉で理解し，出来事のトラウマ性がのちに発生する現象に注目した。性暴力被害には，性の知識を持たない子どもがその意味を理解できないことが多い。入浴など，幼児期からの世話の一部として行われているような境界侵犯もある。ある意味，NET の作業自体が，その意味を理解することによる衝撃を伴うことがあるが，出来事のありのままの理解と共有によって，理解されないまま秘められていることに由来する心理的問題からの回復が期待できる。

治療の場は，実態を知る場でも，意味を知る場でもある。そこで得られた認識を共有し，予防対策につなげていくことが重要である。

トピック⑭

犯罪被害者支援センターにおける支援

［公益社団法人被害者支援都民センター　相談支援室長］阿久津照美

被害者支援都民センターは犯罪被害者の支援を行う民間被害者支援団体である。2000年4月に開設され，2002年5月には東京都公安委員会から「犯罪被害者等早期援助団体」の指定を受けた。全国に同様の団体があり，各都道府県の公安委員会から，それぞれ指定を受け，公安委員会から認定を受けた「犯罪被害相談員」や「犯罪被害者直接支援員」が中心となって支援を提供している。都民センターの相談体制は計21名（うち相談員19名，支援員2名）で，1日約11名で支援活動を行っている。

早期援助団体ということで，警察が被害者に対して都民センターの説明を行い被害者が支援を希望された場合には，警察から直接都民センターに連絡が入るようになっている。そのため，事件後早い時期からの支援が可能となっている。被害者からの相談行動を待つだけでなく，支援者側から積極的に動くことは，混乱期の被害者を支援につなげるために有益な方法であり，また早期に適切な支援が入ることはその後の回復のためにも重要と考えている。

支援対象となる犯罪は殺人，強盗，性犯罪，交通犯罪など身体犯（体に直接危害を加えられる事件）の被害者や家族・遺族で，中でも年々，性犯罪の支援件数が増えてきている。

まずは電話相談でお話をうかがったうえで，継続的な支援が可能な場合は面接相談につなげている。面接相談は，手続の相談を受ける相談員とカウンセリングなど精神的ケアを行う公認心理師が役割分担をしながら対応している。都民センターでは精神的ケアに専従する心理師が7名勤務しており，心理的反応が強い場合やより専門的なケアが必要と判断された場合に，継続的なカウンセリングやトラウマ焦点化認知行動療法（PTSDに対する有効性が認められている心理療法）を提供している。

また，相談員の重要な支援業務として直接的支援がある。被害者が被害後の手続のために関係機関に行かなければならないときに相談員が付き添うことを指す。都民センターにつながる被害者は，刑事手続に関わっている方が多数を占めている。刑事手続の負担は大きく，乗り越えるためにはかなりのエネルギーを必要とする。やっとの思いで届出をして辛い思いをしながら事情聴取などに取り組んでも，加害者を処罰するまでに至らないケースもある。どのような経過をたどっても，どのような結果になっても，すっきりと「良かった」と言えることは，ほとんどないように思う。そのような中で，関係機関への付添支援（直接的支援）を行い，少しでも被害者の負担感を軽減して，「刑事手続に可能な限り関われた」「やり遂げることができた」という実感を持てるよう心掛けている。

たとえば，被害者が証言に立たなければならない場合，事前に行われる検察庁での打ち合わせに同席したり，許可されれば当日法廷内で付添いを行う。加害者側から賠償や謝罪の申出があったとき，裁判にどこまで関わろうか迷っているときなど，弁護士に相談に行く被害者に付き添っていくこともある。いずれの場合も，慣れない場所で緊張を強いられる被害者の気持ちをくみとりつつ，関係機関の担当者との仲介役として，また精神的に支えるために時間を共にしている。

被害者は手続の中で，迷い悩む。そんな中でも自分自身で選択し決断していけるように，説明や情報提供を大切にしている。納得いかないまでも，しっかりと着地して次のステップに進めるようにという思いで関わっている。そのためには迷いの時間にじっくりと付き合うことも必要だし，支援者の価値観や倫理観が被害者の選択に影響を与えることのないよう言葉選びにも注意する必要があると感じている。

支援活動を行っていくうえでは，被害者に関わる機関との連携が不可欠である。刑事手続への支援の場面では司法関係機関と，そして近年重要視されている生活支援では自治体担当者とやりとりする機会が出てくる。自分たちの立場を自覚しつつ，被害者の代弁者として伝えるという役割もしっかりと担っていきたい。

東京都では 2020 年 4 月に犯罪被害者等支援条例が施行となり，いくつかの経済的支援制度が新たに作られた。その一つ，転居費用の助成を使われる被害者のほとんどは，性犯罪の被害者である。一人暮らしの方が，自宅や自宅近くで被害にあわれた場合，安心して過ごせる環境をも奪われ，引越せざるを得なくなる。都民センターでは，この制度の受付窓口業務を担っているが，反響は大きく利用する被害者も後を絶たない。このような実際的な支援がさらに充実していくことが望まれる。制度ができても必要としている被害者に届かなければ意味をなさない。今後も，早期援助団体という利点を生かして，相談機関につながりにくい犯罪被害者に対して積極的にアプローチし，適切な支援につなげていきたいと考えている。

事例 6

○継続的な被害・高校生女子・加害者は顔見知り

事例 6 では，SNS を介して出会った人から，性的てなずけ（性的グルーミング）の手段を用いられて性暴力被害に遭った高校生女子の事例について，心理支援のプロセスを追っていく。

1．事件のあらまし

F さんは高校 1 年生，16 歳の女子で，父親と，大学生の兄の 3 人で暮らしている。小学生のときに母親が突然の疾患で亡くなり，それ以来，父親がフルタイムで働きながら F さんと F さんの兄を育ててきた。

F さんには好きな芸能人がおり，その芸能人のファンの人と SNS で交流をしていた。そのうちの一人，社会人の男性と意気投合した。何度かやり取りをするうちに，F さんは，学校での悩みや母親がいない寂しさなども，その人に打ち明けるようになった。「自分も寂しいのに，お父さんを支えてがんばってきたんだね」「えらいね」「頑張っているお父さんには相談しにくいよね。代わりに話を聞くよ」というメッセージをもらい，F さんは，その男性とのやり取りに支えられていると感じていた。

男性は，実際に会って話をしようと，F さんを誘ってきた。「同じ社会人でも，こんなに趣味が合う人はいないよ」と言われて，F さんも嬉しいと思い，会うことを承諾した。男性は「社会人と会うなんて，家族が心配するんじゃないかな」「僕は誓って下心なんてないけど，お父さんは，男と会うことを心配して反対するかもね」と F さんに送り，F さんは，「高校生だから，いちいち誰に会うとか親には言わないよ」と返した。会う前には，待ち合わせのためにお互いに写真も送りあっていた。写真を送った後は，男性から「芸能人みたいにかわいいね」「よくスカウトとかされるんじゃない？」とメッセージが来たため，F さんも，軽口だとは思いながらも少し嬉しい気持ちになった。

待ち合わせ場所に行くと，男性は車で来ており，Fさんは少し驚いたが男性の車に乗った。オシャレなお店でランチをおごってもらったり，一日，楽しく過ごした後で，車で人気のない方向に連れていかれて，キスをされた。Fさんは驚いて「困ります」「そういうのではなくて」「やめてください」と男性を押し返そうとしたが，男性は「かわいいね」「はじめてなんだね」などと言い，一向に行為をやめなかった。土地勘のない場所だったので車から降りて逃げることもできなかった。そのままホテルに連れていかれた。「帰してください」とFさんは言ったが「ここから一人で帰れるの？　あとで送ってあげるよ」と男性は言った。Fさんはどうしていいかわからず，男性に腕を引かれるままにホテルに入り，そのまま性行為を強要された。写真も撮られた。男性は，Fさんを家の最寄り駅まで送っていくと，「また会おう」といった。

Fさんは混乱したが，写真を拡散されるかもしれない，男性とトラブルになったら，その芸能人のファンのコミュニティにいられなくなるかもしれないと思い，その後も言われるままに男性と会い，何度か行為に応じた。悪い人ではないと思いたいと，Fさんは思った。

ご飯をあまり食べなくなり，朝も起きられず遅刻するようになり，イライラして家族に当たることが増え，さらにときどき遅い時間に帰ってくるFさんを，兄は心配していた。そんなとき，兄が偶然，Fさんのスマートフォンに表示された男性からのメッセージを見て，父親に相談したことで事態が発覚した。Fさんは，兄がスマートフォンの表示を勝手に見たことに憤っていたが，父親としばらく話していると，泣きだして，どうしたらいいかわからないと話し出した。父親は，Fさんが年齢不相応な交際をしていると心配をしていたが，泣きだしたFさんを見て，Fさんに大変なことが起きているのではと驚いた。そして，相手の男性に怒り，翌日Fさんを伴って警察に相談に行った。

警察は，SNSのやり取りでは，Fさんと男性が恋愛をしているようにも見えることから，強制性交等罪などは難しく，考えられることは，青少年保護育成条例違反と児童ポルノ法違反ではないかと言われた。Fさんは，自分の悩みを聞いてくれていた男性を犯罪者にすることに躊躇いを覚え，被害を届け出るべきだと主張する父親と何度も言い争いになった。

何度も話し合った結果，相手が写真や動画を持っていることに恐怖を覚えているとFさんは父親に言った。弁護士にも相談し，再度警察に相談し，警察は青少年保護育成条例違反と児童ポルノ法違反で捜査を始めた。Fさんは，警察の人と一緒に産婦人科にも行き，診察と感染症の検査を行った。弁護士があいだに入って加害者と交渉し，写真を消すことや二度と会わないことという示談内容をまとめ，相手は罰金刑になった。

しかしその後，F さんは，進級して2年生になっても学校に行ったり行かなかったりを繰り返し，出席日数も徐々に危うくなってきた。以前は真面目で，父親や兄に心配をかけないようにと笑顔が多く，家事も積極的にしていたが，イライラすることやゲームをしている時間が増え，リストカットも行うようになり，父親や兄ともぶつかることが増えた。父親は高校のスクールカウンセラーに相談をした。スクールカウンセラーから性犯罪・性暴力被害者のためのワンストップ支援センターを紹介された。スクールカウンセラーは，父親の許可を得て，ワンストップ支援センターに大まかな概要と父親の苗字を伝えた。その後，父親が相談をすると，ワンストップ支援センターでは，まずは医療機関の受診を勧められた。しかし医療機関に行くことは，F さんが激しく拒否した。そのため，心理相談機関につながった。カウンセリング費用の一部は，ワンストップ支援センターの支援金で賄われた。F さんは心理相談機関に行くことも渋ったが，父親が「このままだと留年や退学になってしまう」と伝えて，無理やり一緒に連れてきた。

2. インテークの様子

心理職は，支援センターからF さんと父親の許可を得て，F さんの事件の概要を聞いていた。

F さんは，小柄で，背中の半ばくらいまでの柔らかい茶色い髪を下ろしており，俯きがちだったために髪で顔が見えにくい様子だった。最初に，父親とF さんと一緒に面接室に入ってもらった。申込書には，「娘が事件に巻き込まれ，その後，学校に行けなくなったりイライラしたりする様子が見られて，どうしたらいいか相談したい」と，父親が主訴を書いていた。心理職は，自己紹介をした後で，主訴について確認をした。すると父親が，「半年くらい前，娘が社会人の男性に騙されて」と事件の説明を始めた。F さんがさらに顔を俯かせた様子だったので，心理職は父親の言葉を一度止めて，「普段は最初にお子さん，次に親御さんという順番で別々にお話を聞いています。F さんは，いかがでしょうか。最初に私が親御さんと面接をして，事件のことを私がお父さんから聞いた状態で，F さんと面接をすることもできます」と伝えた。F さんはしばらく黙っていたが，少し顔を上げて，「普通の順番でいいです」と答えた。そのため，「では，最初にF さんとお話をさせていただき，その後，お父さんとお話ができればと思います」と伝え，Fさんに面接室に残ってもらい，父親には待合室で待ってもらった。父親を待合室に送っていくときに，「先ほどは言葉を止めて申し訳ありません。Fさんのご様子をみて，まずは，Fさんの言葉で，起きたことを聞きたいと思ったのです」と伝えた。父親は「こちらこそ，気持ちが先走って。Fをお願いします」と言った。

父親がいなくなると，Fさんは少し肩の力が抜け，顔が上がった。心理職は改めて自己紹介をして，Fさんに，「このお部屋でFさんがお話になったことは，命の危険に関わる内容でない限り，Fさんの許可がなければお父さんには伝わりません。私が，たとえばFさんのことをお父さんに説明するときには，Fさんと，どんなふうに説明するかを話し合って，話し合った内容をお父さんに伝えます」と面接の枠組みの説明を行った。それから，「今，困っているなとか，ここで相談したいな，ということはありますか。申込書に書いていたのは，お父さんの考えていることだったので，Fさんの思っていることを聞かせていただきたいです」と尋ねた。

Fさんは再び俯いて，しばらく黙り，何かを話そうとして，そのまま泣き出した。心理職はティッシュボックスをFさんの近くに差し出して，「なんだか，いっぱいいっぱいだったんですね」と伝えて，そのまましばらく待った。Fさんは「気持ちがぐちゃぐちゃで」「どう考えていいかわからなくて」「消えたい」「お父さんにもお兄ちゃんにも知られて，恥ずかしい」「迷惑もかけて，死にたい」「もうやだ」と呟きながら，しばらく泣き続けた。心理職にとって，それは大変断片的な内容だった。心理職はゆっくりとしたトーンで，「そうか」「恥ずかしいなと思ったんですね」「死にたいなって思うんですね」「がんばってきたのですね」と言葉を映し返しながら様子を見た。しばらくして，少し落ち着いた様子が見られたので，心理職はゆっくり息を吐いて呼吸をするように伝えた。さらに「この場所がどこかわかりますか」「今，目には何が見えていますか」「何か聞こえる音はありますか」と感覚に目を向けるように促し，グラウンディングを行った。

Fさんは「ごめんなさい」と言い泣き止んだ。心理職が「謝らなくても大丈夫です。お気持ちを聴かせてくださってありがとうございます」「気持ちがいっぱいいっぱいで，どうしていいかわからなかったんですね」「私は，支援センターから少し事情を聞いてはいますが，あまり詳細までは聞いていません。Fさんにとってどのような出来事だったか，お話しできる範囲で，聞かせていただいてもいいですか」と伝えると，Fさんは少しずつ話し出した。

「ある芸能人が好きで，SNSで仲良くなった人と会うことになった」「会ったら，その日に……された」「はじめてで，びっくりして」「嫌って言ったけど，聞いてもらえなかった」「お父さんは私が騙されたって言っているけれど，そうじゃなくて」「悪い人じゃなくて」「でもその人のこと好きだったわけじゃなくて」「相手は動画を持っているし」「私が，スマートフォンを机に出していたのがいけないんだけど，お兄ちゃんにポップアップしたメッセージ見られて，言ったら，警察とか行って，なんか大事になって」「どうしよう，大変なことになっちゃったって」「もう，何カ月も経つのに，気持ちがぐちゃぐちゃで」「好きだった芸能人も，見たくなくなって」「消えたい」といったことを，Fさんは長い時間をかけて話した。やはり断片的な内容ではあったが，心理職は，「びっくりしたんですね」「嫌って言ったのに聞いてもらえなかった……」「相手を悪い人だって思ったり，騙されたって思うのは気が引けるのでしょうか」「動画を撮られたのですね」「警察とか，びっくりしますよね」「出来事は一応終わったけれど，気持ちの整理がつかないんですね」「消えてしまいたいと思うくらいに，気持ちがぐちゃぐちゃなのですね」と言葉を返しながら，耳を傾けた。Fさんは少しずつ落ち着いていく様子が見られた。

そろそろ時間が迫っていたので，「頑張って話してくださって，ありがとうございます。今日お話しくださったようなお気持ちを，ずっと一人で抱えてきたのは，大変だったのではないですか」と心理職が投げかけると，Fさんは頷いた。「Fさんが，とても戸惑っているんだな，気持ちが追い詰められているんだな，ということが，伝わってきました。これだけの気持ちを一人で抱え続けるのは，苦しいだろうなと思います。もしよければ，ここで，Fさんの気持ちを少しずつ話して，一緒に整理してみませんか」と提案した。Fさんは小さな声で「お願いしたいです」と言った。

そして「私は，Fさんが体験した出来事と，お父さんから見た出来事が違うのだろうな，と思います。これから，お父さんの話を聞きますが，私がお父さんのお話を聞くことについては，どのように思いますか」と伝えた。Fさんは黙って俯いた。「不安だなとか，嫌だなとか……」と言葉をかけると，「ちょっと，嫌……だけど，違うってわかってくれるなら，いいです。お父さんの気持ちも，聞いてあげてほしい。お父さん，ずっと，私やお兄ちゃんのために頑張ってくれていたのに，こんなことになっちゃったから……」とFさんは言った。「気持ちを教えてくださってありがとうございます。Fさんの体験と，お父さんから見た出来事は違うって，ちゃんと思いながら聞きますね。お父さんには，Fさんが話してくださった具体的な内容は言わず，『Fさんは，まだまだ気持ちの整理が難しいようなので，何回かかけて，少し気持ちの整理を一緒にしたいと思うのですがどうでしょうか』とだけ伝えてもいいですか？」と伝えた。Fさんはそれにも同意を示した。面接室から出るときには，少し笑顔を浮かべていた。

父親との面接では，父親は，事件の経緯を一通り話した。「相手の男が許せない」「娘は，恋愛関係は非常に疎くて，どちらかというと幼くて。私が知らないだけかもしれないが，息子にも確認したところ，付き合った人もそれまでいなかったようだった」と相手を責める言動をする一方で，「私では，母親の代わりにならなかったのかと」「私が仕事ばかりで，ちゃんと見ていなかったから」と声を震わせて述べる様子も見られた。「娘の話をちゃんと聞かなきゃと思うのですが，内容が内容なので，娘も話しにくそうで，私も，相手への怒りが出てきてしまって，うまく聞けない」「娘のそばにいる時間を増やしたほうがいいのかもしれないが，上の子どもも大学院に進学するし，仕事はやめられない」とも話していた。心理職は，父親の気持ちに耳を傾けつつ，事件の結果がどうなったのか，娘さんの状態はどのようか，今は娘さんの安全が確保されているのかを確認した。示談がまとまり，相手からの接触はそれ以降ない，娘もSNSのアカウントはすべて変更し，知り合ったきっかけのコミュニティの人たちとも接触していない，ということだった。父親である自分の代わりに，できるだけ，息子が家にいてくれるということだった。また，状態については，眠れていない様子やイライラした様子，リストカットなどが語られた。リストカットは，それほど深い傷ではなく，最近は気が付いたら兄が手当てをするようにしているということだった。

「まだ，お気持ちの面ではさまざま大変なことがおありだと思いますが，ちゃんと，娘さんの安全を確保されたのですね」と心理職が伝えると「警察に相談することもすごくもめて……。でも，あのときは相手に怒っていたし，必死で」と父親は述べた。心理職は「少なくとも，娘さんが，これ以上安全を脅かされることなく，これから生活していけることは，大切なことだと思います。心の傷の回復には，何よりも，まず，安全であることが必要です」「具体的な安全については警察や弁護士とも相談して，気持ちの面は，スクールカウンセラーに相談して娘さんを心理面接につないで。娘さんの回復のために，適切に動かれたと思います」「お仕事をしながら，頑張って動かれたのですね」と返した。父親はホッとした様子だった。今後については，Fさんと打ち合わせたことを伝えた。そのうえで，「お父様も，今回の件ではとてもショックを受けられたと思います。お仕事があって難しいかもしれませんが，できるだけ一緒に来ていただいて，お父様自身のお気持ちを聴かせていただいたり，娘さんへの対応などお話しできればと思いますが，いかがでしょうか」と伝えた。土日も仕事が入ることがあるが，しばらくはがんばって空けるということだったので，心理職からは，できれば，最初のうちは毎回，一緒に来てほしいと伝えた。

3. アセスメントの観点

本事例は，インテーク面接の中で，アセスメントに必要な情報を得ることは難しい事例であったかもしれない。また，「死にたい」と口にするほどに追い詰められているクライエントに対し，父親にリストカットの様子などリスクは尋ねているものの，本人には具体的な行動の有無をなど確認しておらず，対応として不十分な点もあったかもしれない。

しかし，追い詰められた気持ちで目の前で泣き出し，ひとまず気持ちを言葉にしている被害者を目の前に行うことは，「危機介入」だと考えている。泣いているクライエントのそばにいて，ティッシュを差し出すなどして気にかけていることを伝えて，過呼吸になったり解離して倒れてしまうことがないように様子を見ながら適度に声をかけ，クライエントの話している内容に耳を傾け，相槌を打ち，クライエントの頑張りを労う。そしてクライエントが落ち着いてきたならば，グラウンディングなどを行って，現実感を取り戻してもらう。その後，自殺企図のリスクを考えつつ，次の面接につながるように，安全な場所，安心して話すことができる場所だと思ってもらうように努める。

性暴力被害に関わる面接では，初回，このように危機的な状態に介入する面接になることも少なくない。Fさんはなんとか落ち着いたが，泣きながら，あるいは話ながら解離してしまう場合もある。医療機関ではない場所の場合は，クライエントの状態を注意して観察したうえで，しばらく横になれるソファなどで休んでもらうことや，家族に迎えに来てもらうこともある。「危機介入」というと，被害直後を想像するかもしれないが，性暴力被害の場合には，被害からずっと，消えたい，死にたいと思っているクライエントも多く，「介入が必要な危機状態」は直後に限らない。

上記を踏まえ，連携，インテークおよびその後の面接で得られた情報からのアセスメントを述べる。

①連携

本事例では，スクールカウンセラーから性犯罪・性暴力被害者のためのワンストップ支援センターに，そしてワンストップ支援センターから心理相談機関にと紹介をされている。学校臨床などで性暴力被害の事例に遭遇した時に，学校でできる支援を考えることも必要だろう。そして同時に，ワンストップ支援センターなどを利用した場合にどのような支援が得られるのかを知り，適切にリファーすることも重要だと考えている。

今回の場合，スクールカウンセラーは，リストカットもあり，本人の状態が不安定であることから，専門機関が良いと考えた。また，スクールカウンセラーは，ワンストップ支援センターで，必要に応じて医療機関の紹介も行っていること，専門機関のカウンセリングを紹介してもらえる可能性があること，その際にカウンセリング費用について一部支援金が出る可能性があることを知っていた。状態としては医療機関等が良いとも考えたが，繊細な問題であるため，まずはワンストップ支援センターを紹介した。なお，支援金はどこのワンストップ支援センターでも出るとは限らず，また，対象が限定されている場合もあるので，検討する場合には必ず地域のワンストップ支援センターに，事前に確認いただきたい。

ワンストップ支援センターを紹介した際には，先にスクールカウンセラーからワンストップ支援センターに連絡を入れ，父親の許可を得たうえで，事件の概要と父親の苗字を伝えている。できればこの点は，本人の許可もあるとよい点である。また，可能ならば，性暴力被害についての相談が入るとわかった時点で，ワンストップ支援センターに，どのような出来事を対象としているか，どのような支援内容があるのかを確認しておくとよい。その後，クライエントの許可を得たうえで概要等を一報先に入れておくと，クライエントに対する二次的被害が発生しにくい。もちろん，専門の相談機関である以上，突然の電話で二次的被害が発生しないことが第一である。しかし，トラウマの影響で事情をうまく説明できないなどで，支援機関との間に誤解が生じる場合もある。性暴力被害者支援では，二次的被害を防ぐため，連携機関同士がクライエントの了解を得た上で情報をやり取りし，丁寧に連携を行うことが大切となる。

ワンストップ支援センターから心理相談機関にも，Fさんの許可を得て事件の概要が伝えられていた。事件の概要を伝えられていたとしても，被害を受けた本人がその出来事をどう体験したか，親からはその出来事はどのように見えているかを確認することは必要である。しかし，事前に概要を聞いておくことで，心理教育資料の準備ができたり，必要以上に被害者に詳細を尋ねなくてもよいようになる。被害者も，少し安心して相談に行くことが可能となる。

相談が始まった後には，もし親と本人の許可が得られたならば，その機関での今後の支援がどのようになるかを，紹介元に伝えられるとよい。今回の事例で言えば，今後，心理相談機関と学校が，本人の様子や登校時の配慮などでやり取りをする，ケースカンファレンスを開く，といった必要が出るかもしれない。また，今回の事例は，さまざまな手続きがすべて終わった後に心理相談に繋がっているが，こうした事例ばかりではない。多くの性暴力被害において，心理相談は，支援の一部である。心理相談と並行して，刑事手続きの支援や，弁護士の紹介，あるいは生活の困窮などに対する行政や福祉の支援などが必要な場合は多く，その場合には全体をマネジメントするワンストップ支援センターや行政，あるいは弁護士等と連携を取る必要も出てくる。

どのような場合においても，何かの伝達を被害者自身が連携先機関に伝えるのか，親が伝えるのか，支援者が伝えるのかについて，被害者および親の意思を確認すること，どの情報をどこまで誰と共有するかを確認することなど，情報共有についてよく話し合うことが重要である。本人や親の了解を得ずに情報がほかの機関に伝わることは，守秘義務に反する。また，性暴力被害の内容は，本人にとって「知られたくないと思っていること」である場合も多く，勝手に人に知られることは，被害者の尊厳を著しく傷つける。

②心理的アセスメント

心理的アセスメントは，子どもについてと保護者について，それぞれを考える。詳細は事例5でも述べたが，子どものアセスメントの際には，子どもが現在困っていること，現在の状態，既往歴やこれまでの適応，成育歴，家族関係，学校生活など，一般的な心理面接でのアセスメントと同様に確認をしていく。保護者についても，生活状況や保護者自身のトラウマ反応を含め，確認をしていく。

Fさんのインテーク面接，およびその後の面接で話された内容，および心理職がアセスメントとして考えた内容を以下にまとめる。

●現在の主訴（Fさん，および父親が困っていること）

Fさんは，はじめ主訴が明確ではなかった。2回目，3回目面接の中で語られた内容としては「好きだった芸能人を見られなくなったことが悲しい」「学校にいけないことが困っている」「消えたい気持ちをどうにかしたい」ということだった。

父親は，Fさんが少しでも楽になるならば，ということが主訴のようだった。しかし，心理職は，Fさんの安定には父親の精神的な安定も重要だと考え，父親自身の出来事へのショックな気持ちやトラウマへの反応を扱っていくことも大切だと考えた。

●現在の状態

Fさんは，夜によく眠ることができず，入眠困難や中途覚醒があった。そのために朝起きることができず，身体もだるく学校に行けない日があるということだった。自分の気持ちがよくわからず，些細なことにもイライラするようになった。リストカットは，兄が手当てをしてくれるようになってから少し落ち着いているということだったが，イライラしたときには家の中で叫んで物に当たることもあった。何も考えたくないのでゲームに没頭する時間が増えた。加害者を想起させるものは不快で不安になり，好きだった芸能人を含めて避けているということだった。

父親は，仕事を休むことはできないので，と不調をあまり語らなかったが，Fさんが夜眠れていない様子を把握しており，父親自身もあまり夜眠れていないことが推測された。出来事について自分を責めており，加害者に対する怒りも強かった。

●既往歴および以前の適応

事件以前，小学校の頃に一時期いじめられていた時期はあったが，大きな不適応は見られなかった。しかし親から聞くFさんの様子，Fさんから聞く以前の様子を合わせて考えると，Fさんは事件以前，頑張り過ぎていたように心理職には感じられた。父親に迷惑をかけないようにとしっかりとし，家事を手伝い，父親の仕事の愚痴を聞き，学校でも，それほど成績が良いわけではなかったが，落ち着いた真面目な学生だと思われていた。私立の高校に進学したいと思ったが，家の経済的な事情を考えて公立に進学した。そんなFさんにとって，唯一，熱中したのが好きだった芸能人だった。アルバイトは平日学校があるためそれほど多くはできず，お金をかけることは難しかったが，スマートフォンでその芸能人の情報を見ることがFさんの息抜きだった。

さらに何回かかけて話を聞いていく中では，母親はFさんの目の前で倒れ，それから間もなく亡くなったということだった。その後，今に至るまで，Fさんは，家族が帰りが遅かったり忙しくしていることを過剰に心配する様子が見られた。

●家族関係・学校生活

母も父も兄弟姉妹はおらず，祖父母はすでに亡くなっているため，近しい親戚はいない状態だった。父親とFさんの仲は，事件以前は悪い状態ではなく，今も悪い状態ではない。ただ，父親は，仕事で責任ある立場を任されつつあることから帰宅が遅く，Fさんの様子に気が付かなかったことを強く後悔している様子だった。

Fさんと兄は，事件以前は，仲が悪くはないが，それほど良いわけでもない状態だった。現在は，兄は父親からFさんに起きたことを聞いており，Fさんを気にかけ，リストカットの手当てをしたり，なるべく家にいるようにしているということだった。Fさんは兄に対して「兄の生活を邪魔している気がして申し訳ないと思っている」と語っていた。

●総合して

インテーク面接やその後聞き取った内容などを総合して，Fさんを担当している心理職は，Fさんに医療機関の紹介が必要だと考えた。リストカットはややコントロールされているが完全に無くなってはおらず，消えたい気持ちも続いており，夜も眠れていない。しかし，Fさんが医療機関を強く拒否していたという情報があるため，紹介は慎重に行う必要があると考えた。

Fさんは，もともとまじめで，家族に対して遠慮がある一方で，家族との会話が少なく寂しさも感じていた。根本には，家族がいなくなる不安や，愛情を求める気持ちがあることが推測された。今回の出来事は，そうしたFさんの気持ちが利用されたものであり，利用した加害者が悪い。しかし一方で，家族やFさんが自分たちを責める可能性があるため，気を付ける必要があると考えられた。

面接が進んでいくうちに，以前の話や家族の話も深まっていくかもしれないが，ひとまずは，現在の傷つきを手当てしていく必要がある。Fさんの語った「好きだった芸能人を見られなくなったことが悲しい」「学校にいけないことが困っている」「消えたい気持ちをどうにかしたい」ということについて，心理職は，回避や過覚醒による不眠など，起きた出来事に対するトラウマ反応であると考えた。心理教育を行う必要を考えたが，Ｆさん自身が，起きた出来事を「被害」や「トラウマ」と捉えていない，捉えたくないという様子が見られたため，まずはＦさんと同意が取れている「起きた出来事について，気持ちを整理する」ということをしていき，その話の中で，折を見て境界線や性的同意についての話をし，起きた出来事がＦさんにとってどのように暴力だったかについて話し合い，心理教育を行っていけたら，と考えた。

相談機関に通うにあたり，Ｆさんは父親にお金を出してもらうことに罪悪感を抱いていた。父親からは，罪悪感を抱く必要はない，Ｆさんが大切だ，と伝えてもらい，同時に，心理職はワンストップ支援センターとも相談を行った。結果的には，７回分くらいまでは支援金で賄えるということだった。

面接の頻度についてＦさんと父親と話し合った結果，支援金で賄える７回目までは毎週として，そのあとは月に２回のペースで継続するということになった。父親は毎週でもいいと言ったが，Ｆさんは，自分にとっても父親にとっても無理のないペースで続けたいと言った。心理職は，学校の出席状況を考えて早い段階でトラウマ焦点化心理療法などを紹介したほうが良いかと思ったが，何回かのカウンセリングでＦさんの様子が落ち着いてきたこと，性急に何かプログラムを実施をするよりは，最初の出来事からずっと混乱し困惑していたＦさんの気持ちを丁寧に聞いていくことが優先されると考えた。

父親に関しては，仕事の調整をつけて，Ｆさんと同じペースで来所し続けた。面接の担当者を分けることも考えたが，他の心理職に空いている枠はなく，面接の枠組みをしっかりとしてＦさんと父親との境界線を保ちつつ，一人の担当者が面接を続けることとした。

4．その後の介入

心理職は面接の中で，眠れていないことを主な理由として，Ｆさんに医療機関の受診を勧めた。Ｆさんに医療機関の受診を勧めることは，父親にも了解を得た。Ｆさんは「精神科に行ったら，変な子だって思われて，お父さんに迷惑がかかるんじゃ……」と不安な様子を示したが，心がいっぱいいっぱいになっているときには，少しお薬の力を借りることも大切だ，お父さんは精神科を受診することに賛成している，ということを伝えた。父親とも家で相談するようにと伝えると，「お父さんから，会社でも結構，精神科に行っている人がいるよって言ってもらってホッとした」と，受診を決めた様子だった。薬で睡眠がとれるようになり，Fさんの生活リズムは整っていった。

Fさんは男性との出来事について，何回かの面接をかけて，さまざまなことを語った。

男性と連絡を取り合ったときは，頑張っているねと言ってもらえることが嬉しく，大人の男性に甘やかしてもらっている感覚に喜びを感じ，自分の苦しさをわかってくれていると思っていた。そのほかにも，顔は見えないが，同じ芸能人が好きなのだから悪い人ではないと思い込んでいた。相手が写真を送ってきてくれたときには，結構さわやかだったので，ほのかな好意もあった。もしかしたらこのまま，社会人が恋人という状態になるのではとドキドキもしていた。しかし，父親が心配するのでは，兄よりも年上はどうなんだろうという不安もあったし，どちらかというと，夢を見ている感じだった。性行為をするつもりはなかったし，自分の友人たちで性行為をした人もおらず，そんな話題も出たことがなかったので，考えてもいなかった。驚いたし，怖かった。嫌だって言っているのに聞いてくれなくて，混乱した。すごく痛くて，痛いって言ったのに，相手は嬉しそうにしていたから，それがすごく怖いと思った。写真や動画を撮られたことも怖かった。それから先は，現実にシャッターが下りた感じがした。

今でも，学校での友達との会話は何か現実ではないみたいに感じられる。ずっと，ドラマの中みたいで，平気じゃないのに平気な私がそこにいる気がした。誘われるたびに，今回は断ろう，今回は断ろうと思ったけれど，相手はしつこかったし，話は聞いてくれないし，どうにもならなかった。そのときは，まだ芸能人が好きで，そのファンの人とのつながりが切れてしまうことが嫌だった。

Fさんが語ることを聞きながら，心理職は，どんな気持ちだったかを尋ねたり，好意を持つことは当然であること，好意を持っていても性行為は別であることなどを伝えた。そして，恐怖や混乱に対して，つど，共感を示した。Fさんは，相手を悪い人だと思いたくないという気持ちと，しかしこちらの話を聞いてくれない悪い人だという気持ちとで揺れ動いた。揺れ動く気持ちを聴きながら，心理職は，境界線や性的同意についての心理教育を行った。そして，性的てなずけ（性的グルーミング）という手段があることを伝えた。Fさんは，「自分が悪いと思っていた」「こういうことするのが普通だって相手が言うから，普通なのに普通にできない自分がおかしいのだと思っていた」と語った。

そのうえで心理教育をしていくと，最初の性暴力があって以降，友達の恋愛の話などを聞けなくなった，友達が痴漢に遭った話などをしていると気分が悪くなることがあった，加害者との関係が続いていた後半の頃には，好きだったはずの芸能人を見ると加害者との性交が頭をよぎって気持ち悪くなり，芸能人を見ることもできなくなったということが語られた。また，ゲームをしているのは加害者との行為を思い出さないようにするためだったこと，リストカットは，汚い自分をどうにかしたい，消えたいと思っていたことが語られた。

面接では，他にも，呼吸法や漸進的筋弛緩法を実施したり，避けているものに段階的に向き合う現実エクスポージャーの練習も，ゆるやかに行った。高校３年生に上がるころには，面接や繰り返しの心理教育の影響で，自分の状態について理解を深め，投薬治療の効果もあり，学校には比較的登校できるようになっていた。リストカットも，行わずに過ごせるようになった。しかしまだ，夜になると，自分が汚いという感覚が蘇って，無性に暴れたくなるということだった。そうしたときには，呼吸法を行ったり，リビングで過ごすようにした。Ｆさんがリビングにいるときには，できるだけ，父親や兄が様子を見に行くようにしていた。

Ｆさんは面接の中で，母親を失ったときのことも話すようになった。母親が目の前で倒れたときに自分は何もできなかったこと，とても無力だと思ったこと，今回の出来事の加害者が「嫌だ」という言葉を聞いてくれなかったときにも無力感を抱いたこと，被害に遭ったときに，お母さんに申し訳ない気持ちになったことなどが語られた。「申し訳ない気持ちというのは」と心理職が尋ねると「悪い子でごめんなさいって」とＦさんが答えた。心理職は「悪い子だと，今も思っていますか」とさらに尋ねると「今は，世の中には悪い人がいるんだ，と思っている。利用されたことは悔しいし，悲しいけれど，自分が悪かったとは思っていない」と答えた。こうして考え方が変わるまでには何度かのやり取りを要したが，高校３年生の夏ごろには，Ｆさんは残っていたフラッシュバックの症状もなくなっていき，受験に専念するために面接は月に１回に変更になった。そして大学への進学を機に，Ｆさんとの面接は終了した。

父親との面接は，月に１回で，Ｆさんよりも少し長く続いた。Ｆさんが本当に回復したのか，また夜に起きていないか，大学での異性関係などは大丈夫か，など父親の心配は尽きなかったが，Ｆさんが安定して生活を送っていることに安心し，Ｆさんが大学２年生になるころに終了となった。

性暴力被害にあった子どもとの面接では，子どもが安心感・安全感を抱くことができるように，面接の場面や日常生活で再トラウマを受けないように，心がけている。暴力を受けた状態からの回復に，安心・安全の土台は重要である。

①性暴力被害に遭った思春期の子どもと親との面接

まず，親との境界線を明確にして，子どもが面接場面で安心して話せるように努めるようにしている。

性暴力被害に限らず，思春期の子どもとの面談では，守秘義務など子どもと親との境界線を明確にすることは重要だと感じている。特に性暴力被害では，子どもが親に「被害を知られたくない，性的なことを知られるのは恥ずかしい」と思っていたり，子どもと親の出来事に対する捉え方が異なっていたり，親が子どもを守りたいという気持ちから子どもに過干渉になるといった，境界線に関する問題がさまざま現れる。

今回提示した事例においても，Ｆさんは，親に心配をかけたくないという思い，加害者に対して話を聞いてほしいと思っていた心情を理解してもらえないという思い，そしてそれを理解してもらおうとすると，父親が自分との時間を取ってくれていないことや母親の不在についての思いを語ることになり，親を傷つけることになってしまいかねないという不安，性的な事情を知られる恥ずかしさ，父親との認識の齟齬などから，父親と共に面接に行くことに消極的であった。また父親も，子どもにどう接していいかわからず，加害者に怒り，子どもに過干渉になったり，子どもの意思を無視してでも警察に届出たくなったり，面接で気持ちが先走ったりする場面があった。心理職は，子どもが自分の気持ちを安心して話せる場所を作り出すために，父親と子どもとの境界線を明確にして，子どもを優先する姿勢を示した。同時に，父親の子どもを心配する気持ちにも配慮しながら面接を進めた。

第一には，子どもが安心して話せるよう，子どもが感じていることや考えていること，子どもの意思を尊重することが重要だと考えている。しかしもちろん，保護者は子どもの回復にとって大切な存在でもあり，保護者が安定することが子どもの安定にもつながるので，保護者をケアすることも重要である。

今回の事例では同一の担当者が父子を担当したが，境界線を守るためには，別々の担当者が担当したほうが望ましいかもしれない。ただ，「あまり多くの人に知られたくない」と被害者が考える場合や，そもそも心理職が職場に一人しかいない場合も多く，その場合には，子どもと保護者双方を尊重しながら丁寧に守秘義務や面接の枠組みを説明し，守っていくことが求められる。

また，性暴力被害，特に顔見知りからの被害やSNSで出会った相手からの被害については，親子の捉え方が異なる場合がある。親は犯罪だと思い，子どもは相手に裏切られたことを信じたくないと思っている場合もあれば，親は交際だと思い，子どもは交際なんかではないと思っている場合もある。加害者を罰したいかどうかも，親子で考えが異なることは多い。そうした認識の齟齬があることを念頭に置きながら，それぞれの話を聞いていく必要があり，「子どもにとってどのような出来事だったか」を大切にする必要がある。

②子どもを尊重すること

性暴力被害を受けた人との面接では，支援者は，被害を聞くことのつらさから回避的になったり，目の前の傷ついている人のために何かしなければと過剰な熱意に駆られたりすることが生じやすい。ましてや被害を受けた子どもとの面接では，私自身も，加害者に怒りを抱いたり，子どもの傷つきに苦しくなるなど，強く情緒が動かされる。そしてそうした二次受傷によって，必要以上に子どもを守りたくなったり，傷ついている子どもを過度に子ども扱いしてしまう場合がある。大人と比べて傷つきやすく，未だ成長の途上にある子どもに対し，慎重な配慮は当然必要である。しかし，これまで繰り返し述べてきたように，子どもの意思や子どもの境界線を尊重することが大切であることは変わらない。

今回の事例では，信頼していた相手，自分の話を聞いてくれた相手に，自分の意思を無視され踏みにじられている。そうした経験をした子どもたちは，自分の心に踏み込もうとする相手や，親切にふるまう相手に，警戒心を抱くようになることもある。信じた相手は自分を搾取するかもしれない，そう感じているときに，人を信じること，人に相談すること，人を頼ることは，怖いことだろう。

また，グルーミングをしてくる相手は，子どもに対して上下関係を作りだし，子どもを自分に依存させる。子どもたちは，巧妙に作られた上下関係に気が付かず，自分たちは対等であるかのうように思い込まされることもある。その結果，対等な関係性がわからなくなる場合もある。また，虐待など見知った人から継続的に被害に遭っていた場合，相手に従順にふるまうことで自分の身を守ろうとし，その関係性をカウンセリングの場面でも繰り返すこともある。

性暴力被害を受けた思春期の子どもたちとの面接は，薄氷を踏むような感覚がすると思うこともある。暴力や搾取によって，もろく壊れやすくなっている子どもたちの心に，壊さないように，そして過度に侵襲しないように，しかし安心してもらえるように，近づいていく感覚である。どのくらいの距離感が良いのか，踏み込み過ぎていないか，子どもたちは「良い子にする」「解離する」「反発する」などの，加害者との関係での，あるいは暴力の中を生き抜くための「いつもの馴れたパターン」の方略で自分に関わっていないか，いつも心の中で考えている。

そして，子どもたちがこちらに向けるいろいろな感情，あるいは面接や日常生活で示す行動の背景にあるものに目を向けるようにしている。その背景には性暴力被害の影響があるのかもしれない，自分の身を守る行動が染みついているのかもしれない，加害者との関係で取っていた行動を繰り返しているのかもしれない，信用することが怖いかもしれない，SOSの一つの形かもしれない。安心感や安全感を大切にすることと共に，背景のトラウマの影響に目を向けることは，トラウマインフォームドケアの基本である。

同時に，子どもたちは，カウンセリングの場につながる力を持っていたとも感じる。自分の気持ちを話すこと，自分の被害を話すことは，大人にとっても子どもにとっても，決してたやすいことではない。それでも面接に来所した子どもたちの，SOSをくみ取り，相談しようとした勇気を労い，相談せずにいられなかった苦しさに思いを馳せ，話を聞くようにしている。

刑事手続きの関わる場面などで，たとえば加害者からの謝罪を聞きたいかどうか，裁判を聞きたいかどうか，裁判で意見を言いたいかどうか，子どもたちに選択を迫ることは，支援者にとっても心が苦しくなる状況である。それでも，「知りたくない」という選択をしたならばそれを尊重するが，そうではない場合に，子どもたちの知らないところで何かを決めて，結果さえも知らせずに終わっていくことは，できれば避けたい。もちろん，子どもの状態を考慮した上で，子どもたちの今の状態やその先にどのようなメリット，デメリットをもたらすかを十分に説明することが重要である。そして，子どもの選択を尊重することは，子どもたちに責任を負わせることではない。子どもの選択を尊重するということを選択した，周りの大人たちが責任を負うのだと，私は考えている。

③子どもたちの社会背景について

今回の事例では，父親が働いており，経済的に差し迫った状況ではなかった。また，家族関係が良く，父親も兄も非常に協力的であった。このような事例は多くはない。しかしこうした事例であっても，魔法のようにすべてが一度に解決していく方法はなく，地道に関わり続けることが必要である。

性暴力の被害に遭った子どもたちの中には，家族不和，貧困，ネグレクト，虐待など，安全ではない環境で育ってきた子どもたちも多い。子どもたちが，自分を大事にしてくれる人が自分に暴力を振るう人でもあるという中で育ってきたならば，自分を大切にするという感覚は育たないかもしれない。家が危険ならば，性暴力の被害に遭うかもしれなくとも，外にいるほうが安全に感じられているかもしれない。家庭環境や背景に事情を抱える子どもたちは，家族からの暴力や性暴力と，見知らぬ人からの性暴力や性的搾取と，どちらがより安全かという選択の中で，見知らぬ人からの性的搾取を選ばざるを得ないと感じているかもしれない。金銭を伴う性行為をしていて，被害認識がないままに傷ついているかもしれない。

そうした事例においては，子どもたちが安全に暮らす環境を確保することが重要となる。福祉につながる，と言葉で書くとシンプルではあるが，それは大変に難しい。性暴力被害に遭った子ども，虐待の被害を受けた子どもにとって，人を信用することは難しく，解離することで自分を保っているかもしれず，安全に話すことができる関係を作ることからして難しい。積極的に支援をしようと思うと関係が切れ，しばらくしてまた連絡があり，医療機関に繋いでは関係が切れ，再び支援現場に現れ，今度は児童相談所に繋ぎ，と，何度も何度も，関係そのものも，支援機関も，つなぎなおしていく，つむぎなおしていくことが必要な場合もある。

心理支援は重要な支援であるが，性暴力の被害に遭った子どもたちに必要な包括的な支援の中の一部であることは，忘れてはならないと感じている。

（齋藤 梓）

おわりに

私達はこの本で，性犯罪や性暴力の被害に遭った方を支援する際に，知っておいてほしいことを書きました。今の時点で私達に考えつく限りのことを盛り込みましたが，これが正解とは思っていません。法律や制度が変われば，被害当事者の回復に役立つ関わりがもっとできるようになるでしょうし，心理職の関わりにおいても改善点もあるでしょう。それでも，曖昧だった部分がクリアになった，意外と知らないこともあった……などの感想を持っていいただけたのではないかと予想しています。あるいは，読んでいて，落ち着かない気分になった，性暴力とか性犯罪とか何回書けばいいのか，ここまで拘らないといけないのか，大袈裟ではないか……，そんな戸惑いや怒りにも似た感情が湧いてきたかもしれません。

この本に限らず，性犯罪・性暴力被害に関する本を読んだとき，何とも言えない疲労や混乱を覚える——ありていに言えば「もやもやする」「暗い気分になる」——のは，当たり前，無理もないことです。日常にこんなに多くの犯罪が潜んでいて，その影響は長期にわたり少ないとは決していえない。それに気づいたら，誰だって気持ちが滅入ってしまうでしょう。その理由は本文を参照していただくとして，どうぞ読後はこの難題に取り組んだご自身を労わり，くつろぐ時間を持っていただければと思います。そして休憩後は，この本のテーマに戻って来ていただき，“性暴力の被害に遭った方に対して，心理職は何ができるか”をご一緒に考え続けてほしい，そう願っています。

第Ⅰ部は性暴力とは何で，性暴力や性犯罪の現場で何が起こっているのか，被害者の心理にスポットを当てて説明しています。この21世紀に性暴力がなぜ起こり続けているのか，不思議に思う人にはぜひ読んでもらいたい部分です。第Ⅱ部では6つの架空事例を示し，支援について具体的に説明しました。すべて架空ではありますが，事件概要や司法手続き，行われた支援を詳細に書き込みましたので，この領域に慣れていない方でも支援の実際がイメージできると思います。

私達が今書けるものを詰め込んだ感がありますが，その分，性暴力の闇というか，底なし沼に突き落とされたような恐怖を感じたかもしれません。その場合は，グラウンディングやリラクセーション法を用いて，今ここの安全を感じてほしいと思います。実際は底なし沼ではなく，あなたの足は地面を踏みしめているはず（寝ころんでいる場合は別）です。事例の後半に目を転じていただければ，被害当事者が，社会資源を利用し，さまざまな支援を受けて，その人らしい人生を歩み出した姿をみることができるはずです。

さて，著者の齋藤・岡本はともに大学で教鞭をとる身ですが，授業に追われながら性暴力被害に関する研究を行い，犯罪被害者支援センター等で臨床業務を行っています。この本はそれらの経験をもとに執筆しました。そして私達ではとても足りないところを，多くの先生方にトピックとしてご寄稿いただきました。早々に執筆していただいたのに本書の刊行が今となったのは，岡本の遅筆のせいに他なりません。一刻も早くこの本をお届けしたい気持ちとそれができない己の能力に向き合った１年でもありました。お待ちいただいた皆様には伏してお詫び申し上げます。編集を担当してくださった金剛出版梅田光恵様は，文教大学岡堂哲雄ゼミの先輩でもあります。不甲斐ない後輩ですが，辛抱強く励ましていただき感謝しかありません。

被害者支援は実際のところ（雇用が少ないこともあり），人気が少ない領域と聞きます。人気がないのが真実かはわかりませんが，被害者支援を専門にしている臨床家は確かに多くありません。しかし，被害に遭った方がカウンセラーに会いたいと思ったとき，「どこに行けば専門家に会えるかわからない」という事態は避けたいところです。被害者が迷わずに専門機関に辿り着けるための周知広報も大切ですが，今のところ，全国の犯罪被害者支援センター，ワンストップ支援センターのキャパシティはそれほど大きくないのが現状です。そして，性暴力被害を主訴にしないクライエントの存在については本書で指摘したとおりです。

私には被害者支援の現状が“出口がわかりにくい迷路”に迷い込んでしまっているように見えます。出口はあるし，明るい方向はわかるのに，壁一枚が邪魔で出口に辿り着けない。この本が，出口を示す道に繋がっていることを祈るばかりです。出口ははるか遠いと思っていたけれど，よく見たら壁に取っ手がついていて回してみたら出口が見えた……というように。そして，今，被害者支援に関心はあるけれど，まだやっていないという臨床家の皆様のお力をぜひ貸していただきたいと思います。本書では，被害者支援センターを例にとって説明した箇所が多くありますが，実はそれらは通常の臨床で応用可能なことが多いのではないでしょうか。特別な機材も設備もいりませんし，連携先には全国の被害者支援センター・ワンストップ支援センターがあり，法テラス等の関係機関もあります。この本をきっかけに被害者支援を身近かに感じ，支援の輪がどんどん繋がり広がっていけば望外の喜びです。

最後に，被害者支援が一人の心理職だけでは賄えないことを象徴するように，本書の執筆には多くの方からサポートをいただきました。特に公益社団法人被害者支援都民センターの相談員，心理職の皆様には示唆に富んだアドバイスをいただきました。この場を借りてお礼申し上げます。

性暴力がこの世からなくなることが一番ですが，そうではない現状があります。せめて専門職がベストをつくして支援できる場があり，性暴力に遭った人が必要な支援をすぐに受け取れる，そういう社会になることを祈っています。

2022年2月22日ねこの日
岡本かおり

索引

▶わ

■トピック執筆者一覧（執筆順）

浦　尚子　性暴力被害者支援センター・ふくおか
中野宏美　NPO 法人しあわせなみだ
宮川倫子　倫（りん）総合法律事務所
上谷さくら　桜みらい法律事務所
大門雅弘　元警察庁長官官房調査官
西連寺義和　元警察庁長官官房参事官（犯罪被害者等施策担当）
長江美代子　日本福祉大学看護学部／一般社団法人日本フォレンジックヒューマンケアセンター
牛島洋景　うしじまこころの診療所
新井陽子　公益社団法人被害者支援都民センター
鶴田信子　公益社団法人被害者支援都民センター
成澤知美　武蔵野大学人間科学部
森　茂起　甲南大学文学部
阿久津照美　公益社団法人被害者支援都民センター

■編著者プロフィール

齋藤 梓（さいとう・あずさ）

神奈川県生まれ。上智大学大学院博士後期課程単位取得退学。博士（心理学）。公認心理師，臨床心理士。

現在 目白大学心理学部心理カウンセリング学科准教授。公益社団法人被害者支援都民センター犯罪被害相談員。

臨床心理士・公認心理師として学校や精神科に勤務する一方で，東京医科歯科大学や民間の犯罪被害者支援団体にて，殺人や性暴力被害等の犯罪被害者，遺族の精神的ケア，およびトラウマ焦点化認知行動療法に取り組んできた。現在，目白大学准教授として被害者支援に関する教育と研究に携わりながら，支援団体での実務を継続している。性犯罪に係わる刑事法改正の会議においても，委員を務める。PE 療法スーパーバイザー（ペンシルバニア大学不安治療研究センター認定）。

主著書 齋藤梓・大竹裕子編著『性暴力被害の実際―被害はどのように起き，どう回復するのか』（金剛出版，2020），飛鳥井望編『複雑性 PTSD の臨床実践ガイド―トラウマ焦点化治療の活用と工夫（分担執筆）』（日本評論社，2021）

岡本かおり（おかもと・かおり）

千葉県生まれ。文教大学大学院後期博士課程単位取得退学。博士（心理学）。公認心理師・臨床心理士。

現在 清泉女学院大学人間学部教授。認定 NPO 法人長野犯罪被害者支援センター副理事長。公益社団法人被害者支援都民センター犯罪被害相談員。

児童相談所・教育センター等の非常勤カウンセラーを経て，公立学校のスクールカウンセラーを 18 年間務める。学校への緊急支援の経験から犯罪被害者支援に関わるようになり，東日本大震災の緊急派遣カウンセラーを契機に，トラウマをきちんと治せる心理職になりたいと思い，2015 年 PE（長時間曝露）療法セラピスト，2018 年 PE 療法スーパーバイザー資格を取得（ペンシルバニア大学不安治療研究センター認定）。

主著書 齋藤梓・大竹裕子編著『性暴力の実際―被害はどのように起き，どう回復するのか（分担執筆）』（金剛出版，2020），遠藤裕乃・佐久田真貴・中村菜々子編『その心理臨床，大丈夫？―心理臨床実践のポイント（分担執筆）』（日本評論社，2018）

性暴力被害の心理支援

2022年10月20日　発行
2024年 2月10日　2刷

編著者　齋藤 梓・岡本かおり
発行者　立石正信
装丁　戸塚泰雄（nu）
印刷・製本　シナノ印刷

株式会社　金剛出版
〒112-0005　東京都文京区水道1-5-16
電話03（3815）6661（代）
振替00120-6-34848

ISBN978-4-7724-1922-2　C3011